AF377810

LES CHARTES
DU PAYS D'AVIGNON

MÉMOIRES DE L'ACADÉMIE DE VAUCLUSE
DOCUMENTS INÉDITS
POUR SERVIR A L'HISTOIRE DU DÉPARTEMENT DE VAUCLUSE

II

LES CHARTES DU PAYS D'AVIGNON

(439-1040)

PAR

GEORGES DE MANTEYER

ANCIEN MEMBRE DE L'ÉCOLE FRANÇAISE DE ROME

ACADÉMIE DE VAUCLUSE

IMPRIMERIE PROTAT FRÈRES
MACON

1914

CHARTES DU PAYS D'AVIGNON

I

Riez, 29 novembre [439].

Concile des provinces Viennoise, Narbonnaise IIe et Alpine.

A. Original perdu. — *B.* Copie du VIIe siècle : ms. du chapitre métropolitain de
Cologne, n° 212, § XVII ; jadis Bibl. de Darmstadt ms. 2326.
a. Sirmond, *Concilia antiqua Galliae*, t. I, p. 69. — *b.* [Hardouin], *Acta conciliorum
et epistolae decretales ac constitutiones summorum pontificum*, t. I, col. 1752. — *c.*
Mansi, *Collectio conciliorum*, t. V, col. 1189.

Cum, in voluntate Domini. . . . .
Ego Nectarius, episcopus, his definitionibus interfui et subscripsi, die et
consule suprascripto [1].

. . . .

II

Orange, 8 novembre [441].

*Concile des provinces de Viennoise, de Lyonnaise I^e, de Narbon-
naise IIe et des Alpes.*

A. Original perdu. — *B.* Copie du VIIe siècle : ms. de Cologne, n° 212, § VIIII.
a. Sirmond, t. I, p. 75. — *b.* [Hardouin], t. I, col. 1788. — *c.* Mansi, t. VI, col.
433. — *d.* Maassen, *Geschichte der Quellen und der Literatur des canonischen Rechts
im Abendlande bis zum Ausgange des Mittelalters*, t. I, p. 952. — *e.* Duchesne,
Fastes épiscopaux de l'ancienne Gaule, t. I, p. 347-348.

---

1. Nectaire souscrit le 10e sur 14.

Haereticos in mortis . . . .
Ex prouincia Vienninsium, ciuitate Auennica, Necterius episcopus,
Fontedius diaconus [1].

. . . .

III

Vaison, 13 novembre [442].

Concile des provinces Viennoise, Narbonnaise IIe et Alpine.

A. Original perdu. — *B.* Copie du VIIe siècle : ms. de Cologne, n° 212, § X.
a. [Hardouin], t. I, col. 1787-1790, sans les souscriptions. — *b.* Mansi, t. VI, col.
451. — *c.* Maassen, t. I, p. 953. — *d.* Duchesne, t. I, p. 318-319.

Placuit ergo. . . . .
Ex prouincia Vienninsis, ciuitatem Auennicam, Nectarius episcopus,
Fonteius et Saturninus lectores.

. . . .

IV

Rome, 26 août [449].

*Mandement du pape Léon Ier aux évêques des provinces Viennoise,
Narbonnaise IIe et Alpine, confirmant l'élection et la consécration faites
par eux de Ravennius comme évêque d'Arles en remplacement d'Hilaire.*

A. Original perdu.— *B.* Copie du IXe siècle : Bibl. nat., ms. lat., n° 2777, fol. 20 v°.
a. Monumenta Germaniae historica. Epistolarum, t. III, p. 15. — *b.* Albanès, *Gallia
christiana novissima ; Arles,* n° 61.
IND. Jaffé, *Regesta pontificum Romanorum,* 2e éd., n° 434.

Dilectissimis fratribus Constantino, Audentio, Rustico, Auspicio,
Nicete, Nectario, Floro, Asclipio, Iusto, Augustali, Antonio, Ynantio
et Chrisafio, Leo. Iusta et rationabilis...

---

1. **Nectaire** souscrit le 11e sur 17.

V

[26 août 449-5 mai 450.]

Supplique au pape Léon Ier de dix-neuf évêques des provinces Viennoise, Narbonnaise IIe et Alpine, lui demandant de rendre au siège de Vienne son autorité métropolitaine sur la Viennoise et sa primatie sur les autres provinces.

A. Original perdu.— *B*. Copie du IXe siècle : Bibl. nat., ms. lat., n° 2777, fol. 21 v°. *a*. Migne, *Patrologie latine*, t. LIV, col. 879. — *b*. *Monumenta Germaniae historica. Epistolarum*, t. III, p. 18-20. — *c*. Albanès, *Gallia christiana novissima* ; *Arles*, n° 65.

Memores quantum honoris . . . .

VI

Rome, 5 mai [450].

Rescrit du pape Léon Ier aux évêques précédents en réponse à leur supplique, réservant à l'évêque de Vienne son autorité métropolitaine sur les sièges de Valence, Tarentaise, Genève et Grenoble, rétablissant l'autorité métropolitaine du siège d'Arles sur les autres cités de la Viennoise avec sa primatie sur les provinces de la Narbonnaise IIe et des Alpes.

A. Original perdu.— *B*. Copie du IXe siècle : Bibl. nat., ms. lat. n° 2777, fol. 23. *a*. *Monumenta Germaniae historica. Epistolarum*, t. III, p. 20-21. — *b*. Albanès, *Gallia christiana novissima* ; *Arles*, n° 66. IND. : Jaffé, 2e éd., n° 450.

Dilectissimis fratribus Constantiano, Armatario, Audentio, Seueriano, Valeriano, Urso, Sthefano, Nectario [1], Constantio, Maximo, Asclypio, Theudoro, Iusto, Ingenuo, Augustali, Superuentori, Ynantio, Fontedio et Palladio, Leo. Lectis dilectionis vestrae litteris. . .

---

1. L'évêque d'Avignon figure ici le 8e sur 19.

VII

Arles, [novembre?] 451.

Concile des provinces d'Arles, Aix et Embrun qui constituent la Provence.

A. Original perdu. — *B.* copie du IXe siècle : Bibl. nat., ms. lat. n° 3848 A, fol. 139-140
a. [Hardouin], t. II, col. 771-778, sans souscriptions. — *b.* Migne, *Patrologie latine*,
t. LIV, 966-970. — *c.* Albanès, *Gallia christiana novissima* ; *Marseille*, n° 17 ;
Arles, n° 69.

Domino. . . .   .
Ordinari ad diaconatus...

VIII

Arles, 30 décembre [455?].

Concile des provinces d'Arles, Aix et Embrun.

A. Original perdu.— *B.* Copie du IXe siècle : Bibl. Vatic., ms. Palat. n° 574, fol. 145.
a. [Hardouin], t. II, col. 779-780. — *b.* Mansi, t. VII, col. 907 — *c.* Albanès, *Gallia
christiana novissima* ; *Arles*, n° 73.

Incipit institutio sanctorum episcoporum Rauennii, Rustici, Nectarii[1],
Flori, Constantii, Asclepii, Maximi, Iusti, Salonii, Ingenui, Ynantii,
Ioteci, Crisanti in causa insulae Lerinensis. . . .

IX

Rome, 25 février [464].

Mandement du pape Hilaire aux évêques de Provence, [le siège d'Avignon étant vacant?].

A. Original perdu.— *B.* Copie du IXe siècle : Bibl. nat., ms. lat. n° 2777, fol. 23 v°.
a. *Monumenta Germaniae historica, Epistolarum*, t. III, p. 30-32. — *b.* Albanès, *Gallia
christiana novissima* ; *Arles*, n° 82.
IND. : Jaffé, 2e éd., n° 557.

Dilectissimis fratribus Victuro, Ingenuo, Ydatio, Eustasio, Fonteio,
Viuentio, Eulalio, Veranio, Fausto, Auxanio, Procolo, Auxonio, Paulo,

---

1. Nectaire souscrit ici le 3e sur 13.

Memoriali, Coelestio, Proiecto, Eutropio, Auitiano, Urso et Leontio, Hilarus. Sollicitis admodum nobis et ex his quae proxime ad nos relatio certa detulerat multa expectatione suspensis, litterę dilectionis vestrae, fratre et coepiscopo nostro Antonio, quem dignum tantae legationis probamus interpretem, deferente, sunt traditae quae nos ipsis contextus **sui** contristauere principiis...

X

Rome, 16 novembre [465].

Concile des provinces de Viennoise, Cisalpine, Italie et Afrique.

A. Original perdu. — *B.* Copie du IXe siècle, sans la date : Bibl. nat., ms. lat. n° 1452, fol. 20 v°-21 v°.
a. [Hardouin], t. II, col. 799-802.

Flauio Basilisco et Herminerico viris clarissimis Consulibus, sub die XVI kalendarum decembrium, residente viro venerabili Hilaro papa in basilica beatae Mariae et Maximo, Taurinae civitate prouinciae Galliarum, Ingenuo Ebredunensi prouinciae suprascriptae, Mediolanensi prouinciae suprascriptae, Saturnino Auinionensi ¹, prouinciae suprascriptae... Verano... Asterio Foroiuliensi...

XI

Arles, [474-475].

Lettre de Fauste, évêque de Riez, au prêtre Lucidus.

A. Original perdu. — *B.* Copie du IXe siècle : Bibl. du chapitre de Saint-Gall, ms. 190, p. 44.
a. [Hardouin], t. II, col. 808. *Monumenta Germaniae historica, Auctores Antiquissimi*, t. VIII, p. 288-290.

Domino deuinctissimo et mihi speciali affectu......................
Julianus in nomine Xpisti episcopus subscripsi ².

. . . .

---

1. Saturnin souscrit le 5e sur 48.

2. Julien signe le 11e sur 11 évêques, qui sont Auxanius, Faustus, Paulus, Eutropius, Pragmatius, Patiens, Euphronius, Megethius, Claudius, Leucadius et lui.

XII

[474-475].

Lettre du prêtre Lucidus aux évêques des provinces de Provence, Vienne et Lyon, réunis en concile à Arles.

A. Original perdu. — *B*. Copie du IXe siècle : Bibl. du chapitre de Saint-Gall, ms. 190, p. 328.

a. Sirmond, t. I. p. 147. — *b*. [Hardouin], t. II, col. 809. — *c*. *Monumenta Germaniae historica. Auctores Antiquissimi* t. VIII, p. 290-291. — *d*. Albanès, *Gallia christiana novissima*: *Arles*, n° 87.

Dominis beatissimis et in Xpisto reuerentissimis patribus Leontio, Eufronio, Fonteio, Viuentio, Mamerto, Patienti, Veriano, Auxanio, Fausto, Paulo, Megethio, Graeco, Eutropio, Leontio, Claudio, Marcello, Croco, Basilio, Claudio, Ursicino, Praetextato, Pragmatio, Theoplasto, Leocadio, Viuentio, Iuliano [1], Amicali, Ioanni, Opilioni et Licinio episcopis, Lucidus presbyter. Correptio vestra salus publica...

XIII

Agde, 11 septembre [506].

Concile des provinces d'Arles, Bordeaux, Eauze, Bourges, Narbonne, Tours.

A. Original perdu. — *B*. Copie du VIIe siècle : ms. de Cologne, 212, § XIII.

a. Sirmond, t. I, p. 173. — *b*. [Hardouin], t. II, col. 995-1006. — *c*. Mansi, t. VIII, col. 323. — *d*. Albanès, *Gallia christiana novissima* ; *Arles*, n° 100.

Cum in nomine Domini . . . . Pompeius presbyter, missus a domino meo Iuliano, episcopo de Auennica ciuitate, subscripsi.

. . . .

XIV

Albon, 6-15 septembre [517].

Concile des provinces de Vienne et Lyon.

A. Original perdu. — *B*. Copie du IXe siècle : Bibl. nat., ms. lat. 1564, fol. 26.

a. Frid. Maassen, *Concilia aevi merovingici*, t. I, p. 19 et 30, note.

---

1. Julien est cité le 26e sur 30 évêques.

Deo propitio. . . . .
Salutaris, episcopus ciuitatis Auennicae, relegi et subscripsi [1].

. . . .

XV

Arles, 6 juin [524].

Concile des provinces d'Arles, Aix et Embrun, rassemblé pour la dédicace de la basilique de Notre-Dame.

> *A*. Original perdu. — *B*. Copie du viie ou viiie siècle : ms. de Berlin 83 ; jadis Phillipps 1745, fol. 37.
> *a*. Maassen, *Concilia*, p. 36-39.

Cum in voluntate. . . . .
+ Euchyrius [2], in Xpisti nomine episcopus, consensi et suscripsi.

. . . .

XVI

Carpentras, 6 novembre [527].

Concile des provinces d'Arles, Aix et Embrun.

> *A*. Original perdu. — *B*. Copie du viiie-ixe siècle : ms. de Berlin 84 ; jadis Phillipps 1743, fol. 135.
> *a*. Maassen, *Concilia*, p. 41-43.

Licit omnia. . . . .
Euchirius, [in Xpisti nomine, episcopus], consensi et subscripsi.

. . . .

XVII

Orange, 3 juillet [529].

Concile des provinces d'Arles, Aix et Embrun, réuni pour la dédicace de la basilique construite par le préfet et patrice Libère.

> *A*. Original perdu.— *B*. Copie du viie siècle : ms. de Cologne, 212, § XXXIIII.
> *a*. Maassen, *Concilia*, p. 46-54.

---

1. *Ou bien* : Peladius presbyter, iussu domni mei Salutaris episcopi, qui huic definitioni interfui et subscripsi.
2. Alias *Euterius*.

Cum ad dedicationem. . . . .
Eucherius, in Christi nomine, episcopus, consensi et suscripsi.

. . . .

XVIII

Vaison, 5 novembre [529] [1].

Concile des provinces d'Arles, Aix et Embrun.

A. Original perdu. — *B.* Copie du vie-viie siècle : Bibl. nat., ms. lat. 12097, fol. 159.
a. Maassen, *Concilia,* pp. 55-58.

Cum secundum statuta . . . .
Eocyrius, peccator, relegi et subscripsi.

. . . .

XIX

Marseille, 26 mai [533].

Concile des provinces d'Arles, Aix et Embrun.

A. Original perdu. — *B.* Copie du viie siècle : ms. de Cologne, 212, § XLVIIII.
a. Maassen, *Concilia,* pp. 60-61.

Cum ad ciuitate Massiliensem. . . . .
Eucherius, peccator, consensi et subscripsi.

. . . .

XX

Orléans, 14 mai [541].

*Concile des provinces de Bordeaux, Rouen, Tours, Narbonne, Arles,
Aix, Embrun, Lyon.*

A. Original perdu. — *B.* Copie du viie siècle : ms. de Cologne 212, § XXXII.
a. Maassen, *Concilia,* pp. 87-97.

---

1. Ou 528 ? Pour cette date, voir la convocation prévue au concile de Carpentras
(Maassen, p. 11).

Cum in Aurilianensi . . . .
In Xpisti nomine, Antonius, episcopus Auinnice ciuitatis, subscripsi.

. . . .

XXI

Orléans, 28 octobre [549].

Concile des provinces de Lyon, Arles, Vienne, Trèves, Bourges, Sens, Besançon.

A. Original perdu. — *B*. Copie du VIe-VIIe siècle : Bibl. nat., ms. lat. 12097, fol. 71.
a. Maassen, *Concilia*, pp. 100-111.

Ad diuinam gratiam . . . .
Marinus presbyter, directus a domno meo Antonino, episcopo ecclesiae Auennicae, subscripsi.

. . . .

XXII

Arles, 29 juin [554].

Concile des provinces d'Arles, Aix et Embrun.

A. Original perdu. — *B*. Copie du VIIe ou VIIIe siècle : ms. de Berlin, Phillipps 1745
    fol. 85.
a. Maassen, *Concilia*, pp. 118-119.

Hanc super omnia . . . .
In Xpisti nomine, Antoninus, episcopus ecclesiae Auennice, subscripsi.

. . . .

XXIII

Mâcon, [23 octobre (?) 585].

Concile des provinces de Lyon, [Arles], Vienne, Rouen, Bordeaux, Sens, Bourges, sous la présidence de Priscus de Lyon, patriarche.

A. Original perdu.— *B*. Copie du VIIIe siècle : ms. de Berlin ,435, fol. 166.
a. Maassen, *Concilia*, pp. 164-173.

Resedentibus Prisco . . . .
Item missi episcoporum . . . Johannis, episcopi ab Auione. . .

. . . .

XXIV

Valence, 8 janvier 855.

Concile des provinces de Lyon, Vienne, Arles, [Aix et Embrun].

A. Original perdu. — *B*. Copie du xe siècle : Bibl. Vat., ms. Vat. lat. n° 3827, fol. 77-81 v°.
a. Sirmond, t. III, p. 96. — *b*. [Hardouin], t. V, col. 87-96.

Regnante Domino nostro . . . .
Ragenutus, indignus episcopus ecclesiae Auenoniensis, hanc synodalem definitionem subscripsi.

. . . .

XXV

Tusey, 22 octobre [860].

Concile des provinces de France, Bourgogne, Aquitaine, Septimanie, Neustrie et Provence.

A. Original perdu. — *B*. Copie du xe siècle : Bibl. nat., ms. lat. n° 5095, fol. 120-122.
a. [Hardouin], t. V, col. 507-510.

Cum in nomine Domini . . . .
Hilduinus, Auennicorum episcopus, subscripsi.

. . . .

XXVI

Ponthion, 21 juin-16 juillet 876.

Concile des provinces de France, Bourgogne, Aquitaine, Septimanie, Neustrie et Provence.

A. Original perdu. — *B*. Copie du xe siècle. Bibl. de Vienne, ms. 501, fol. 117 r°-118 v°. — *C*. Copie du xviie siècle : Bibl. Vat., lat. 4982, fol. 148 v°-150 v°.
a. Labbe, *Concilia*, t. IX, col. 289. — *b*. Baluze, *Capitularia regum Francorum*, t. II, col. 244. — *c*. [Hardouin], t. VI, pars I, col. 174 et 180.

Ut sancta Romana Ecclesia . . . .
Alduinus, Auenionensis ecclesiae episcopus, subscripsi.

. . . .

XXVII

[septembre 878.]

Mandement de Jean VIII[1] à Rostaing, archevêque d'Arles, et à Sibeud, archevêque de Narbonne, les commettant pour juger sans retard, à l'aide d'un recueil de canons qu'il leur adresse, la plainte portée par Geoffroy, évêque d'Uzès, au concile de Troyes, contre Rainfroy, évêque d'Avignon, non comparant, envahisseur d'un village de son diocèse.

A. Original perdu.— *B.* Copie du xviie siècle : Bibl. d'Avignon, ms. 2399 (Massilian, t. XXI), fol. 14 ro, no 7.
a. Sirmond, t. III, p. 488. — *b.* F. Nouguier, *Histoire chronologique de l'église d'Avignon*, pp. 34-35. — *c.* Mansi, t. XVII, p. 94. — *d.* Migne, *Patrologie latine*, t. CXXVI, col. 802.
IND. : Bibl. nat., ms. lat. 8971 (Suarès), p. 27 ; — Jaffé, 2e éd., no 3190 ; — Albanès, *Gallia christiana novissima. Arles*, no 225.

Rostagno, venerabili archiepiscopo Arelatensi, et Sigebodo, Narbonensi. Sanctitati vestrae notum est qualiter Walefredus, Uceticensis ecclesiae episcopus, ad synodum quam, Deo auctore, apud Trecas celebrauimus, reclamationis libellum obtulit super Ractefredo, Auenionense episcopo, quod ei quamdam villam ad suam sedem sive parochiam pertinentem abstulisset. Sed, quia Ractefredus, de quo querela erat, synodo defuit, idcirco fraternitati vestrae apostolica auctoritate mandamus ut, coadunato numero episcoporum, eorum causam canonico judicio finiatis, ita discutiendo et determinando tantae praesumptionis inuasionem, ut nemo episcoporum vestrorum contra canonica praecepta ulterius insurgere sine suo periculo tentet. Vos quoque praesentialiter cum vestris istud determinate judicium ; capitula quaedam vobis, patrum auctoritate collecta, mittimus, secundum quae judicare absque diluatione jubeatis, ne quaerendo assumatis laborem pro tali negotio. Optamus fraternitatem vestram in Christo bene valere[2].

---

1. Le pape Jean VIII, se rendant d'Arles à Lyon, avait dû passer par Avignon dans la seconde quinzaine du mois de mai précédent (Jaffé, 2e éd., nos 3150, 3151).
2. Transcription communiquée par M. l'abbé Albanès (Marseille, 10 novembre 1895).

XXVIII

Mantaille, 15 octobre [879].

Concile des provinces de Vienne, Lyon, Tarantaise, Aix, Arles et Besançon, élisant le duc Boson comme roi.

A. Original perdu. — *B.* Copie du XIIe siècle : Arch. départ. de l'Isère, G. 209 (cartulaire de Saint-Hugues C, cahier préliminaire, folio 3).

a. [Hardouin], t. VI, pars 1, col. 345-348. — *b.* Marion, *Cartulaire de Grenoble*, p. 265 D. VIII. — *c.* *Monumenta Germaniae historica.* Legum sectio II : Capitularia, t. II, pp. 365-369.

Cum convenissent . . . .
Ratfridus, Auinionensis episcopus [1].

. . . .

XXIX

Valence, [6-22 juin] 890.

Concile des provinces de Lyon, Arles, Embrun, Vienne et Aix, élisant Louis comme roi.

A. Original perdu.

a. Guill. Paradin, *Annales de Bourgogne*, 1566, p. 121. — *b.* [Hardouin], t. VI, pars 1, col. 421-424, sans souscriptions. — *c.* *Monumenta Germaniae historica.* Legum sectio II : Capitularia, t. II, p. 376-377.

Anno incarnationis . . . .
. . . . singulique subscripsimus.

XXX

« Félines (?) », 22 juin [896].

Précepte de Louis, roi de Bourgogne-Provence, confirmant à l'abbaye de Notre-Dame et Saint-Philibert de Tournus, sur la demande de l'abbé Blégier, l'abbaye de Donzère qu'il lui avait déjà concédée pour fuir l'invasion normande.

A. Original perdu.

a. [P. Juénin], *Nouvelle histoire de l'abbaïe de Saint-Filibert et de la ville de Tournus*, Dijon, 1733, *Preuves*, pp. 103-104. — *b.* D. Bouquet, *Recueil des historiens des Gaules et de la France*, t. IX, p. 677, n° IV.

---

1. Rainfroy souscrit le 21e sur 23.

In nomine Dei aeterni et Saluatoris nostri Jesu Xpisti, Ludouicus diuina repropitiante clementia Rex [1]. Cum locis Deo dicatis . . . .

. . . .

Signum   Hludouici serenissimi regis.

Ego Arnulfus notarius, ad vicem Barnuini archiepiscopi atque archicancellarii, recognoui.

Data x kalendas julii, anno Xpisto propitio VII [2] regnante Ludouico piissimo rege, indictione XIIII. Actum Fitillianis (?) [3] villa, in comitatu Auinionensi, in Dei nomine.

XXXI

Avignon (?), [25 mars-22 juin] 898/7.

Précepte de Louis, roi de Bourgogne-Provence, concédant héréditaire- ment, sur la demande de Rostaing, archevêque d'Arles, à Raimond, prêtre et prévôt [d'Arles], un mas, dépendant de la mense comtale de Vaison, sis dans le comté d'Avignon, sur le terrain des villages dits Tresmalis, Villeneuve et Bédarrides.

A. Original : Arch. départ. de Vaucluse, G. 6, fol. 8, nº 5. Parchemin : 306ᵐᵐ de large sur 425ᵐᵐ de haut. Les lignes ne sont pas tracées au stylet : elles sont écrites à 23ᵐᵐ les unes des autres. Pas de marges. Les lettres ont 2ᵐᵐ : les jambages dépassent de 15 à 20ᵐᵐ. Les lettres de la 1ʳᵉ ligne ont 7ᵐᵐ de haut. Le premier mot **IN** est en capitales. Les lettres de la souscription royale et de celle du notaire ont 10ᵐᵐ. Le monogramme mesure 32ᵐᵐ de large sur 25ᵐᵐ de haut. Le sceau pla- qué sur la ruche, entre *et* et *s[ubscripsi]* a été arraché. Texte très correct. Encre très pâle ; la lecture de la date est très difficile et même en partie à peu près impossible actuellement, à cause d'un réactif qui a noirci le parchemin sans faire ressortir l'encre. Au verso, une cote du XIIᵉ siècle : « Carta Betorriç et aliorum honorum, de Tresmalo et de Villanova ». D'une époque plus récente : « B. ✠ ». Du XVIIIᵉ siècle : « Cet acte se trouve mot à mot dans *Gallia christiana*, livre Iᵉʳ et des instruments d'Arles, fol. 93. » — *B.* Copie : *Ibidem*, G. 127, fol. 31.

a. Historiens de France, t. IX, p. 680, nº VII, « ex autographo ». — *b. Gallia chris- tiana*, t. I, *Instr. ecclesiae Arelatensis*, nº I, p. 93. — *c.* Albanès, *Gallia christiana novissima ; Arles*, nº 2495.

---

1. L'original étant perdu, on ne sait où se terminait la première ligne du texte.
2. L'édition porte XII.
3. L'édition porte *Sitillianis*.

IN nomine *sanctae* et indiuiduae Trinitatis, Hludouicus gratia Dei rex. Si necessitatibus atque utilitatibus fidelium | *nostrorum*, diuini cultus amore fauentes, subuenire curamus, proculdubio fructum diuini muneris a Domino consequi non dubitamus, imi | tantes uestigia *predecessorum nostrorum* regum piorum, quorum piissimum semper studium fuit ut, quibus preessent, prodesse etiam et satagerent. | Quocirca, omnium *sanctae* Dei *ecclesiae nostrorumque* fidelium, presentium scilicet et futurorum, uniuersitati notum fore cupimus quoniam quidam | venerabilis *sanctae* Arelatensis *ecclesiae* archyepiscopus nomine Rodstagnus *nosterque* fidelis, *nostram* cernue adiens excellentiam, enixius | postulauit quatinus cuidam sacerdoti, nomine Rigmundo, quendam mansum de comitatu Vasensi, consistentem in comitatu | Auinionensi, in uillis nuncupantibus Tresmalis, Villanoua et Biturrita, per preceptum auctoritatis *nostrae*, iure hereditario | ei concederemus. Cuius preceptum assensum prebentes, hoc serenitatis *nostrae* precibus fieri decreuimus per quod predictus fidelis *noster* Rigmundus | sacerdos et prepositus eundem mansum cum omnibus adiacentiis suis futuris temporibus quieto et securo ordine | perpetualiter possideat. Et, ut haec *nostrae* preceptionis auctoritas *nostris* futurisque temporibus inconuulsam atque inuiolabilem obtineat | firmitatem, manu propria roborantes, anuli *nostri* inpressione insigniri iussimus | .

Signum  Hludouici serenissimi regis. |

Arnulfus notarius, ad uicem Barnoini archiepiscopi reco-

gnoui *et* 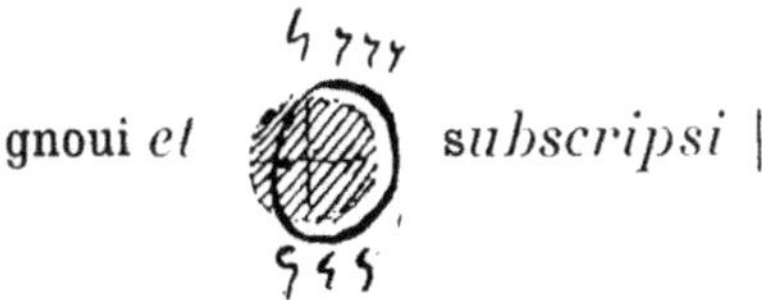 subscripsi |

Actum est hoc preceptum apud Auinionem[1] castrum, anno Incarnationis Domini dcccxcviij, indictione iª, anno vij, regnante Hludouico | glorioso rege feliciter | .

---

1. Ce mot est très douteux.

XXXII

[Arles, novembre ou décembre 899 [1]].

Mandement de Rostaing, archevêque d'Arles, à Aymon, évêque d'Avignon, lui prescrivant de se trouver auprès de lui à Viviers le 6 janvier prochain [900], accompagné de l'archidiacre, du prévôt et des abbés de son diocèse, pour y tenir, le 7, un concile avec Rainfroy de Vienne, Emmon d'Embrun, Érard de Valence, les évêques de Viviers, Trois-Châteaux, Marseille et Vaison, sur l'ordre de Jean IX, afin d'entendre l'évêque de Valence Érard, légat apostolique.

A. Original disparu. — *B.* Polycarpe de la Rivière, *Annales*, p. 560 (Bibl. de Carpentras, ms. 503).

Rostagnus, Dei misericordia dictus humilis Arelatensis archiepiscopus, venerabili fratri Haymoni, Auenionensi episcopo, salutem et dilectionem. Quia dominus noster Joannes papa super dominos Rigofridum Viennensem et Emmonem Ebredunensem archiepiscopos et super nos verbum Erardi[2], Valentinensis episcopi et illius ecclesiae, posuit, noverit fraternitas vestra quod, necessarium habentes vobiscum loqui super hoc, mandamus vobis et mandando praecipimus quatinus sine ulla dilatione vos conveniatis in die proximo Epiphaniae apud Viuariam ut, sequenti die, cum praelatis dominis et confratribus nostris, simulque cum Viuariensi, Tricastinensi, Massiliensi et Vasionensi episcopis, valeamus communi deliberatione statuere quae videbuntur recta pro Dei et ecclesiae honore, et jubeatis similiter adesse archidiaconum, praepositum et abbates episcopatus vestri, ex mandato Domini papae et nostro. Valete [3].

---

1. Jean IX a siégé de février 898 jusqu'en mars 900 ; Rainfroy de Vienne, consacré le 28 janvier 899, est mort le 30 avril 906 ; Isaac de Valence vivait encore le 28 janvier 899 et Arnaud d'Embrun également.

2. En marge : *vel Eilardi.*

3. Polycarpe fait précéder ce texte des mots qui suivent : «... veteres quas accepimus a clarissimo domino de Montebello schedae, imperitia scriptorum licet aliquantulum corruptae et depravatae... »

XXXIII

Lyon, 17 septembre 903.

Précepte de Louis empereur concédant, sur la demande du comte [de Provence] Thibert et de Walon, à Ameil, évêque [d'Uzès], le domaine de Fretus, au comté d'Avignon, avec son église dédiée à saint Remy.

A. Original disparu.

a. Vaissete, *Histoire de Languedoc,* t. II, p. 43. — *b. Historiens de France,* t. IX, p. 682, no XI, *ex autographo.* — *c.* Deloche, *Saint-Remy de Provence,* Appendice I, p. 100 dans le t. XXXIV, 1re partie des *Mémoires de l'Académie des inscriptions et belles-lettres;* p. 52 de l'extrait.

In nomine sanctae et indiuiduae Trinitatis, Hludouicus, diuina ordinante prouidentia, imperator augustus [1]. Omnium fidelium nostrorum, praesentium scilicet ac futurorum, nouerit industria, quoniam Teutbertus comes et Walo vir strenuus, nostri dilectissimi fideles, nostram adeuntes excellentiam, enixius postulauerunt quatinus cuidam nostro fideli, eximio praesuli Amelio, concederemus jure proprietario curtem quae nuncupatur Fretus cum ecclesia in honore sancti Remigii dicata, coniacente in comitatu Auinionensi, cum omnibus adjacentiis ac pertinentiis ejus, cum seruis et ancillis utriusque sexus, omnia omnino in integrum, per praeceptum nostrae auctoritatis. Quorum precibus assensum praebentes, hoc serenitatis nostrae praeceptum fieri decreuimus per quod jamdictus fidelis noster Amelius episcopus praefixam curtem Fretum futuris temporibus obtinere valeat, [una cum ecclesia et] terris arabilibus, cultis et incultis, vineis, campis, pratis, pascuis, siluis, casis ac mancipiis utriusque sexus, cum aquis aquarumue decursibus, omnia ei concedimus cum omnibus ad eandem rebus juste et legaliter pertinentibus, ut habeat, teneat et possideat, faciatque quicquid ejus decreuerit animus ac voluntas, remota totius potestatis inquietudine aut deminoratione. Et, ut verius habeatur, manu propria firmauimus et anuli nostri impressione assignari iussimus.

Signum domni (monogramme) **Hludouici serenissimi imperatoris augusti**.

---

1. L'original n'ayant pu être consulté, il est impossible de dire à quel mot se terminait la première ligne du texte et, par conséquent, quel est le dernier mot à restituer en hautes lettres.

Arnulfus cancellarius, iubente domno imperatore recognoui et subscripsi.

Datum xv kalendas octobris, anno Dominicae Incarnationis DCCCCIII, indictione VI, anno III imperante domno Hludouico imperatore. Actum Lugduno in Dei nomine, feliciter, amen.

XXXIV

Vienne [18 avril-25 décembre] 903.

Précepte de Louis empereur confirmant, sur la demande d'Arnoux son chancelier, à son orator, *le prêtre Raymond, ce qu'il lui avait déjà concédé à titre héréditaire dans les villages de Fontaines, Villeneuve,* Tresmales, *Pargues et Bédarrides, dépendant de la mense comtale de Vaison et sis au comté d'Avignon.*

A. Original : Arch. départ. de Vaucluse, G. 6, fol. 10, n° 7. Parchemin : 503mm de large × 240mm de haut. Les lignes ne sont pas tracées au stylet ; elles sont à 18 ou 20mm de distance. A dextre, marge de 25mm ; à senestre, marge de 20mm. Les lettres ont 2mm, les jambages 15mm. Les lettres de la première ligne mesurent 8mm ; mais cette ligne est entièrement en minuscules comme le surplus. On remarque un *N* capitale dans les mots *maNu, aNulo* qui annoncent les signes de validation. La souscription impériale a 10mm. Le monogramme mesure 33mm de large sur 28mm de haut. La souscription du chancelier, *jussu imperiali,* est précédée d'un *chrismon* réduit à 11mm de haut. Le sceau est entre les deux derniers mots de cette souscription. Il n'y a pas de ruche. Le sceau ne subsiste qu'en partie : c'est le même que celui décrit dans le précepte de 912. Le bourrelet et une partie de la légende ont disparu : cela permet d'étudier certains détails. La mince couche de cire pure qui recouvre le gâteau a 1mm d'épaisseur, sans compter le relief de la tête qui a 2mm. Le sceau est plaqué sur une incision cruciale dont les 4 pans se replient dans l'intérieur du gâteau. La légende est entre deux cercles : [+ HLVDO-VICV]S **GRADI** [IMPR·AVG]. Cette légende est en lettres capitales : l'A n'est pas barré. Les lettres mesurent 5mm de haut. Les deux traits, entre lesquels elles se trouvent, sont espacés de 7mm. L'empreinte est plus nette que celle du sceau de conservation entière. Dans le champ, buste de profil à senestre ; front très bas, nez pointu-orbite profonde : joues pleines et très développées ; à dextre dans le champ, une boucle ծ. — Le texte est correct comme graphie, mais il y a des négligences : répétitions de syllabes, oubli d'un mot. A la date d'année primitive DCCCCIII, une unité a été ajoutée après coup. — Au verso, cote du xiie siècle : « Carta Betoritę et aliorum honorum ». Cote postérieure : « scilicet de Fontainas et de Tresmalz et de Villanova ». Du xve siècle : vj ; du xiiie siècle : ꝏ. — *B.* Copie : *Ibidem,* G 127, fol. 49 v°.

a. Historiens de France, t. IX, p. 681-682, n° x. — *b. Gallia christiana,* t. I, *Instr. ecclesiae Arelatensis,* p. 93, n° ii. — *c.* Albanès, *Gallia christiana novissima. Arles,* n° 2496.

Ind. : Böhmer, *Regesta Karolinorum,* n° 1471.

In nomine D*om*ini D*e*i aterni[1] et Saluatoris no*st*ri Ihesu Xp*ist*i, Hludouicus, gratia D*e*i imperator aug*ustu*s. Omnium fidelium no*st*rorum, presentium scilicet ac futurorum, nouerit industria |
q*uonia*m Arnolfus cancellarius dilectissimusq*ue* fidelis no*ster*, no*st*ram cernuae adhiens excellentia*m*, enixius postulauit quatin*us* cuida*m* no*st*ro fideli oratori, Rigemundo sacerdoti nomine, | concederemus et confirma-remus ea quae a nob*is* iam pride*m* concessa sunt iure *pro*prietario, vide-licet quicquid de comitatu Uasensi in comitatu Auinionensi, in uillulis ita nuccupantibus | uidetur habere, scilicet in Fontanas et in Villa noua et in Tresmales et Pipargo necnon et in Bisturrita, una cu*m* seruis et ancillis utriusq*ue*[2], totu*m* et ad integru*m* ut ei concederemus | tam ipsi quam suis heredibus, cum omnibus quicquid inibi visu*m* est *per*tinere ta*m* quaesitu*m* qua*m* exquerendu*m*, omnia omnino in integru*m* *per* preceptu*m* no*st*rę auctoritatis. Cuius | *pre*cibus assensu*m*[3] *pre*bentes, hoc serenitatis no*st*re preceptu*m* fieri decreuim*us* *per* q*uo*d iamdictus no*ster* fidelis Rige-mundus sacerdos ea om*n*ia quae superius sun*t* futuris te*m*poribus obtinere | ualeat ta*m* ipse qua*m* sui heredes potestatemq*ue* habeat tenendi, donandi, uendendi[4] et eredibus suis libere relinquendi, remota totius potestatis inquietudine aut minoratione. | Et, ut verius habeatur ac dili-gentius ab omnibus obseruetur, maNu *pro*pria firmauim*us* et aNuli no*st*ri sub*ter* iussim*us* assigniri. |

Signum domni  Hludouici serenissimi imperatoris aug*usti*. |

Arnolfus cancellarius iussu imperiali recognoui et 

su*b*scri*psi*. |

Actu*m* apud Uiennam anni Do*m*ini dccccii[5], ind*ictione* vi, anno tercio imperante domno Hludouico imperatore. In D*e*i nomine, filiciter, AM*en* | .

---

1. *Sic.*
2. *Sic.* Le scribe a oublié *sexus.*
3. Suit le mot *assensum* répété par distraction.
4. Le scribe a écrit *vendendendi.*
5. On a corrigé : dcccciii en dccccii.

XXXV

Vienne, 19 octobre [907].

Précepte de Louis empereur confirmant, sur la demande du comte [de Provence] Thibert à Remy, évêque d'Avignon, et à l'église Notre-Dame, ce qu'il avait déjà concédé à son prédécesseur, c'est-à-dire : 1° l'île [de la Barthelasse] sous Avignon, sise entre le Rhône, le Sorgilionem *et* Vedrerias; *2° le tiers des droits perçus au port de la cité.*

A. Original : Arch. départ. de Vaucluse, G. 6, fol. 5, n° 2. Parchemin : 660ᵐᵐ de large (on a détaché une bande en haut à droite) ✕ 505ᵐᵐ de haut. A dextre, marge de 60ᵐᵐ : à senestre, marge de 75ᵐᵐ. En haut, marge de 45ᵐᵐ, remplie par les hastes des lettres. Les lignes sont réglées au stylet sur le recto, à 35, 36 ou 38ᵐᵐ les unes des autres. Les lettres ont de 3 à 4ᵐᵐ de haut, les jambages ont, en plus, environ 20ᵐᵐ. Les lettres de la 1ʳᵉ ligne, limitées par deux traits réglés au stylet, ont 13ᵐᵐ de haut ; celles de la souscription impériale 15ᵐᵐ ; la souscription du notaire a 5ᵐᵐ. Le monogramme mesure 30ᵐᵐ de haut sur 26ᵐᵐ de large. Le 1ᵉʳ chrismon a 150ᵐᵐ de haut : le 2ᵉ, 90ᵐᵐ. Le sceau, plaqué sur incision cruciale, a disparu. Au point de vue phonétique, à remarquer l'affaiblissement des *t* en *d* ; ainsi *adque, permanead, obtinead, Teudberti*. Il n'y a pas de ratures : le scribe s'est trompé en deux ou trois endroits, mais il s'en est aperçu de suite et a effacé les lettres qui ne convenaient pas avec le doigt avant que l'encre ne fût sèche. Ainsi : « Alexandri *a* archicancellarii regn*ante* ᶦudovici ᴴˡ » … « *vien*ʰᵉⁿ na », les deux dernières rectifications sont curieuses. Au dos : cote du xııᵉ siècle, « carta de portu civitatis Avenicę | et insulę quę est subtus civitatem atque | Vedreriis | . ✿ » Cote plus récente : « EE ». Cote du xvıııᵉ siècle : « Concession de l'empereur Louis à | l'évêque d'Avignon d'une | isle sous Avignon. | Avignon | an 822. | Ce; acte se trouve copié mot à mot dans *Gallia christiana* | tome Iᵉʳ à la fin, fol. 137 ; il est attribué comme le précédent | à Louis fils de Boson vers l'an 905 au même livre, page 805. » Cote du xıvᵉ siècle : « ꟽꟽ ».— *B.* Copie : *Ibidem*, G, chapitre métropolitain, n° 27 provisoire, fol. 42 v°-43 r°, n° 90. — *C.* Copie : *Ibidem*, G. archevêché d'Avignon 8, fol. 9. — *D.* Copie : *Ibidem*, G. 21, dans le précepte impérial du 7 juin 1365. — *E.* Copie : *Ibidem*, G. 153, fol. 101 (Fortias, 1517). — *F.* Copie : Bibl. de Carpentras, ms. 512, fol. 81, n° 428 (Probationes). — *G.* Copie : Bibl. nat., ms. lat. 8971, fol. 25 r°. — *H.* Copie : Bibl. d'Avignon, ms. 2399, fol. 16, n° 8.

a. Nouguier, p. 149-150. — *b.* Bouche, *Histoire de Provence*, t. I, *add.*, p. 933. — *c. Gallia christiana*, t. I, *Instr.*, p. 137-138, n° ııı. — *d. Historiens de France*, t. IX, p. 683, n° xııı. — *e.* [Abbé Caveirac], *Réponse aux recherches historiques*, 1769, Preuves, p. 21-22, n° 8.

In nomine Domini nostri IHesu Xpisti, Hludouicus, gratia Dei imperator augustus. Si erga loca diuinis cultibus mancipata, ob amorem Dei eorumque reuerentiam, benefitia oportuna largimur, | id nobis proculdubio ad aeterna retributionis premia capescenda profuturum liquido credimus. Idcirco, notum esse uolumus cunctis fidelibus sanctę Dei ecclesiae et nostris, presentibus scilicet et futuris, quia, adiens | serenitatem nostri culminis, sub introductu cuiusdam fidelis nostri Teudberti comitis, quidam sanctae Auinionensis ecclesiae episcopus nomine Remigius, nostram flagitauit clementiam ut auctoritatem quam priscis temporibus | predecessori suo facere iussimus, eandem nostra confirmare dignaretur magestas, quo firmior haberetur uenturis temporibus. Quorum petitiones placide suscipientes, per hu[i]us nostrae auctoritatis conlationem, reddimus ecclesiae suae | , in honore sanctae Marię Dei genitricis dicatę, quandam insulam subtus Auinione sitam, quę determinatur ex una parte Rodano discurrente, ex altera Sorgilione adque Vedrerias, cum omnibus apenditiis suis usque in exquisitum adque | ex porto ciusdem ciuitatis tertiam partem prefatae ecclesiae per huius nostrae potestatis donum concedimus, quatinus ex his omnibus supradictis rebus fatiant rectores eiusdem ecclesiae, cui nunc preesse dinoscitur Remigius uenerabilis episcopus | , quicquid facere et disponere voluerint absque alicuius contradictione vel repetitione, seu aliqua injusta refragatione. Et, ut hec nostrae potestatis institutio futuris temporibus firma permanead adque inconuulsam | obtinead firmitatem, manu propria subter eam firmauimus et anulo nostro sigillare iussimus. |

Signum 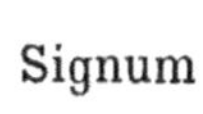 Hludouici piissimi Augusti. |

Uuarnerius notharius ad vicem domni Alexandri archicancellarii recognoui et [1] 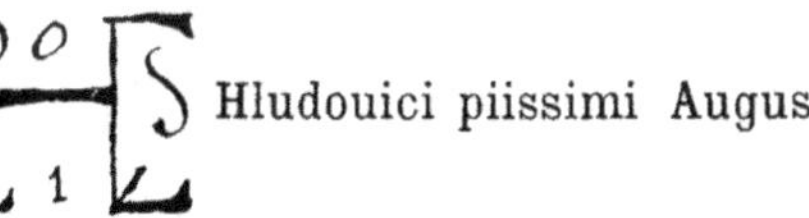 |

Datum XIIII kalendas nouimbrii, anno VII regni Hludouici piissimi Augusti, inditione XI. Actum Uihenna publice, in Dei nomine feliciter, AMEN. |

---

1. La ruche se lit : et sub⊕scripsi.

XXXVI

Vienne, 16 mai [908].

Précepte de Louis empereur concédant, sur la demande de Hugues, comte [d'Avignon? et de Vienne] et Thibert comte [d'Arles], à l'évêque Remy d'Avignon et à l'église cathédrale Saint-Étienne, 1° le village de Bédarrides, sis au comté d'Avignon ; 2° la moitié des droits perçus sur la descente du Rhône.

A. Original : Arch. départ. de Vaucluse, G. 6, fol. 6, n° 3. Parchemin : 440ᵐᵐ de large × 535ᵐᵐ de haut. Les lignes sont réglées au stylet sur le recto à 38ᵐᵐ ou 40ᵐᵐ les unes des autres. A dextre et à senestre, pas de marge appréciable ; en haut, marge de 25ᵐᵐ remplie par les hastes. Les lettres ont 2 ou 3ᵐᵐ de haut, les jambages ont de 15 à 25ᵐᵐ au-dessous de la ligne. Les lettres de la 1ʳᵉ ligne du texte sont encadrées entre deux traits réglés au stylet et elles ont 18ᵐᵐ : celles de la souscription de l'empereur et de la souscription du notaire, 15ᵐᵐ. Le monogramme mesure 22ᵐᵐ de haut sur 25ᵐᵐ de large. Dans « Indicione .XIIII. », les trois dernières unités d'encre plus noire semblent avoir été ajoutées après coup, de même la dernière unité de « anno VIIII ». Le scribe de cet acte est plus négligent que celui du précédent : il interpose certaines syllabes, en répète d'autres. Au point de vue phonétique certaines graphies sont à signaler : *maïs, maïsque, Teubertus, Beddurida, Avionensi, Rimigii, os, onore, subtraccionis, obtinead.* Il y a là des exemples du *d* substitué au *t*. Pas de chrismon. Sceau plaqué sur incision cruciale et disparu. Au verso, cote du XIIᵉ siècle : « Carta de Bitorrita ». Du XIIIᵉ siècle : « De decensu Rodani ». Cote plus récente : « D ». Du XIVᵉ siècle : « GG ». Cote plus récente : « N° 40 ». Du XVIIIᵉ siècle : « Cet acte comme les précédents est relaté dans *Gallia christiana* | col. 804, tome premier et attribué à Louis fils de Boson en 907. » — *B*. Copie : *Ibidem*, G, chapitre métropolitain, 27 provisoire, fol. 42, n° 89. — *C*. Copie : *Ibidem*, G. 8, fol. 9 v°. — *D*. Copie : *Ibidem*, G. 15, fol. 54 v°-55 r°, vidimus de septembre 1210. — *E*. Copie : *Ibidem*, G. 21, dans le précepte impérial du 7 juin 1365. — *F*. Copie : *Ibidem*, G. 110 (Diversorum Avenionis, 899), fol. 3. — *G*. Copie : *Ibidem*, G. 145, fol. 1. — *H*. Copie : Bibl. de Carpentras, ms. 512, fol. 81, n° 427 (Probationes). — *I*. Copie : Bibl. nat., ms. lat. 8971, fol. 25. — *J*. Copie : Bibl. d'Avignon, ms. 2399, fol. 18, n° 11.

a. Nouguier, p. 150 + p. 31-32. — *b*. Fantoni, *Istoria della città d'Avignone*, t. I, p. 314. — *c. Historiens de France*, t. IX, p. 684, n° XV, d'après *a*. — *d*. Cointius, *Annales Ecclesiae*, t. VII, p. 589. — *e*. [Abbé Caveirac], *Réponse aux recherches historiques. Preuves*, p. 22-24, n° 83.

In nomine Dei aeterni et saluatoris nostri Ihesu Xpisti Hludouicus diuina ordinante prouidentia Imperator augustus ⁏ Si fidelium

nostrorum peticionibus pie et gratenter [1] | annuimus, maximum
nobis retribucionibus aput Deum fructum profuturum credimus atque
fidelium nostrorum deuotionem mais [2] maisque roborari confidimus.
| Itaque omnium fidelium *sanctae* D*e*i aecc*les*iae ac nostrorum pre-
sencium uidelicet et futurorum comperiat magnitudo quia, adientes
seneritatem [3] *nostre* eximie potestatis quidam | spectabilis vir et propincus
noster necnon et carissimus nobis omnium Hugo comes atq*ue* eciam Teubertus fidelis *noster* *nos*ram sublimitatem humiliter postulando ut quan-
dam uillam | Beddurida nomine cum suis omnibus que dici aut nominare
potest ad eandam [4] uillam ex antiquitate juste et legaliter pertinentibus [5]
sitam in comitatu Auionensi seu eciam | et medietatem de dessansu Roda-
nis cuidam episcopo fideli *nos*tro [6] Rimigii nomine cum uniuersis adiacen-
ciis eius concederemus. Quorum precibus propter diutinum | famulatum
ab ipsis sincerissimis exhibitum libentissime annuentes, os [7] *nos*re subli-
mitatis apices [8] fieri censuimus per quos memoratam uillam cum uniuersis
rebus ibid*em* pertinentibus | ad sedem Auionensam aecc*les*iam in onore
sancti Stefani sacrata*m* propter remedium anime *nos*re subiectum esse sta-
uimus et iure perpetuo sub integritate confirmare studuimus | ut dein-
ceps omni tempore iam supradictus Rimigius episcopus et om*ne*s pontifi-
ces ipsius aecc*les*iae exinde ordinare quicquid racionabiliter et utiliter
decreuerint perpetualiter ratam | habeant priuilegium absq*ue* cuiuslibet
subtraccionis du*m*taxat iniuria seu qualibet iniuste repeticionis calu*m*nia ;
Hoc aut*em* *nos*re immunitatis *p*receptu*m*, ut inuiolabile*m* obtinead firmita-
tem, | more imperiali *p*ropriis manibus subter eu*m* firmauimus et anulo
*nos*tro illu*m* iussimus sigillare ; |

Signum   Hludouci [9] serenissimi augusti. |

---

1. *Sic.*
2. *Sic.*
3. *Sic.*
4. *Sic.*
5. Le scribe écrit *pertinentinentibus*.
6. Suit, biffé, une première fois : *Rimigii nomine*.
7. *Sic.*
8. Le scribe écrit *apicess*.
9. *Sic.*

Uuarnerius notarius, ad uicem Alexandri, archicancellarii, recognoui [1]

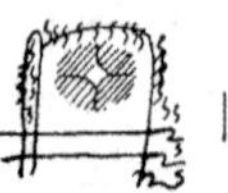

Datum vii decimo *kalendas* iunii, indicione xi [2], anno viii [3] regni domni Hludouici piissimi imperatoris. Actu*m* Uienna publice, in Dei nomine feliciter. Amen. |

XXXVII

Avignon, 3 septembre 909.

Contrat de mariage entre Fouquier et Raimodis, *par lequel il lui donne, dans le comté d'Apt, les trois villages de Caseneuve(?), des Lou-rouis(?) et* Leucula ; *dans le comté d'Aix et la vallée de Reillane, les deux villages de Pinet, avec l'église Saint-Siffrein, et de* Paludem ; *dans le comté de Sisteron, les deux villages d'*Alairacum *et de Niozelles (?) ; dans le comté de Riez, les quatre villages d'Aby, avec l'église Notre-Dame, de Polignac, de Valensole, avec l'église Saint-Maxime, et des Marges, soit en tout cent mas, plus cinquante serfs, parmi lesquels Pons, sa femme Gau-sinde et ses enfants Dominique, Airoard,* Vincolasc, Rosteduno, Ayloara *et ses enfants,* Eldetrude *et ses enfants, Geile, Rotrude, André avec son fils Pons et ses filles.*

A. Original perdu. — *B*. Bibl. nat., Coll. Moreau, t. III, fol. 238.
a. Bruel, *Chartes de Cluny*, t. I, 1876, p. 117-119, n⁰ 105.

Diuinis et humanis sanccitur institutionum auctoritatibus, ne qua forte petulantia aut vi subripiat luxum estrenis [4] at future coniunctionis signo pretendatur vinculum desponsationis. Et, quia mutabilitas humana varie-tas mutanda est, nunc illud nunc istud appetitur vel refutatur ; in causa arrabonis hanc scripturam placuit fieri, qua nostra communis muniatur voluntas. Igitur, ego Fulcherius, superna adiuvante misericordia, future prolis intuitu, desponso michi, juxta legem meam romanam, Raimodis,

---

1. La ruche se stylise ; elle répond aux mots *et subscripsi*.
2. On a corrigé xi en xiiii.
3. On a corrigé viii en viiii.
4. L'éditeur des Chartes de Cluny donne *effrenis*.

amore dilectionis et osculo precipui coniugii hac federe copulationis permansurae. Et do tibi, amantissima sponsa mea Raimodis, presentibus propinquis et amicis tuis, in sponcalicium, in comitatu Aptense, villam meam Ausnavam sub omni integritate, cum omnibus adiacentiis et appendiciis suis et, in ipso comitatu, aliam villam nomine Serrulio [1], cum omnibus appendiciis et adiacentiis suis; item, in ipso comitatu, aliam villam Leuculam cum omnibus appendiciis suis; in comitatu Aquense, in valle Reglana, villam Pinetam cum ecclesia in honore sancti Sisfredi ; in ipsa valle, aliam villam Paludem sub omni integritate, cum omnibus adiacentiis et appendiciis eorum ; in comitatu Secustyronense [2], villam Alairacum cum ecclesia in honore sancti Petri et aliam villam ad Ducellum [3] cum omnibus adiacentiis et appendiciis eorum ; in comitatu Regense, villam nomine Abia cum ecclesia in honore Sanctae Mariae et aliam villam nomine Pauliniacum [4] et aliam villam Valentiolam cum ecclesia in honore sancti Maximi et aliam villam nomine Marigas cum omnibus ad'acentiis et appendiciis eorum. Et dono tibi, dilectissima sponsa mea, nomine Raimodis, servis utriusque sexus qui mihi legibus obuenerunt quorum ista sunt nomina : Pontium, cum uxore sua Gausinde [5] et filiis et filiabus eorum, Dominicum, Ayroardum, Vineolascum, Rosteduno, Ayloara cum filiis et filiabus suis, Eldetrude cum filiis et filiabus suis, Geile, Rotrude, Andream cum filio suo Pontio et filiabus suis. Ista omnia confero tibi, sponsa mea jamdicta Raimodis, ut ab hodierno die quicquid exinde facere volueris, liberam et firmissimam in omnibus habeas potestatem, quicquid animo tuo placuerit ut facias. Sane aut ego, aut de propinquis meis vel affinis, seu quilibet opposita persona contra sponcalicium istum hac donationem ire temptauerit, componat auri optimi libras XXX et quod preciosum requirit non valeat vindicare et hec presens sponcalicium vel donatio firmum et stabilissimum omni tempore permaneat, stipulatione interposita, pro omni firmitate subnexa. Actum Auenione ciuitate publice, anno Domini nostri Jesu Xpisti incarnationis DCCCCVIIII, indictione III, tercio nonas septembris, regnante Hludouico imperatore. + Signum Fulcherio qui hoc sponcalicium fieri et firmare rogauit. + Signum Hugone teste. + Signum Aigone teste. + Signum Rainoardo qui consensit. + Signum Geraldo qui consensit. + Signum Alarico teste. + Signum Odilone teste.

---

1. Rétablir *Serrubo* ?
2. Secus Tyronense, *sic*.
3. Rétablir *Nucellum* ?
4. Paulimacum, *sic*.
5. Gansinde, *sic*.

*Fiunt, in summa, mansa centum, in sponsalitium istum et mancipia quin-
quaginta*[1].

Ego Josue rogatus [scripsi] et subscripsi. Ego Marthoaldus humilis
levita, sponcalicium hoc mense septembrio scripsi; post, traditum
compleui.

XXXVIII

4 avril [912].

*Précepte de Louis empereur concédant, sur la demande de Hugues
duc [de Provence] et comte [d'Arles], Boson son frère [comte d'Avignon]
et Rostaing archevêque d'Arles, à Fouquier évêque d'Avignon, les églises
1° de Saint-Geniès ; 2° de Notre-Dame, Saint-Jean et Saint-Baudile ;
3° des Saints-Côme et Damien, celle-ci sur la rive du Rhône devant le
château de Lers, avec le territoire qui en dépend, toutes les trois sises au
comté d'Avignon et dépendant du fisc royal ; 4° le port du château de
Lers.*

   A. Original : Arch. départ. de Vaucluse, G. 6, fol. 7, n° 4. Parchemin :
409mm en haut et 400mm en bas, de largeur, $\times$ 525mm de hauteur. A dextre, marge
de 30mm ; à senestre, variable ; en haut, marge remplie par les hastes des lettres. Les
lignes sont réglées au stylet sur le recto à 32mm ; les lettres ont de 2 à 3mm de
haut ; les jambages 25mm. Les lettres de la 1re ligne ont 6mm. Ces lettres ne sont
pas encadrées entre deux traits, mais simplement au-dessus du premier trait réglé au
stylet ; les lettres de la souscription impériale ont 10mm. La souscription du notaire
paraît de la même main que le texte ; elle est aussi en caractères de 3mm comme, la date
qui est sur une 2e ligne. Le monogramme mesure de 35 à 40mm de large $\times$ 25mm de
haut. L'écriture est plus barbare et cursive que celle des scribes des actes précédents.
Ce scribe manque d'habileté au point qu'il s'y reprend à trois fois pour commencer la
souscription impériale. Quand deux lettres semblables se suivent, il en économise
volontiers une. Il ne substitue pas le *d* au *t* : il a au contraire une tendance à mettre
le *t* au lieu du *d*. Chrismon de 60mm de haut. Sceau plaqué de 43mm de diamètre,
et, en comptant le bourrelet renflé qui l'entoure, 70mm. L'épaisseur verticale du bourrelet circulaire est de 20mm ; celle du sceau, à l'intérieur du bourrelet, est de 10mm.
Au verso, le revers du sceau mesure 60mm de diamètre. Il est à remarquer que le
sceau se compose essentiellement de 2 parties : 1° un gâteau de cire jaune, brunie par
le temps, adhérant au parchemin par plaquage au recto et au verso ; 2° au recto, c'est-
à-dire à l'avers, une mince couche de 2 ou 3mm de cire pure, plus blanche et moins

---

   1. La phrase *Fiunt in summa... quinquaginta* paraît constituer une interpolation réca-
pitulative, ajoutée sur l'original, après la rédaction de l'acte et d'une autre main que celle
du scribe. L'éditeur des *Chartes de Cluny* néglige les croix des souscriptions.

dure sur laquelle uniquement la matrice a appuyé pour former l'empreinte, à l'intérieur du bourrelet renflé que forme le gros gâteau de cire. Légende, entre 2 cercles concentriques et en lettres capitales : ✠ H·VD°VICVS·GRA·DI·IMPR· AVS. Les deux traits entre lesquels se trouvent les lettres sont éloignés de 8mm; les lettres ont 5mm de haut. Le diamètre du cercle intérieur est de 27mm. Le relief des lettres et du profil est peu accusé : il n'y a pas d'arêtes vives. Champ : buste de l'empereur, de profil à senestre, à la romaine, cheveux courts ; à dextre, derrière la tête attribut indéterminé : ꝺ. Pas de ruche sous le sceau. Au verso, cote du XIIe siècle : « Carta. S. Genesii de Cumulas | et aliarum ecclesiarum. » Du XVe siècle : « de Lertio | .» Cotes plus récentes : « FF » et « n. 9 ». Du XVIIe siècle : « Donation de l'empereur Louis à l'évêque d'Avignon | des églises de Saint-Geniez et de celle de Lers avec le port | , chasteau et terroir. Datée du 2 des nones d'avril indiction | XIIII l'an XII de son règne ; 827 ». Du XVIIIe siècle : « Cet acte se trouve mot à mot dans *Gallia christiana*, tome Ier | Église d'Avignon sur la fin, fol. 138, et avant colonne 804 qui | l'attribue comme les précédents à Louis fils de Boson vers l'an 911. » — *B*. Copie : *Ibidem*, G., chapitre métropolitain, 27 provisoire, fol. 43 ro-44 ro, no 91. — *C*. Copie : *Ibidem*, G. archevêché d'Avignon 8, fol. 95 vo. — *D*. Copie : *Ibidem*, G. 15, fol. 35, vidimus du 2 septembre 1210. — *E*. Copie : *Ibidem*, G. 21, vidimus de 1772.— *F*. Copie : *Ibidem*, G. 110 (Diversorum Avenionis, 899), fol. 3 vo.— *G*. Copie : *Ibidem*, G. 245 (Diversorum de Novis, 1139), fol. 99. — *H*. Copie : *Ibidem*, G. 246 (Diversorum de Novis, 1238), fol. 95. — *I*. Copie : Bibl. de Carpentras, ms. 512, fol. 84 vo-85 ro, no 431 (Probationes). — *J*. Copie : Bibl. nat., ms. lat. 8971, fol. 25 ro, vo-26 ro. — *K*. Copie : Bibl. d'Avignon, ms. 2399, fol. 19, no 12. — *L*. Copie : *Ibidem*, ms. 2776, fol. 244 vo-245 ro.

     a. Bouche, *Histoire de Provence*, additions au t. I, p. 933. — *b*. *Gallia christiana*, t. I, *Instr.*, p. 137-138, no IV. — *c*. *Historiens de France*, t. IX, p. 685, no XVI, d'après A. — *d*. Mabillon, *De re diplomatica*, lib. VI, no 122.

In nomine san*c*tae et indiuidue Trinitatis, Lodouicus misericordia Dei imperator. Si peticionibus eorum aurem nos*t*rae mansuetudinis accomodamus, de qibus | ueritas in euuangelio loqitur dicens : « Qui vos audit, me audit et, qui os [1] spernit, me spernit. » Mos fuit predecessorum nostro*r*um ut fidelibus suis rebus ditarent, ut in illor*um* fidelitate | et seruicio deuote animo ardentes et ilariores existerent ; quapropter, notum sit omnibus fidelibus san*c*tae Dei ecclesiae et nostris, scilicet presentibus et futuris, quot [2] Ugo dux et glori | osus comes necnon et Boso frater suus siue domnus Rothstagnus archiep*iscopus* pecierunt suplimitati nos*t*re ut quibusdam de fidelibus nos*t*ris Fulcherium uidelicet Adueni | onensis ep*iscopu*m ut de rebus fisci nostri copiosius

---

1. *Sic*. Le scribe a oublié *v* : c'est le mot « vos ».
2. Le scribe écrit « qu°t ».

augeremus. Ergo, peticioni eorum libenter claro animo suscipientes, secundum volumtatem eorum, dedimus | ei ecclesiam constructam in onore beati Genesii cum omnibus apendiciis suis, que est sita in comitatu Aduenionensi, et damus aliam ecclesiam in onore *sancta* Ma | riae, *sancti* Iohannis et *sancti* Baudilii diccatam et aliam ecclesiam in onore *sanctorum* martirum Cosme et Damiani constructam, super ipam [1] Rodani in | prospectu castelli quot nominatur Leris, eciam per preceptum dono *cum* territorio quot ibi abtinens est *uel* deipceps umquam tempore ad | iacens seu apendens esse debuit et inuestigare poterit : Portum eciam eiusdem Leris castrum similiter dono sub integritate per preceptu*m* | meret [2] abere ut abeat, teneat, posideat hac deinceps quiquit exinde cupit facere potestatem abeat faciendi. Et, ut hec *nostra* aucto | ritas firma et inuiolata permaneat, manu *nostra* corroborata eis tradimus et anulo *nostro* signauimus. |

<table>
<tr><td>Signum</td><td>Signum [2]
signum [3]</td><td></td><td>Hludouici serenissimi</td></tr>
</table>

imperator [4].

|

Uuarnerius notarius, ad uicem Alexandri archiepiscopi et cancellarii, scripsit. |

Datum II nonas apre*lis*, indiccione XIIII, anno XII imperante Hludouico piissimo imper*atore*.

XXXIX

Avignon, 2 mai 916.

Donation de Fouquier, évêque d'Avignon, à son église Notre-Dame et Saint-Étienne, d'une partie de ses biens héréditaires, c'est-à-dire : 1° de l'église Notre-Dame avec sa mense et l'alleu voisin de Four, au comté d'Avignon, viguerie de Valergue; 2° de l'église Notre-Dame, Saint-Jean et Saint-Baudile; 3° de l'église Saint-Cosme et Saint-Damien

---

1. *Sic*, pour *super ripam*.
2. *Sic*.
3. Exponctué.
4. *Sic*.

voisine de la précédente sur la rive du Rhône en face de Lers avec le terroir qui en dépend, églises qui lui ont été concédées par précepte royal [le 4 avril 912]; 4° le port dudit lieu qui lui appartient également par précepte royal; 5° l'église Saint-Geniès, dans le même comté, au lieu dit Nidadis.

    A. Original : Arch. départ. de Vaucluse, G. 119 (Diversorum Avenionis, 1404), fol. 39. Parchemin, 415ᵐᵐ de large × 617ᵐᵐ de haut. Les lignes ne sont pas tracées au stylet. Leur distance varie de 12 à 22ᵐᵐ ; 27ᵐᵐ de marge à dextre, 27ᵐᵐ à 30ᵐᵐ de marge à senestre, 30ᵐᵐ de marge en haut. A dextre, en haut et en bas, la marge a été coupée, au moment où on a relié l'acte, pour pouvoir mieux l'ouvrir et le fermer : de cette manière, le chrismon a été légèrement rogné et il n'y a que la partie médiane de la marge qui subsiste : on l'a collée sur onglet. Les lettres ont 3ᵐᵐ, les hastes et jambages ont, de plus, 8 à 10ᵐᵐ. Les majuscules mesurent de 7 à 10ᵐᵐ. L'initiale N mesure 15ᵐᵐ. Le chrismon mesure 70ᵐᵐ de haut sur 15ᵐᵐ de large. Les abréviations sont horizontales et peu apparentes : ~, ^ avec la valeur de *us*, *q.* avec la valeur de *que*. Les *e* sont cédillés. Le jambage de l'*r* dépasse la ligne; *et* s'écrit &, l'N capital ressemble à *μ*. L'*a* reçoit la forme a et, très rarement, la forme *a*; l'*o* est rond : *o*. Il y a une ponctuation qui ne correspond pas à la ponctuation actuelle, mais qui se propose de scander les membres de phrases. On remarque quatre signes. Le point vaut la virgule moderne ; le point surmonté d'une virgule vaut le signe de point et virgule moderne ; le point d'interrogation est plus développé que maintenant : enfin le point d'exclamation n'a pas varié. Le scribe, ayant répété par erreur une syllabe, l'a raturée. Encre jaune, parchemin épais. Il y a 15 souscriptions. Au point de vue de l'encre, elles se divisent en 2 classes. Celles des évêques Fouquier, Renard, et celle de Rainaud sont d'une encre légèrement plus foncée que celle du texte. Toutes les autres sont d'une encre tellement pâle qu'on les distingue à peine. Aucune des souscriptions n'est de la même main que le texte et il faut encore les ranger en deux classes à ce point de vue. Les 6 souscriptions des témoins sont de la même main. Chacune des autres est d'une main différente. Elles peuvent donc être autographes. Les trois souscriptions des évêques et celle de Rainaud, dont la qualité n'est pas mentionnée, sont seules à être précédées de la croix. Celle du comte n'est accompagnée d'aucun signe. Les 3 souscriptions des *rogitus*, sont les plus intéressantes. La 1ᵉ est précédée d'un chrismon dégénéré et suivie de sss; la 2ᵉ est précédée et suivie de sss; la 3ᵉ est précédée et suivie d'un *signum*. La souscription du *presens* est également précédée d'un *signum* ; la fin n'est pas suffisamment distincte. Quant aux 6 souscriptions des témoins, elles sont toutes de la même forme. « Sign+... t t. » Au dos, cote du XIIᵉ siècle : « Carta de villa Vallerica et ecclesiarum quarundam. » Cote plus récente : « N 41 ». — *B*. Copie : *Ibidem*, G., chapitre métropolitain, 27 provisoire, fol. 44, nº 92 (incomplet). — *C*. Copie : Bibl. de Carpentras, ms. 512, fol. 97, nº 444 (Probationes). — *D*. Copie : Bibl. d'Avignon, ms. 2399, fol. 22 rº-23 rº, nº 14 (donne 6 souscriptions). — *E*. Copie : *Ibidem*, ms. 2776, fol. 243, vº-244 rº.

    a. Gallia christiana, t. I, *Instr.*, col. 138-139, nº v (avec 4 souscriptions seulement).

Nouerit omnis fidelium eclesia, quia Fulcherius humilis iHesu
Xpisti episcopus, primò quam culmen huius honoris et discrimen tanti
oneris | aggrederer, suggerente augustalis prosapię principe Bosone,
adii Arelatensem primatem illustrem Rodhstagnum. Ut, quia Auinio-
nensis | eclesia uiduata sedebat, si utile perspiceret, maxime clero et
populo meam exiguitatem sibi ad hoc expostulantibus, eidem sedi pas-
torem | pręficeret. Id tamen, neque alicuius tumoris appetitu, neque
necessitatis uitandę inopię expetens, sed diuino tactus timore | et zelo
tactus, propriis eam facultatibus releuare et nobilitare satagens quam bar-
barica utique uastatio et depredatio, maxima | ex parte, mundialibus
attriuerat copiis. Quid multa? Tandem, communi voto, sociato sibi
Hugone clarissimo procere, | imperiali sum exhibitus pręsentię. Cuius
jussu, licet indignus, Auinionensi subnisus cathedrę, disponente superno
numine, | pro posse et scire tam spiritualiter quam corporaliter
omnimodis illam tueri elaborabo. Ideoque, mente pertractans euan-
gelici | tonitrua dogmatis : « Date, inquit, elemosinam, et omni
rnitore purificabimini. » Et rursum : « Thesaurizate vobis thesau-
os | in cęlo » et cetera quę sequntur. Et quod prudens pater prudenti
filio intulit : « Elemosina a morte liberat et non patitur hominem | ire in
tenebras. » Et item sapiens quidam : « Redemptio animę uiri proprię diui-
tię. » et nonnulla alia. Quę series tantarum conclamat uocum | et, ut supra
relatum est, antequam apicem pręsulatus adapiscerer hęc mecum consti-
tueram Deum et redemptorem meum glorificans, qui mihi | corpus et
animam gratuita pietate concessit et [o]mnibus subsidiis humanę pauper-
tatis constipauit genetrici eius reginę celorum | et terrę intemeratę Marię
virgini, protomartyri etiam beatissimo Stephano, qui post apertionem
cęlestis paradysi primus aulam regis aeterni | intrare meruit, hereditatem
meam delego et trado tam pro remedio animarum genitoris et genitricis
meę quam etiam Bosonis principis nec | non et meę infelicis et peccatricis.
Certissime enim scio et credo illos regnare cum Deo ! Idcirco illis terre-
nam tribuo hereditatem, ut ipsi | nobis orationibus suis ueniam peccato-
rum et in die exitus nostri ab hoc misero seculo occurrendo a potestate
Satanę tenebrosa eripiant | et eius clarissimę habitationis qua in cons-
pectu regis regum perfruuntur consortes et coheredes efficiant, ubi nullus
dolor, nullus | timor, nulla ęgritudo, nulla esuries, nulla macula gigni-
tur, sed omnia ante oculos eius in pace consistunt et uisione lucis | illius
sine fine delectantur. Hęc est autem hęreditas qua predictam Dei genitricem

et protomartyrem Stephanum, pro 'scelerum nostrorum | relaxatione, suc-
cessores uolumus habere : eclesiam in honore sanctę Marię quę est in
comitatu Auinionense, uicaria Uallerica, cum | presbiteratu suo, alodum
&iam in eodem loco in eadem uilla quę dicitur Fornis, quantum ibidem
habeo vel adquirere potero. Item, | eclesiam in honore sanctę Marię, sancti
Johannis et sancti Baudilii dicatam et aliam eclesiam in honore sanctorum
martyrum Cosmę et Damiani constructam | sibi uicinas super ripam
Rodani, in prospectu castelli quod nominatur Leris, quas regia munificen-
tia per testamentum precepti assecutus sum, cum territorio | quod ibi atti-
nens est vel deinceps umquam tempore adiacens seu appendens esse debuit
et inuestigare potuero tam ego quam mei successores | , portum etiam [1]
eiusdem loci quem simili modo sub integritate imperiali dono per precep-
tum promerui. Eclesiam nihilominus in honore sancti | Genesii martyris
sitam in eodem comitatu, in loco qui nuncupatur Nidadis, cum omni
appendicio. Omnem hanc hęreditatem memoratę | Dei genitrici Marię et
beato martyri Stephano dono et trado et absque ulla inquietudine perpe-
tualiter habere volo. Si autem | , instigante Satana, aliquis noster propin-
quus aut hęres aut proheres hoc nostrę donationis testamentum inquietare
vel infringere | molitus fuerit, nisi resipuerit, cum Dathan et Abiron
atque Chore et cum Iuda traditore | , Anna et Chaipha perpetuis inferorum
| torqueatur cruciatibus et huius nostrę oblationis donatio inconuulsa et
stabilis in ęuum ui[g]eat et permaneat, Manuum nostrarum subscriptione |
insignita. Actum publice Auinione ciuitate, anno ab incarnatione Domini
dccccxvi, indictione IIII, vi nonas maii | , in die ascensionis Domini | ,
xiii anno ImperaNTe "ludouuico Imperatore, filio Bosonis. |

+ Fulcherius episcopus sancte Auinionensis eclesie qui donacionem istam
manu propria firmaui. + Rainaldus voluit et consensit +. |

+ Gonterus humilis episcopus firmauit et super presens interfui [2]. |

+ Rainardus sanctę Kauallionensis aecclesię humilis Episcopus. |

Sign+um Ugone uicecomite teste.|

Boso comes firmauit. |

 Leutoardus rogitus.  | Sig+gn+um[3] Gualtario teste.|

---

1. Le scribe avait écrit *etiamdum*; il a effacé avec le doigt la syllabe *dum*, avant que
l'encre ne fût sèche.
2. Ou : *item* firmaui?
3. *Sic.*

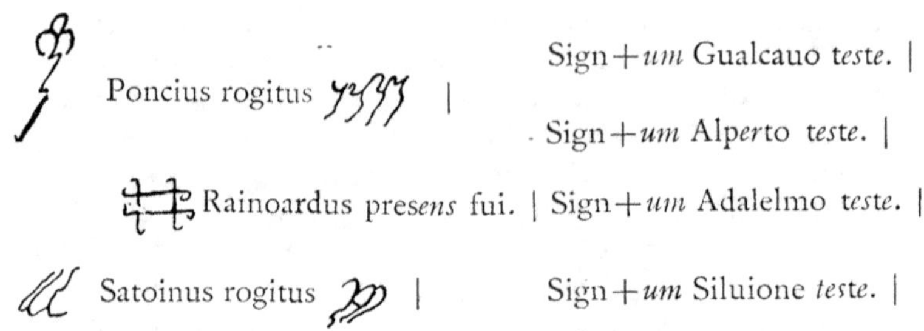

Poncius rogitus | Sign ☩ um Gualcauo *teste*. |

                                Sign ☩ um Alperto *teste*. |

Rainoardus pres*ens* fui. | Sign ☩ um Adalelmo *teste*. |

Satoinus rogitus | Sign ☩ um Siluione *teste*. |

XL

Vienne, 18 août 918/7.

Précepte de Louis empereur restituant, sur la demande de Boson,
comte [d'Avignon], et de Fouquier, évêque d'Avignon, à l'église cathé-
drale Notre-Dame, Saint-Étienne et Saint-Jean-Baptiste, la petite abbaye
de Saint-Ruf, l'église Saint-Julien et le terroir sis à Capistiniano, qui
est voisin, au comté d'Avignon, donnés dans les premiers temps par
de religieux chrétiens à l'église et enlevés depuis.

A. Original : Arch. départ. de Vaucluse, G. 6, fol. 11, n° 8. Parchemin, 456mm de
large sur 490mm de haut. Les lignes sont réglées au stylet sur le recto à 32mm. Les
lettre sont 3mm ; les hastes 15mm de plus ; les jambages 5 ou 6mm de plus que les lettres
ordinaires. A dextre, marge de 15mm : à senestre, pas de marge. La 1re ligne a
9mm et elle est encadrée entre deux traits réglés à la pointe. Le premier mot
IN est en capitales ; les deux lettres de ce mot sont liées. La souscription
royale a de 13 à 15mm ; celle du notaire, 11mm sauf son nom qui a 15mm. Le
monogramme mesure 17mm de large sur 15mm de haut. Pas de chrismon. Sceau,
plaqué sur incision cruciale, disparu. Monogramme et souscription impériale. Souscription de la chancellerie et ruche sans caractères cursifs. Texte à peu près correct, encre très pâle. Certains passages sont d'une lecture fort difficile. La forme des
o est remarquable. On trouve rarement la forme ordinaire, où le trait final, après
avoir fermé la boucle, se termine en s'élevant au-dessus de la lettre et en dehors,
en forme de haste ; on trouve presque toujours la forme ᴎ où le trait final, sans
arriver à fermer la boucle, s'arrête à mi-hauteur de la lettre, par une légère courbe
en dedans. Dans la date, un fait à remarquer : l'année de l'empire XVII, et
l'année de l'indiction VIII sont absolument intactes ; mais il n'en est pas de même
du millésime dont la fin semble grattée et se trouve en tout cas assez effacée. On y
lit DCCCCXXIIII. et ce sont les quatre derniers jambages qui ont à peu près disparu.
Il semble certain qu'il y a d'abord eu : DCCCCXVIII, c'est-à-dire 918, et qu'on y a
substitué 920 en intercalant la barre de l'X dans le V et en supprimant le dernier
jambage du V avec les trois dernières unités. Si l'an de l'empire 17, qui n'a pas été

modifié, est exact, 918 y correspond mieux ; mais il est bien extraordinaire que le scribe n'ait pas su dans quel millésime il se trouvait. Si, au contraire, c'est bien 920, alors l'an de l'empire n'est plus exact, mais l'indiction 8 est bonne. Il reste une hypothèse : accepter 918, l'an 17 et l'indiction 8, comme éléments originaux, et admettre que, postérieurement, on a corrigé 918 en 920 pour faire concorder l'année du millésime avec l'indiction. Au verso, cote du XIIe siècle : « Carta abbatie Sancti Rufi | et ęcclesię Sancti Juliani ». Cotes plus récentes « O », | « N° 43 » | , , « 36 », « 920 ». — *B.* Copie : *Ibidem*, G. 8, fol. 94. — *C.* Copie : *Ibidem*, G. 127, fol. 107. — *D.* Copie : *Ibidem*, G. 110 (Diversorum Avenionis, 899), fol. 6 v°. — *E.* Copie : Bibl. d'Avignon, ms. 2399, fol. 25, n° 16. — *F.* Copie : *Ibidem*, ms. 2776, fol. 244 v°, d'après *a*.

a. *Gallia christiana*, t. I, *Instr.*, p. 138-139, n° VI. — *b.* *Historiens de France*, t. IX, p. 686-687, n° XIX, d'après *A*.

IN nomine summi Dei aeterni et saluatoris nostri Ihesu Xpisti, Hluduuuicus ipsius ordinante prouidentia imperator augustus. Imperialis dignitatis excelentia nulla maior extat quam | ut, propter beatitudinis remunerationem, iustis fidelium suorum precibus aures clementie accommodare debeat et tanto libentius ea que expostulauerint largire non abneget, quanto eos in obsequio | sue utilitatis et magnutudinis perspexerit promptiores et ex conditione sui honoris feruentiores. Igitur comperiat omnium fidelium sanctę Dei ecclesię industria, quoniam Boso venerabilis comes nosterque propinquus necnon et Folcherius | presul Auinionensis obtimus, nostre sublimitatis excellentiam accedentes, innotuerunt humiliter quandam abbatiolam sancti Rufi et eclesiam sancti Iuliani, cum territorio sito Capistiniano, que coniacent in comitatu Auinionense, temporibus | priscis a religiosis xpistianis matris ecclesię sancte Marie et sancti Stephani ac sancti Iohannis baptiste digna cessione conlatas, iam, preterito longo tempore, inter reliquarum rerum subtractionem iniuste fuisse sublatas. Unde sereni | tatem celsitudinis nostre supplices orauerunt quatinus, ob amorem Xpisti et anime nostre remunerationem, iam dictas ecclesias, que iniuste uel temere ab eadem sancta matre ecclesia Auinionensi subtracta fuerant, cum sui[s om]nibus reditibus | iuste et legaliter redderemus ac reddentes prefate matris ecclesie precepto nostre auctoritatis confirmaremus. Cuius precibus ac iustis peticionibus, ob emolumento mercedis ac retribucionis nostre et propter diutinum famulatum ab ipsis | nobis exhibitum, libentissime annuentes, hoc serenitatis nostre preceptum fieri iussimus per quod iam prelibatam abbatiolam, cum omnibus appendiciis suis tam exquisitis quam inexquisitis, et suprafatam ecclesiam, cum suo territorio Capistiniano | et omnibus adiacentiis suis, prefate ecclesię sanctę Marie et sancti Stephani et sancti Iohannis atque presuli Folcherio eiusque successoribus reddimus ac redita perpetuis temporibus eorum utilitatibus subesse uolumus atque prodesse ubique. | Et, ut ʰec nostre largitionis ac restitutionis auctoritas omni tempore inconuulsam obtinere ualeat firmitatis rigorem, manu propria subterfirmauimus et anuli nostri inpressione adsignare iussimus. |

Signum 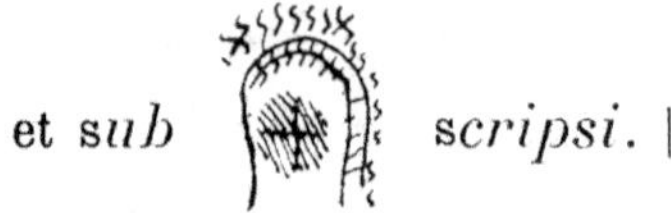 Hluduuuici serenissimi augusti. |

Ubboldus notharius ad‾uicem Alexandri archicancellarii recognoui

et sub   scripsi. |

Datum est hohc preceptum Uienne publice anno DCCCCXVIII, xv kalendas septembris, anno etiam XVII imperii domni nostri Hluduuici augusti, indicione VIII, in Xpisti nomine feliciter. Amen.

XLI

Vienne, 14 mai [919 ?].

Précepte de Louis empereur, concédant à titre héréditaire, sur la demande du comte [d'Avignon] Boson, à Stercherius, le domaine fiscal de Cadillan avec l'église détruite de Notre-Dame au comté d'Avignon.

A. Original : Arch. départ. de Vaucluse, G. 6, fol. 9, n° 6. Parchemin, 270ᵐᵐ de large × 555ᵐᵐ de haut. Les lignes sont tracées au stylet sur le recto à 28ᵐᵐ ou 30ᵐᵐ les unes des autres. Les lettres ont 3ᵐᵐ, les jambages dépassent de 18 ou 20ᵐᵐ. Pas de marge appréciable et régulière. La 1ʳᵉ ligne a 8ᵐᵐ. Le premier mot : IN est en capitales et ses lettres sont liées. La souscription royale et celle du notaire ont aussi 8ᵐᵐ de haut. Le monogramme mesure 15ᵐᵐ de large × 13ᵐᵐ de haut. Pas de chrismon. Sceau plaqué disparu. Monogramme : la fin de la ruche s'écourte. Texte correct. Au verso, cote du XIIᵉ siècle : « carta ęcclesię de Cadelliano ». Cotes postérieures: « M. » | X. — *B.* Copie : *Ibidem,* G. 127, fol. 48 v°. — *C.* Copie : Bibl. d'Avignon, ms. 2399, fol. 17, n° 10.

IN nomine do*m*ini Dei ae[*le*]rni¹, Luduuuicus, ipsius fauente nutu, **Imperator** aug*u*stus. **Dignum est** | ut imperialis magestas procerum fideliu*m*q*ue* suoru*m* peticionib*us* oportuna p*r*ebeat beneficia eorum utilitatib*us* | sue p*r*euideat adminuculo, quatin*us* eos nobilitando erga sua reddat promtiores obsequia. Itaque, omnium | fidelium s*anc*te D*e*i ecc*les*ie no*s*troru*m*q*ue*, p*r*esentiu*m* et futuroru*m*, comperiat magnitudo q*uon*ia*m* Boso, inclitus comes no*s*terq*ue* fidelis | et p*r*opinquus, no*s*tram enixius petiit clementia*m*, ut aliquid ex reb*us* no*s*tris que sunt in comitatu Auinionense, hoc est | Cadellianu*m* fiscu*m* cum ecc*les*ia s*anc*te Marie que modo destructa fore uidetur, cuida*m* fideli no*s*tro Stercherio, p*er* preceptu*m* | no*s*tre largicionis ad p*r*oprietatem concederemus. Cui*us* peticioni assensu*m* prebentes, hos eminentie no*s*tre apices | fieri decreuim*us*, p*er* quos supradictus fidelis no*s*ter Stercherius memoratu*m* fiscu*m* et ecc*les*iam cu*m* terris, scilicet cultis et in | cultis, uineis, pratis et siluis necno*n* et mancipiis, utriusq*ue* sexus et aetatis, et om*n*ib*us* ibi pertinentib*us*, teneat et possideat, u*e*l quic | quid ad p*r*oprietatem sec*undu*m proprium libitu*m* facere uoluerit faciat et, cuicu*m*q*ue* distribuere uoluerit, distribuat et qui- | cu*m*q*ue* hoc no*s*tre conlacionis donu*m* uiolare presumpserit, multat*ur* xii libraru*m* auri poenam, p*er*cellat medietatem sacri palatii no*s*tri aera | rii & medietatem contra quem litem intulerit. Et, ut haec no*s*tre largitionis auctoritas inconuulsa*m* obtineat firmitatem, | manu p*r*opria subter firmauim*us* et anuli no*s*tri inpressione adsignari iussimus. |

       Signum   **Luduuici serenissimi Aug*u*sti.** |

       Ubold*us* notharius ad uicem Alexandri archicancellarii

recognouit ² . |

Datu*m* est hoc preceptu*m* Uienne publice ii id*us* maii, anno XVIIII imperii domni no*s*tri Luduuici sere | nissimi Aug*u*sti, in Xp*is*ti nomine feliciter, amen. |

---

1. Le scribe écrit : *aerni*.

2. La ruche se lit : ET ⊕*subscripsit*.

XLII

Saint-Laurent-des-Arbres, 919.

Don par Landoin et sa femme Eiglenracla, *pour le repos de l'âme de son père Landoin, de sa mère Liutgarde, de ses frères Bermond et Almaric, à l'église cathédrale de Notre-Dame d'Avignon, à celles de Saint-Jean, Saint-Étienne et Saint-Pierre, où gît saint Agricol, et à l'évêque Fouquier, du domaine de Lirac avec l'église Saint-Pierre et de l'église Saint-Laurent, dans le village de l'Arbre, avec le terroir qui en dépend, acquis par sa mère.*

 A. Original perdu. — *B*. Copie de la fin du XIIIe siècle : Arch. départ. de Vaucluse, G. 257, fol. 1. — *C*. Copie : *Ibidem*, G. 8, fol. 94. — *D*. Copie : *Ibidem*, G. 258 (Diversorum Sancti Laurentii, 1232), fol. 302, vidimus du 1er avril 1659. — *E*. Copie : *Ibidem*, G. 263, fol. 570, vidimus de juillet 1727. — *F*. Copie : Bibl. d'Avignon, ms. 2399, fol. 24, n° 15.

 a. Albert Durand, *Études historiques sur Saint-Laurent-des-Arbres en Languedoc*, dans les *Mémoires de l'Académie de Vaucluse*, 1892, p. 133-134.

Sacrosancte matris ecclesie Auinionensis in honore Dei genitricis Marie constructe necnon et sancti J[o]hannis [1] Baptiste etiam et sancti protomartiris Stephani, clavigeris itaque [2] eterei sancti Petri apostoli, ubi humatum videtur esse corpus sancti Agricoli ejusdem ciuitatis pontificis. Quapropter, ego Landoynus et uxor mea Eiglenracla, cogitantes casu fragilitatis anime nostre, una pro Dei amore et veneratione omnium sanctorum et redemptione animarum nostrarum necnon et propter remedium animarum genitoris mei Landoyni et genitricis mee Liuthgarde seu fratrum meorum Bertmundi et Amalrici, eligimus heredem jamdictam ecclesiam cum clavigero etereo, ut ipsa Dei genitrix cum omnibus sanctis intercessores existant pro nobis ad Dominum, quatinus per eorum intercessionem dimitat Dominus delicta nostra et donet hereditatem quam promisit Deus diligentibus se et ipse Dominus precepit ut celestia terrenis emantur facultatibus. Ideoque, cedimus jam prelibate ecclesie Auinionensi, a die presenti ubi Fulcherius pontifex presse videtur cum clero sibi comisso, cessumque imperpetuum esse volumus Aileracum fiscum, qui fuit cum ecclesia Sancti Petri, et in Arboris villa ecclesiam Sancti .

---

1. Le scribe écrit : *Jhannis*.
2. *Sic* = atque.

Laurenti, cum territorio et mancipia in [*i*] bi [1] pertinentia, cum omnibus adjacenciis eorum, et adquisivit genitrix nostra Liutgarda per preceptum. Et diuidit ipse fiscus de Aileraco cum Aileraco alio et cum Tavellis villa et territorius Sancti Laurenti cum Arboris villa et Aileraco diuidit omnia tam exquisitum quam et inquirendum, quicquid ad ipsas ecclesias pertinet, videlicet Sancti Petri et Sancti Laurenti, sicut continet in precepto quem genitrix mea adquisivit et nobis in hereditate dimisit, ipsa omnia ad jamdicta ecclesia Auinionensi et Fulcherio presuli cum clero sibi comisso a die presenti trado atque transfundo de meo jure et potestate in vestra dominatione, ita ut ab hodierno die quicquid exinde facere volueritis, tam vos quam successores vestri, ad jam nominatam ecclesiam meliorandum et tenendum liberam et firmissimam in omnibus Dei nomine habeatis potestatem ad faciendum. Penam in hac cessionem inserere necesse non fuit ; tamen [2], propter improborum animos, placuit adque convenit si ego aut ullus de propinquis parentibus meis aut ulla opposita persona qui contra hanc cessionem ire voluerit et eam irrumpere conaverit, in primis Deum et ipsos sanctos habeat contrarios et in vinculo solvat auri optimi, Ecclesie cui trado Auinionensi hac pontifici qui rector erit ipso tempore esse videtur, libras vii et quod petit non liceat ei vindicare ; et hec presens cessio firma et stabilis omnique tempore maneat cum stipulatione pro omni firmitate subnexa. S[ub]s[criptiones]. Actum Auenionense commitatu, ad ecclesiam Sancti Laurenti, publice, anno Incarnationis Dominice DCCCCXVIIII indictione vi [3], regnante siue imperante Hludouuico [4], filio Bosoni regis.

XLIII

Arles, juin [933].

Bail, à mi-fruits, par Manassès, archevêque d'Arles, du conseil des chanoines de Saint-Étienne d'Arles, à Roubaud et à sa femme Dominique, leur vie durant, de quatre modiatae *de vignes, dépendant de la mense du chapitre, dans le pays d'Avignon entre* Ofiano *et* Laurade.

---

1. Le scribe écrit : *in bi*.
2. Le scribe abrège : *Tm̃*.
3. Le scribe écrit DCCCCXITIIII. Il n'a pas su reconnaître un *v* dans le *u* que devait figurer l'original. A défaut de 919, ce ne pourrait être, d'ailleurs, que 924.
4. Le scribe écrit *Hludouinco*.

A. Original disparu. — *B*. Copie du début du xiie siècle : Arch. municip. d'Arles, fonds Véran, authentique du chapitre d'Arles, fol. 60, n° LXV, *De Laurada*.

a. Albanès, *Gallia christiana novissima. Arles*, n° 244.

In Dei nomine, conuenientia seu promissiones qualiter conuenit inter uirum uenerabilem domnum nostrum Manassen, sanctę Arelatensis aecclesiae archiepiscopum, & quondam [1] hominem nomine Rotbaldum & uxorem suam Dominicam, una per consensum & uoluntatem congregationis Sancti Stephani protomartiris. Noscitur quomodo conueniss& inter illos de uineas que sunt de ratione canonicis Sancti Stephani & sunt istę uineae in pago Auennico, inter Ofiano & Laurata. Hoc sunt modiate iiii & sunt inter consortes, de uno latus terra Sancti Genesii, de alio latus uia publica & de ambabus lateribus terra hebreorum ac si quis alii sunt consortes. Per tale uero ut, dum Deus Rotbaldo & uxori suę uitam concesserit, ipsas uineas cum bono studio fodere & propaginare studeant & ipsum fructum quem Deus ibi dederit usque ad Arelatem ciuitatem saluum uenire faciant medi&atem unam recipiant canonici & decimum. Aliam laboratores accipiant. Post obitum uero illorum, ipsas uineas absque ulla tarditate aecclesię Sancti Stephani eiusque clero reuertantur. Si quis nos ipsi uel successores nostri aut ulla apposita persona qui hanc scripturam contradicere nel frangere uoluerit, non ualeat uindicare quod repp&it Sed sit culpabilis & impl&urus in uinculo solidos x & ipsi homines Rotbaldus & uxor sua de isto conuento, quod superius scriptum est, neglegentes apparuerint, similiter componant [2] solidos x & inantea conuentio firma & stabilis permaneat cum omni firmitate subnixa. Facta est conuenientia ista in Arelate ciuitate publice, in mense iunio [3], anno XXXIII regnante Ludoico rege & imperatore filio Bosoni regis. Signum Drogo episcopus. Odolricus humilis episcopus. Raiambaldus abbas atque leuita; isti & alteri XXIIII firmauerunt.

XLIV

[955].

Lettres d'Amblard, archevêque de Lyon, de Hermann, archevêque de Sens, et des évêques de Bourgogne, à Manassès, archevêque-primat d'Arles, à Landry, évêque d'Avignon, à Odolbert, évêque de Cavail-

---

1. *Sic*, pour *quendam*.
2. Le groupe NT est écrit en capitales liées.
3. La lettre N est de forme capitale.

lon, et aux autres évêques de Provence, leur notifiant le mandement admonitoire d'Agapet II rapporté naguères de Rome par Rodmond, évêque d'Autun, pour avertir Isnard d'avoir à délaisser les biens de Saint-Symphorien d'Autun, qu'il détient sans droit dans les pays d'Arles et d'Avignon.

A. Original perdu. — *B.* Copie du XVIIIe siècle : Bibl. nat., ms. lat. 18354, n° 12, *Commonitorium episcoporum in finibus Burgundiae de excommunicatione Isnardi.*
a. Labbe et Cossart, *Concilia*, t. IX, col. 639-640. — *b.* [Hardouin], t. VI, pars I, col. 619-621. — *c.* *Gallia christiana*, t. IV, col. 374. — *d.* Mansi, t. XVIII, col. 146. — *e.* Albanès, *Gallia christiana novissima. Arles*, n° 258.
IND. : L.-H. Labande, *Étude sur Saint-Symphorien de Caumont*, p. 181 du t. XIX des *Mémoires de l'Académie de Vaucluse* : p. 5-6, du tirage à part.
Cf. Jaffé, 2e éd., n° 3663.

Summorum summo, primorum primo, domno Manassae metropolitanae sedis Arelatensi archiepiscopo, cum coeteris coepiscopis Landrico Avenionensi, Odolberto [Ca]vallensi et aliis Prouinciae episcopis, Emblardus Lugdunensium sedis archiepiscopus, Rodmundus Eduensium episcopus, Hermannus Senonensis ecclesiae archiepiscopus, Hildebodus Cabilonensium episcopus, Maimbodus Matisconensium episcopus, Acardus Lingonensium episcopus, Ansegisus Trecassensium episcopus, Wido Altissiodorensium espiscopus, Gautbertus Nevernensium episcopus, cum coeteris episcopis Burgundiae partibus commorantibus, assiduas in Xpisto orationes. Sciat vestra fraternitas quod cura nostri officii est causas sanctarum ecclesiarum inquirere et ad meliora quaeque provocando separare. Nam domnus Rodmundus, nuper a Roma veniens, detulit litteras ex parte domni Agapiti papae inprimis admonitorias de terra Sancti Symforiani, quae coniacet in partibus Provinciae, scilicet in circuitu Arelatensi et Avenionensi, quam tenent Isnardus et socii eius sine voluntate illorum qui corpus sancti Symforiani custodiunt et venerantur. Vos enim estis in partibus illorum et vos intelligere potestis rationem Sancti Symforiani. Vt impleatur illud Apostoli : « frater fratrem adiuuet et ambo consolentur, » ergo petimus communiter ut omnes illos invasores terrae Sancti Symforiani semel, bis et ter vocando ammoneatis, ut resipiscant a talibus et permittant tenere Sancti Symforiani ecclesiam quod secum est et, si tenere voluerint, impetrent ab eo qui loco Sancti Symforiani praeest quoquo modo impetrare potuerint. Sin autem nec reddere voluerint nec impetrare, sicut scriptum est et mandatum nobis a domno papa, ex parte illius et ex parte vestra sint anathematisati et damnati et societate xpistianorum separati, in ecclesiam Dei non intrent, missam non audiant, pacem cum xpistiano non faciant nec manducent, nec bibant, nec dormiant cum ullo xpistiano ; si infirmati fuerint, non visitentur et, si mortui, non sepeliantur, sed in baratrum confusionis et perditionis cum Core, Dathan et Abyron, quos vivos terra absorbuit, demergantur.

XLV

958.

Notification [par l'épiscopat de Provence ?] à l'épiscopat de France et de Bourgogne de l'excommunication portée en concile contre Isnard et les siens qui tiennent de force les biens de Saint-Symphorien, [pour ne pas avoir tenu compte de la mise en demeure d'avoir à les délaisser].

> *A*. Original perdu. — *B*. Copie du XVIIIe siècle : Bibl. nat., ms. lat. 18354, n° 14, *Transmissio excommunicationis* et n° 15, *Excommunicatio*.
> *a*. Labbe et Cossart, t. IX, p. 643. — *b*. [Hardouin], t. VI, pars I, col. 622.
> Cf. Jaffé, 2e éd., n° 3685.

Anno incarnationis Dominicae DCCCCLVIII, indictione tertia, imperante Michaele imperatore Constantinopoli, domno autem Joanne apostolico Romae praesidente, regnante vero Lothario Francorum rege, transmissa est haec excommunicatio archiepiscopis Franciae, Burgundiae, Artaldo Remensis ecclesiae archiepiscopo et subiectis sibi episcopis, Amblardo Lugdunensis ecclesiae archiepiscopo, Rodmundo Eduensis ecclesiae episcopo, Achardo Lingonensis sedis episcopo, Frotgario Cabilonensis ecclesiae episcopo, Natranno Niverniensi episcopo, Richardo Autissiodorensi episcopo, de terra et alodo Sancti Fausti et Sanctae Augustae et Sancti Symphoriani quae est in regione Provinciae, in finibus loci qui vocatur Magna, quam tenet, per potestatem, Isnardus et socii eius. Auctoritate Patris et Filii et Spiritus Sancti et ordine omnium sanctorum et nostra, communi excommunicatione alligamus et anathematizamus Isnardum et omnes socios eius, qui tenent terram Sancti Symphoriani, ut nullus eorum, postquam hoc audierit, ecclesiam non intret, missam non audiat, pacem cum xpistiano non faciat, neque manducet, neque bibat, neque dormiat, et, si infirmaverit, non visitetur, et, si mortuus, non sepeliatur, neque pro eo oretur, nisi ad emendationem et satisfactionem venerit.

XLVI

Avignon, 962.

*Testament de Guillaume, comte [d'Avignon], laissant des biens, dans
le comté d'Avignon, à son fils, le clerc Archimbaud, à condition que
celui-ci en dispose avant de mourir en faveur des chanoines de Saint-
Étienne.*

> *A.* Original disparu. — *B.* Copie du xiie siècle : Arch. départ. de Vaucluse, G. cha-
> pitre métropolitain, 27 provisoire, fol. 30 v°-31 r°, cap. 49 = n° 54 : *Karta kano-*
> *nicalis de sancto Micahele.*

Auctoritas jubet aecclesiastica et lex precipit romana ut, quicumque
res suas in qualicumque parte cedere voluerit, per paginem testamenti
eas infundat, ut prolixis temporibus firmiter teneatur. Quapropter, ego
Wilelmus, gratia Dei comes, cogitans casu fragilitatem corporis mei et
reminiscor mole peccatis meis, una pro Dei amore et anime eliberacione,
ut michi pius Dominus, per intercessionibus sanctorum vel orationes
sacerdotum, veniam largire dignetur vel pro eo quod ego te generavi et
pro eo ut per oraciones tuas pro anime mee Dominum depreceris, propterea cedo tibi, Archimbalde, filius meus clericus, de res proprietatis mee
quem ego ex comparacione legibus adquisivi. Sunt ipsas res in comitatu
Avenionense, in loco ubi dicitur de latus Sancto Michahel, in illos clau-
sos, ibique cedo tibi de vineas cultas, modiatas XIII; abent consortes
ipsas vineas terras vicinabiles [1] et vias publicas vel si quis alii sunt consortes. Et cedo tibi in ipso comitatu, in loco ubi dicitur Iusincus [2], de vineas
cultas modiatas XII. Consortes de ipsas vineas, de totas partes, terras
hereditabiles et terras aecclesiarum et vias publicas, vel si quis alii sunt
consortes. Tali denique tenore ut, unde vivis, teneas et possideas ; post
obitum tuum, canonicis Sancti Stephani derelinquas. Sane, si quis euenerit, quod fieri minime credo, si ullus homo de propinquis parentibus meis
aut ulla emissa persona qui contra hanc scripturam adsurgere ad inrumpendum conaverit, non valead vindicare quod repetit, sed inprimis iram
et maledictionem Dei omnipotentis incurrat et cum Juda mercatore [3] in
infernum crucietur et sit anathema, maranatha in seculum seculi. Actum

---

1. Le scribe a écrit : *vicicinabiles.*
2. Ou *Nisincus,* ou *Visincus.*
3. *Sic.*

Avenione civitate, anno incarnationis Dominice dcccclxii, indictione
IIII. Boso comes ad vicem patris sui Wilelmi conscribere fecit et firmare
rogauit manu sua firma. Signum Nevolongo vicecomite. Barangarius
presens fuit. Dadilus presens fuit. Guichirannus presens fuit. Warnaldus
presens fuit. Eldebertus presens fuit. Aicardus presens fuit. Isnardus presens fuit. Teubertus presens fuit. Eldoardus presens fuit. Item, Warnaldus
presens fuit. Teudericus presens fuit. Rifredus presens fuit. Guiso presens
fuit. Aldebrannus presens fuit. Germunnus presens fuit. Rainaldus presens fuit Walterius presens fuit. Leutprannus presens fuit. Amalrricus
presens fuit. Poncius presens fuit. Alius Rainaldus presens fuit. Eliseus
presens fuit. Aimaricus presens fuit. Eldinus presens fuit.

XLVII

Arles, 9[6]4?

*Décret d'élection de Pons, comme évêque d'Orange, en remplacement
d'Ebraeus, du consentement du roi Conrad, sur le conseil du comte
Boson, le siège d'Arles vacant, par les évêques [Landry], d'Avignon, Thierry [de Cavaillon] et Thibaud [de Vienne ?].*

A. Original perdu.
a. *Gallia christiana*, t. I, *Instr. eccl. Arausicanae*, p. 131, n° 1.

In nomine Domini summi, qui unus, indiuidua gloria et Trinitate,
amen. Principium et finis, Deus ante saecula, homo in finem saeculo-
rum, cujus utique annus Incarnationis DCCCC[L]XIV volvitur sub
indictione IV, qui humana divinis conformans et divinis sequaces
discipulos cathechisans : « sine me », inquit, « nihil potestis facere », quorum unus privilegio potentiae sententiarii ejus interius con-
calescente intra se corde inflammatus dixit : « omnia quaecumque faci-
tis in verbo aut in opere, omnia in gloria Dei facite. » In hujus et pro
hujus solerter explendis mysteriis, stantes Auraicensis ecclesiae filii,
clerus et populus alterutrum pari meditatu et uno consensu, consentien-
tes, consuluerunt sibi ut, quandoquidem pastor ipsius ecclesiae pro
fragilitate corporis sui regimen ecclesiae non poterat tenere nec curam
pastoralem habere, idemque inter se tactu contabescebat, prospicerent
idoneum quem suae sedi subrogarent antistitem qui sanctae ecclesiae
praeesset, ut clerus et populus, qui de amisso pastore contristabantur, de
ipsius consolatione laetificarentur. Quapropter, deficiente metropolitano

Arelatensi, consensu augustalium principum et regis nostri Conradi necnon et Bosonis comitis et episcoporum comprovincialium, comprovincialisque ecclesiae Arelatensis agressi magnificentiam, per eorum consultum seu concessionis animum obtinuerunt. Eorum igitur communi adminiculo imperialem adierunt praesentiam, proclamantes misericorditer subveniendum lacrymabili singultu id ipsum ingeminantes. Commotus igitur Caesar Conradus rex, immo suadente Bosone, comite, obsecrantibus etiam praelibatis principibus, annuit illis imperiali licentia providere quem vellent substituendum pontificem. Hac serenitatis clementia, opitulante Domino qui cor regis quocumque vult dirigit, auribus praecepta cum maxima meditatione volverentur, nullumque melius quam Ponsionem sacerdotem sanctae Auraicensis cathedrae inthronisare consuluerunt, qui utique, ejusdem pagi generatus et praediorum amoenitate uberrimus et omni probitate conspicuus, prodesse spiritali administratione et praesse saeculari valeret regimine, ab ipsius pueritia moribus nutritus catholicae ecclesiae et eidem tirociniis indefesse exercitatus, spe futura acsi jam praesentis complectens fide qua justus vivit aeterna augmentans charitate, ita solidatus ut, altitudinem longitudinem sublime et profundum [respiciens(?)], nihilominus dispensare sufficiat. Et hoc moribus et dilectionis confirmabat documentis ut quidquid patet, quidquid sacri in divinis sermonibus servaret in effectibus. Hi denique unanimi coelitus illis dato consilio per consultum ad Ebraeum, qui fuit dictae ipsius ecclesiae episcopus, sed fragilis corpore curam ecclesiae non poterat providere, ipse autem per baculum suum, quem benedicendo accepit, omnem curam pastoralem et omnem honorem sui ordinis illi deposuit. De praefato Ponsione sacerdote in divina, ut vidimus, suggestione relevati et consolati unanimes ejus electionem conclamaverunt, sacram et auctorisabilem istam cum pari voto communi concensu scriptionem fieri jusserunt. Tum demum, in ecclesia Beati Florentii convenientes, [ea (?)] laudibus missarum rite per omnia celebrantes solemniter, laudes insuper debitas Creatori omnipotenti persolventes, Caesarique mercedis gratiam impendentes eundem Ponsionem sacerdotem inter eos elegerunt pontificatus officio fore dignum, conclamantes manusque ad coelum levantes voce concinerunt dicentes *Te Deum*. Ut autem electionis ejus titulus sacram inconcusso vigore obtineat firmitatem, praelibati episcopi manu propria firmaverunt fidelibusque sanctae ecclesiae Dei roborandum sanxerunt. In nomine Domini aeterni [Landricus] [1] sanctae Avenionensis sedis humilis episcopus legit et

---

1. Le scribe, qui a daté cette élection de 914 au lieu de 964, a été obligé de remplacer le nom de Landry par celui de Fouquier : le texte porte donc *Fulcherius*.

subscripsit manu sua. Teud[er]icus episcopus [Cavallicensis(?)] humilis firmavit. Theubaldus episcopus firmavit. Guitardus presbyter conclamavit. Gebricus presbyter elegit. Eldinus presbyter conclamavit. Pontius presbyter elegit. Leuto presbyter conclamavit. Florentius presbyter conclamavit. Silvester presbyter conclamavit. Arnulfus presbyter conclamavit.

XLVIII

Mars [950-965 ?]

Don par Eldebert, à Montmajour, de biens qu'il a acquis en achat dans le pays d'Avignon, au canton de Lers, sur le terroir du village de Darnatis *inférieur, soit 1° une pièce de terre arable, 2° un champ sur le terroir de* Darnatis *supérieur et inférieur, 3° un champ sur* Darnatis *inférieur, 4° une pièce de terre arable, 5° un champ sur* Cadaracta, *6° un champ sur* Darnatis, *7° un champ sous* Darnatis, *8° un champ à* Darnatis, *9° une vigne sur* Darnatis, *10° une pièce de vigne cultivée, 11° une vigne* ad Barro, *12° une autre vigne* ad Barro, *13° une autre vigne* ad Barro, *14° une pièce de vigne cultivée* subtus Puteo, *15° une pièce de vigne voisine, 16° une pièce de vigne cultivée sur* Ebriliatis, *plantée par lui, 17° une pièce de vigne à* Campellos, *sous réserve d'usufruit, pour lui et pour son neveu Gontard, à charge de payer un cens de huit deniers.*

A. Original : Arch. départ. des Bouches-du-Rhône ; H. Montmajour, carton 900-1200. Parchemin, 397ᵐᵐ larg. × 216ᵐᵐ haut. Lignes à 7ᵐᵐ. Marge de 11ᵐᵐ tracée par un pli à dextre ; marge irrégulière à senestre. Lettres de 2ᵐᵐ. Tout de la même main. Le parchemin est collé sur papier. Au dos : « Saint-Michel de la Nesque, nᵒ ...... », « nᵒ 2 ».

a. Chantelou, *Histoire de Montmajour*, éd. du Roure, p. 73-75.

UAuctoritas eni*m* iub& ecclesiastica & lex p*re*cipit romana ut, qui-cu*m*q*ue* rem sua*m* in qualicu*m*q*ue* postestate transfundere uoluerit, *per* pagine*m* testam*en*ti | eam infundat. Quapropter, [ego], in D*ei* nom*en*, Eldebertus dono ad S*anc*tam Maria*m* uel S*anc*ti P&ri ap*os*toli in monasterio que uocatur Mons Maior, ad monachos hibide*m* | Deo seruienti-b*us*, p*ro* remedium anime me*ę* & animab*us* parentoru*m* n*os*troru*m*, q*ui* mihi ex conparatione legib*us* obuenit. Qui s*un*t ipsas res in pago Aduennico | , in agro Lerense, in terminio de uilla Darnatis supteriore. Hoc est, de

terra arabile pecia una. Corsortes, de uno latus Ugone, de alio lat*us*
Albaricus ; | de uno fronte Ermengau, in alio fronte uia puplica. Est
aliut ca*m*pu*m* in uilla Darnatis supperiore & supteriore, qui hab& p*er*
longo de*xtros* cxxxii, de alio latus | de*xtros* xcvi cu*m* sua inclauatura,
in uno fronte de*xtros* li & med*ium*, in alio fronte de*xtros* xxii, hab& ipsa
inclauatura de*xtros* xviii. Co*n*sortes, de a*m*bo lat*us* Eldemaro | , in fronte
inclauaturę terra Sa*n*c*t*o Paulo, in uno fronte uia puplica, in alio fronte
Uiaderio & aliut ca*m*pum in uilla supteriore Darnatis, q*ui* hab& de uno
latus | de*xtros* lxxi, de alio latus lx cu*m* sua inclauatura, ipsa inclaua-
tura in fronte de*xtros* v & med*ium*, in uno fronte de*xtros* xliiij, in alio
fronte xlviiij. Consortes, de uno latus | & uno fronte Gualone, de alio
latus Barnardo cu*m* suos hered*es*, in uno fronte uia puplica. Ab& alia p&ia
supt*us* Darnatis d&*erra* [1] arabile, qui hab& p*er* longo de*xtros* lxviii | cum
sua inclauatura, in uno fronte de*xtros* vij & in ipsa inclauatura de*xtros*
iii. Consortes, de uno latus. Nichiranno, de alio lat*us* similiter Nichi-
ranno, in fronte Ugone, in alio fronte | Gaylino. Ab& ali*u*d ca*m*pu*m*,
sup*er* Cadaracta, in ipso plano, ubi potest seminare mod*ium* de annona.
Consortes, de ambos latus Barnardo cu*m* suos heredes, in uno fronte
terra fiscale, in alio | fronte uia puplica. & aliud ca*m*pu*m* supius [2] Darna-
tis, q*ui* hab& p*er* longo de*xtros* xxxviii, in q*ui*sq*ue* fronte de*xtros* xiiii.
Consortes, de uno latus Rotb*er*to cum suos heredes, de alio latus |
Ricardo, in fronte te*r*ra sa*n*c*t*o Paulo, in alio fronte Eldemare. & aliud
campum, subtus Darnatis sup*er* uerdegario; ab& p*er* longo de*xtros* xlvi,
de alio latus xliiii, in fronte | xiii dext*ros*, in alio fronte viii. Consortes,
de uno latus Gailino comite, de alio lat*us* Barnardo, in fronte Barnardo,
in alio fronte te*r*ra Sa*n*c*t*i P&ri de Gluniaco. | Est & aliud campum a
Darnatis, p*er* longo de*xtros* xxiiii, in quisq*ue* fronte de*xtros* xxii. Consortes, de uno latus B&one, in alio latus Gailino comite, in uno fronte
Gailaldo | , in alio fronte uia puplica. Et dono uinea sup*er* Darnatis, qui
ab& consortes de uno latus Ricardo cum suos heredes, de alio latus
Roberto, de fronte Barnardo, | de alio fronte Sa*n*c*t*i P&ri de Gluniaco.
Ab& alia p&ia de uinea culta insimul tenente. Consortes, de latus Bar-
nardo, de alio lat*us* Barnardo, in uno fronte Barnardo | , in alio fronte
Sa*n*c*t*i P&ri de Cluniaco. Ab& alia uinea ad Barro, qui e*st* int*er* consortes,
de uno latus Godra*n*no, de alio latus Rotberto, in fronte Erme*n*gau, in
alio fronte Godranno. Ibidem, ad Barro, alia uinea qui e*st* inter consor-

---

1. *Sic*, pour *de terra*.
2. *Sic*, pour *super* ou *superius*.

tes, de latus Barnardo, de alio latus & ambos frontes Hismahel. & alia
uinea, quod *est* ad Barro | , consortes de uno latus Fredelinde, de alio la-
tus Hismael, in fronte Barnardo, in fronte Gelino. & alia pecia de uinea
culta subtus puteo. Consortes, Barnardo | u*el* eredes suos, in uno fronte
uia puplica. Simili*ter*, ibi *prope*, alia pecia de uinea ; de uno latus S*ancti*
P&ri d[e Glun]iaco, de alio latus Martina & in fronte *terras* | uicinabiles.
& dono alia p&ia de uine[a c]ulta sup*er* Ebriliatis q*ui* p*er* planta*m* mihi
legibus obuenit. Consortes, [de un]o latus Rotberto, de alio latus Pon-
cione, in uno | fronte Uuisb*erto*(?), in alio uia puplica. & alia p&ia de
uinea que uocant a Ca*m*pellos, sub ipso(?) Darnatis, u*el* si quis & alii su[*n*]t
consortes. Et faciant ipsi monachi quicquid uolu | erint, id est abendi,
cedendi uel commutandi, in om*n*ibus firmissima & stabilis p*er*maneat.
Sane, si quis homo u*el* ullus de eredibus meis qui contra hanc cartam |
donacionis ire, agere u*el* inqui&are uoluerit, iram D*ei* om*n*ipot*ent*is &
om*n*ium s*anctorum* merita incurrat & in infernum baratri dimergatur. &
cum Iuda Scariothen parti | ceps existat. & conponat in uinculo auri
obtimi libras II & postea firma & stabilis p*er*maneat cum stipulacione
int*er*posita pro om*n*i firmitate sub | nexa. Facta cartula ista in mense mar-
cio, regnante Gonrado rege, ea ra[cione ut] Gontardus, nepus suus, uineas
ac t*er*ras teneat ad p*re*uidendum, ad custodien | dum & ad op*er*andum ; in
seruicio don& VIII nummos &, si [contingerit(?) fi]eri aliquis ex [pro-
pinquis hostis(?)], hostis sit ei & bene p*re*uideat & nichil minuetur
d&*er*minis [1]. | [Signum] Eldebertus, qui [hanc] cartam donacionis fieri
iussit & testibus [firmari] rogauit, manus sua firma. S*i*gnum Gontardus,
nepus suus, qui | [presens (?)] consensit. S*i*gnum Rotberto t*este*. S*i*gnum [2]
Uualdelbert[us presens(?) q]ui firmauit. Alio Uualdeberto t*este*.

XLIX

Avignon, octobre 9[65].

Don par le comte Boson, à l'église Notre-Dame et Saint-Étienne
d'Avignon, du village d'Agel, au delà de la Durance, acquis par son
père en achat.

---

1. *Sic*, pour *de terminis*.
2. Le mot *Signum* est abrégé : *Snum*, pour toutes les souscriptions.

A. Original perdu. — *B.* Arch. de Vaucluse, G. 15, *Homagia diversorum 1157*, fol.
101 rᵒ-vᵒ. Ce titre se trouve produit et inséré par Guillaume, évêque d'Avignon, le
24 novembre 1209, à Noves, dans l'acte où ses droits sont reconnus : « prefatus
dominus Guillelmus episcopus quoddam instrumentum antiquissimum vetustate
fere consumptum in causa predicta introduxit cujus instrumenti tenor hec erat :
... ». Cet acte de 1209 est lui-même en copie dans le cartulaire des hommages de
l'évêché (G. 15), registre en vélin, de 139 fol., qui date de la fin du XIIIᵉ ou du début
du XIVᵉ siècle, probablement écrit par les ordres de l'évêque Jacques d'Uzech. L'acte
le plus récent qui s'y trouve est du 11 des calendes de déc. 1287 (fol. 22 vᵒ).
IND. : *Ibid.*, G. 127, fol. 52.

Auctoritas enim jubet ecclesiastica et lex consistit romana ut quicquid
in hoc seculo vivere cupit, terrena debet despicere et amare celestia, ut
illud adimplere valeat quod Dominus discipulis suis predixit : « Opera-
mini non cibum qui perit sed qui permanet in vitam eternam ». Ideoque,
ego Bozo comes reminiscor peccatis meis et casu fragilitatis corporis mei
et pro redemptione et liberatione anime genitoris mei, ut, quando ulti-
mus dies advenerit, de rebus ecclesie sancti Stephani tormentum geenne
evadere valeamus. Quapropter, voluntate Dei permotus et hanc materiam
ordinare sequtus et orationibus sancti Stephani instigatus, villam quem
vulgo Agello nominant, que ultra fluvium Durentia, quam pater meus
ex comparatione adquisivit, ab omni integritate ibi cedo et, quantum ego
post obitum genitoris mei similiter ex comparatione adinquisivi, ab
omnibus fundis et possessionibus similiter transfundo ad ecclesiam Sancte
Marie et Sancti Stephani Avinionensis, ut exinde nullum judicium incur-
ramus, sed, per interventu illorum et orationibus fratrum qui ibidem serviunt, mereamur evadere eternum supplicium. Tali denique tenore hoc
concedi fieri ut nullus successor noster existat ne nulla potestas laycalis
qui hanc donationem irrumpere valeat. Si autem hoc evenerit, quod
minime pertimescimus, qui hanc cessionem beate Marie et sancti Stephani,
quod pro anime remedii nostri ibi concedimus, eam conare voluerit, in
primis maledictionem Dei omnipotentis incurrat et sancte Marie et sancti
Stephani et omnia agmina sanctorum et sicut Datan et Abiran et septem
filiis Chore quod per ignem de celo a Deo missum eos terra absorbuit
et cum Juda proditore in infernum crucietur et sit anathema, maranatha,
in seculum seculi et insuper penitencia ductus in erarium regis x libras
auri se noverit esse dampnandum ut ab hodierna die et deinceps cessio
ista firma et stabilis permaneat cum stipulatione interposita per omne firmitate subnexa. Facta cessione ista in Avinione civitate publice in mense
octubris, anno Incarnationis Dominice dcccc[lxv] ¹, indictione VIIIIᵃ

---

1. Le texte porte DCCCCXL II.

Signum Bosoni comite, qui hanc cessione ista fieri et testes firmare
rogavit manu sua firma. Raynoardus presens fuit. Dadilo presens fuit.
Nevolus presens fuit. Jeronimus presens fuit. Guicherannus presens fuit.
Isnardus presens fuit. Aldoardus presens fuit. Rifredus presens fuit.
Barengarius presens fuit. Garnaldus presens fuit. Gerunculus presens fuit.
Item Garnaldus presens fuit. Samuel presens fuit. Gaufredus presens fuit.
Sisbertus presens fuit. Vasso presens fuit. Garinus presens fuit. Rodoardus
presens fuit. Poncius Aquensis presens fuit.

L

Avignon, janvier [966?].

*Don par Jean et sa femme Raimburge à l'abbaye de Montmajour,
d'une* modiata *de vigne cultivée qu'ils possèdent, par héritage de leurs
parents, dans le pays d'Avignon au lieu dit* Charisanicus, *sous réserve
d'usufruit par Raimburge, sa vie durant, et, après elle, de la moitié
pour ses fils.*

> *A.* Original : Arch. départ. des Bouches-du-Rhône, H. Montmajour, carton 900-1200.
> Parchemin : 84mm large × 208mm haut. Lignes irrégulières tracées à 7mm ou 10 ou
> 12mm : elles sont tracées à la pointe et au verso. A dextre, marge de 6mm. A
> senestre pas de marge. Lettres de 2mm. Initiale 4mm. Au dos, du Xe siècle : « Carta » ;
> au-dessous « Auenico » ; plus bas : « no 1 ».
>
> *a.* Du Roure, p. 59.

Ante *tempus* legis istius, donaciones eciam sine gestor*um* testificacione
ualebant, nunc uero, post hanc lege*m*, nec nupcialis | ne qualibet inter
quascumq*ue* donacio ualere potest, si gestis no*n* fuerit alligata. Quaprop-
ter, ego Ioannes et uxor | mea Raia*m*burga, actoritate secuti, donamus
ad monasteriu*m* *sanct*e Marie uel *sanct*i Petri, qui est edificat*us* in comi-
| tatu Aralatense in monte que nominant Maiore, de res p*r*opias no*st*ras,
qui nobis ex proienie parentor*um* | legibus ouenerunt, p*ro* remediu*m* &
liberatione animas no*st*ras u*e*l ut nobis pius D*omin*us, p*er* intercessionibus
| *sanct*orum, orationes monachoru*m*, uenia*m* prestare dignetur ; qui sunt
ipsas res in pago Auenico, ubi dicitur | Charisanicus, ibique donamus
ad ipsum monasteriu*m* modiata I de uinea culta ; consortes, ere | des
meos & terra uicinabile & faciat ipse monasterius u*e*l ipsi monachi qui
ibidem D*e*o seruiunt | teneant & posideant & in illor*um* permaneant

potestate om*nique* tempore. In ea uero ratione, unde ego | Raiamburga
uiuo, tenead & posideo &, pos obito meo, filii mei in locu*m* medietate.
Sane, si quis | nos aut ullus homo de propinquis parentibus no*st*ris uel
quislib& ulla oposita p*er*sona, qui contra | hanc donatione*m* ista*m* ire
inquietare uoluerit, iram & malediccione*m* D*e*i om*ni*pote*n*tis incurrat &
post | , penitencia ductus, co*m*ponat auri huncias V & in antea prese*n*s
donacio n*ost*ra om*nique* te*m*pore firma | & stabili p*er*maneat, cu*m* stipula-
cione int*er*posita, pr*o* omne firmitate subnexa. Facta donacione | ista in
Aduenione ciuitate, in mense ianuarii [1], anno XXVII regnante [Conrado]
| [rege, indicione VIIII]. Signu*m* Ioannes & uxor sua Raiamburga que
hanc donacione | ista fieri & t*est*es firmare rogauer*unt* manus illor*um*
fir*ma*. Rainaldus leuita fir*maui* | Teudericus fir*maui*. Rainardus fir*maui*.
Teutbaldus fir*maui*. Archi*m*b*er*tus fir*maui* | Heldefredus fir*maui*.

LI

Avignon, février [966 ?]

*Vente par Avignon, ses frères Jean et Marchier, à Thierry et à sa
femme Gisle, d'une* semodiata *de terre qu'ils possèdent par héritage de
leurs parents dans le pays d'Avignon, au lieu dit* Secus villa de Sole
ponente, *pour le prix de cinq sous et demi payables soit en argent, soit
en autre marchandise, sous réserve d'une terre voisine de pareille
étendue.*

A. L'original, encore existant en 1889, paraît ne plus pouvoir se retrouver actuellement aux Arch. départ. des Bouches du Rhône, H. Montmajour.

a. Du Roure, p. 40, d'après « l'original aux archives des Bouches-du-Rhône collationné ».

Domno [semper] suis Teuderico et uxore sua Gisla [emtores], ego, in
Dei nomine, Adueniones et germani mei Ioannes et Marcherio uindito-
res, justa test[um] uindicionis, uobis uindedi semodiata [una et dedi]mus
et manibus nostris uobis tradedimus rem juris nostris, qui nobis ex proienie parentorum nostrorum legibus ouenit, qui est in pago Auenico ubi
dicitur Secus uilla de Sole ponente. Ibi [in illo clauso], qui abet, pro
longo, de uno latus dextros LV, de alio latus dextros XLI, de uno fronte
dextros XLII, de alio fronte dextros IIII ; consortes, de tres partes uias
publicas, de quarta parte nos emtores uel si quis alii sunt consortes.

---

1. Les mots qui suivent ont été écrits d'une encre absolument blanche jusqu'à *illorum firma*.

Hunde accepimus de uos precio, sicut inter nos et uos bone fidei placuit atque conuenit, inter argento et alia merce qui nobis placibile fuit, ualente solidos v et medio et nihilque de ipso precio pos uos emtores non remansit indebites et faciatis uos emtores de ipsas res quiquit uolueritis, id est abendi, uindendi, cedendi, dandi uel comutandi libera. Hanc firmisimam, in Dei nomen, in omnibus abeatis potestatem ad faciendum tantum. Sane, si quis nos aut ullus omo de propinquis parentibus nostris uel quislibet ulla opposita persona qui contra uos uel eredes uestros ullumque tempore ire, inquietare uel inrumpere uoluerit, non uindicet sed componat in uinculo, tantum et alium tantum. Et in antea presens uindicio ista omnique tempore firma estabilis permaneat cum stipullacione interposita pro omne firmitate subnexa. Facta uindicione ista in Aduenione ciuitate, in mense febroario, anno XXVII regnante Conrado rege Alamanorum siue Prouincie, indicione VIIII. Signum Adueniones et iermani mei Ioannes et Marcherio qui hanc uindicione ista fierunt et testes firmare rogauerunt manus illorum firma. Et reseruamus ad iermanos nostros in contraria subtus Secus uilla alium tantum : consortes, de uno latus Adalberto, de alio latus et ambos frontes uias. Signum Christophalo teste. Aduenione teste. Amblardo teste. Frannone teste. Guarnerio teste. Poncione teste. Adalberto teste.

 Lanbertus presbiter amanuensus rogitus scripsit. 

LII

Avignon, mars [964-966 ?]

Don par le prêtre Andrieu, à Montmajour, d'une pièce de vigne cultivée, qui lui vient de ses parents, sise dans le comté d'Avignon, au lieu dit Bertino, *et de trois autres pièces sises au lieu dit* Subtus villa Roma.

A. Original : Arch. départ. des Bouches-du-Rhône ; H. Montmajour, carton 900-1200. Parchemin, 525mm long × 133mm haut. Lignes à 8mm non tracées ; marge de 13mm à dextre. Point de marge à senestre. Lettres de 2mm. Encre jaune pâle. Souscription d'une encre encore plus pâle. Au dos : « Carta Andreç presbiteri in co | mitatu Aduenionense. No 210 | no 1010 | n. 8. »

a. Du Roure, p. 41.

 Auctoritas &enim iub& ecclesiastica & lex consistid roma ut, quicum*que* rem sua*m* in qualicumq*ue* potestate transfundere uoluerit, *per* paginem

testam*e*nti eam infundat, ut p*r*olixis temporib*us* secura & quieta | per*ma*-
neat. Quap*r*oter, ego Andreus p*re*sbite*r*, auteritate secutus, dono de res
p*r*opias meas ad monasterium, qui *es*t fundatus in honore beata Maria
uirginis uel s*anc*ti P&ri ap*os*t*o*li in comitatu Aralatense in Monte Ma- |
iore, quia ipsas res ex p*r*oienie parentor*um* meor*um* legibus ouener*unt*,
p*r*o remedium & liberacione anime meae uel ut mihi pius D*omin*us, p*er*
int*er*cessionib*us* s*anc*to u*e*l oraciones sacerdotum siue mineterium *monacorum*, ueniam p*re*stare dig | netur, ut s*anc*t*us* P&rus qui *es*t pugnator
animarum absoluad animam eius ab om*n*i uinculo peccatis; Qui s*un*t
ipsas res in comitatu Aduenionense in loco ubi dicitur Bertino, in illo
clauso, ibiq*ue* dono ad ipso monas | terio iam*di*cta pecia de uinea culta qui
ab&, p*er* longo, de uno lat*us* d*e*xtr*os* L*III*, de alio lat*us* d*e*xtr*os* x*LVIIII* cum
suo fosato, de uno fro*n*te d*e*xtr*os* x*LV*, de alio fro*n*te d*e*xtr*os* x*xv* & ab&
una inclauatura de uno lat*us* d*e*xtr*os* x*xv*, de alio lat*us* d*e*xtr*os* x*v*. | Consortes, de uno lat*us* de occasu, Andreo & Ilaro, de alio lat*us* Martino &
eredes suos, de uno fro*n*te Ingilra*n*no, de aliofro*n*te Martino & Uuarnario
& t*er*ra s*anc*to Stephano. & dono ad iamdicto monasterio in alio loco,
ubi dicitur | subtus uilla Roma, in illo clauso, pecias *III*. Ab& una pecia
de a*n*bos lat*us* d*e*xtr*os* x*VIII*, de uno fro*n*te d*e*xtr*os* x*II*, de alio fro*n*te d*e*xtr*os*
x*I*; co*n*sortes, de uno lat*us* Ebrardo, de alio lat*us* heredes Anestasio condam, de uno fro*n*te Poncione, de alio fro*n*te t*er*ra S*anc*ta | Marta, & ab&
alia pecia ibid*em* aderente, de a*n*bos lat*us* d*e*xtr*os* x*vi* & m*e*d*io*, de uno
fro*n*te d*e*xtr*os* v & m*e*d*io*, de alio fro*n*te d*e*xtr*os* *IIII*. Co*n*sortes, de uno
lat*us* heredes Anestasio condam, de alio lat*us* Siginilde femina, de uno
fro*n*te Marta femina, de alio fro*n*te t*er*ra S*anc*ta Marta. & ab& *III*ᵃ pecia,
in ipso clauso, de a*n*bos lat*us* d*e*xtr*os* x*viii* & in quisq*ue* fro*n*te d*e*xtr*os*
x*III*. Co*n*sortes, de a*n*bos lat*us* Siginilde femina, de uno fro*n*te Marta
femina, de alio fro*n*te t*er*ra S*anc*ta Marta u*e*l si quis alii s*un*t consortes. &
faciant | ipsi monaci qui ipsu*m* monasterium deseruiunt uel successores
eor*um* de ipsas res quiquit uoluerint, teneant & posideant & in illor*um*
p*er*maneat potestate. Sane, si quis ego aut ullus omo de p*r*opinquis
parentib*us* meis uel quis | lib& ulla opposita p*er*sona qui co*n*tra hoc ipsum
monasterium ire, inquietare u*e*l inru*n*pere uoluerit, ira*m* & maledioccione*m*
D*e*i om*n*ipot*en*tis incurrat & cu*m* Iuda traditore in infernum da*m*netur &
postea penitencia duc | tus co*n*ponat auri huncias *II* & in antea p*re*se*n*s
donacio mea om*n*iq*ue* temp*ore* firma e stabilis p*er*maneat cu*m* stipulacione
int*er*posita p*r*o omne firmitate subnexa. Facta donacione ista in Aduenione
ciuitate, men | se marcio anno x*xvii* regna*n*te Co*n*rado rege Alamanor*um*
siue P*r*ouincie, indicione v*IIII*. Signu*m* Andreus p*re*sbite*r* qui hanc dona-

cionem istam fieri & firmare rogaui & manu sua firmaui + Arnulfus presbiter | subscripsit | + Poncius presbiter firmauit + Poncius presbiter firmauit .·. + Item Poncius presbiter firmauit. + Donadeio presbiter firmauit. + Teudoinus presbiter firmauit. | Signum Ricardo teste, Euderio teste, Eldebranno teste, Durante teste, Frannone teste Dominicus firmaui. Odone teste. Ermenaldo presens firmaui(?) |

 Lanbertus presbiter amanuensus presente carta ipso donatore rogitus scripsit

LIII

Vienne, 8 décembre 966.

Précepte de Conrad, roi de Bourgogne-Provence, concédant à l'abbaye Saint-Pierre de Montmajour différents biens, notamment ceux que Boson, comte d'Arles, a rendus au fisc royal, dépendants jadis de Saint-Remy de Reims, c'est-à-dire le village de Saint-Remy [sis au comté d'Avignon], avec ses tours et ses églises.

A. Original perdu.— *B*. Arch. départ. des Bouches-du-Rhône, H. Montmajour, Privilèges, nᵒ 5. Copie figurée du XIIᵉ siècle, abîmée par l'humidité, sans traces de sceau. Parchemin, 444ᵐᵐ large × 274ᵐᵐ haut. Lignes à 11ᵐᵐ. Pas de marges. Lettres 2ᵐᵐ. Première ligne, lettres 7ᵐᵐ. Initiale 20ᵐᵐ. Monogramme 60ᵐᵐ haut × 60ᵐᵐ large ; lettres de la ligne qui l'accompagne 12ᵐᵐ.

a. Bouche, *Chorographie du royaume de Provence*, t. I, p. 804. — *b*. *Gallia christiana*, t. I, *Instr.*, p. 103-104. — *c*. *Historiens de France*, t. IX, p. 700-701.— *d*. Deloche, Appendice, nᵒ II, p. 103-105. — *e*. Du Roure, p. 44-45.

In nomine sancte atque indiuidue Trinitatis, Chuonradus summa opitulante clementia piissimus rex ; Notum sit omnibus sancte Dei ecclesie fidelibus presentibus atque futuris qualiter monachi | ex monasterio sancti P&ri apostoli de Monte maiore pecierunt nostram regalem auctoritatem ut omnia que habent ad prefatum adquisita per instrumenta donationum siue concambiorum ut illis per nostre | firmitatis preceptum corroboraremus quod & ita pro Dei amore fecimus. Uolumus namque ac firmiter per hos nostros apices decernimus ut hoc quod dom-

nus Leo apostolicus atque Otto imperator Augustus ac soror nostra |
Adelheas imperatrix ex terra sancti P&ri apostoli, Nos pro Dei amore
postulauerunt prenominatis monachis tenere permittatur & insuper hoc,
quod Boso Arelatensis comes nobis reddidit, illis | concedendum de terra
Sancti Remigii de Francia & in c&eris locis taliter nuncupatis : Oriluco
monasterio & in insula maris monasterium Lirinis uocatum; & in comi-
tatu Uuapinco | cellam quam uocant Alamunto Sancti Martini & in alio
loco cellam quam nominant Antunnava & in comitatu Aquense cellam
quam uocant Roca frandusa & ad castello quod dicunt Ystro | ecclesias
duas una Sancti P&ri & altera Sancti Martini cum terris, campis, uineis
& salinariis & sunt terras quas nominant Sancte Marię Antibolensis cum
seruis & ancillis | & uillam quam uocant Catorosco cum salinariis & cas-
trum quod nominant Fossas cum terris & salinariis, seruis & ancillis, ac
Martigum, uasa ¹ una quam dicunt Uenrosa | & uallem quem nominant
Sancti Petri, ecclesias III Sancti P&ri & Sancti Martini, Sanctique Iuliani
in loco qui dicitur Namarra & terras cum omnibus appendiciis suis &
locum qui | dicitur Eyras salinariis & piscationibus, uillam Sancti Remigii
cum turribus & ecclesiis. Ista omnia super inserta & cuncta que per stu-
dium orationis eorum siue cum tesauro | eorum, ubique adquisierint,
Sancto P&ro siue predicto loco Monte maiori & monachis ibi Deo famu-
lantibus concedimus perp&tualiter ad possidendum sine aliqua contra- |
dictione. Eo uero tenore ut nulli episcoporum siue abbatum neque comitum
neque alicui contrarię potestati aliquam disciplinam siue seruitutem per
uim facian[t nisi] | nobis & successoribus nostris regibus & liceat illis
cum nostra concessione inter se abbatem eligere qualemcumque uoluerint
Deo perfecte seruientem secundum regulam | a sancto Benedicto constitu-
tam. Quod autem hoc nostre auctoritatis preceptum ab omnibus obseruetur
& a nemine umquam uioletur manu propria confirmando supscripsimus &
| de signo nostro subtus signare mandauimus. |

Signum signi ² Chuonradi piissimi regis. |

Data VI idus decembris, indicione VII anno, incarnacionis Dominicę
DCCCCLXVI, anno XXVII Chuonrado rege. Actum Uigenna ciuitate
feliciter. Amen.

---

1. *Sic*, pour *casa*.
2. *Sic*, pour *domni*.

LIV

Avignon, mai [965-967 ?]

Don par Blismoda, *ses fils* Pons *et* Garnier, *à* Montmajour *d'une pièce de vigne cultivée acquise en achat par eux, sise dans le pays d'Avignon, au lieu dit* Migauris, *sous réserve de l'usufruit leur vie durant et de la moitié pour leurs héritiers.*

> *A.* L'original, existant en 1889, paraît ne pouvoir se retrouver actuellement : Arch. départ. des Bouches-du-Rhône, H, Montmajour.
>
> *a.* Du Roure, p. 43, d'après « l'original aux archives des Bouches-du-Rhône collationné ».

Auctoritas etenim [*jubet*] ecclesiastica et lex consistid romana [*ut, quicumque rem suam in qualicumque potestate transfundere uoluerit, per paginem testamenti eam infundat, ut prolixis temporibus secura et quieta permaneat* [1]]. Quapropter, ego Blismoda femina et filii mei Poncius et Guarnerius, auctoritate secuti, donamus ad monasterium qui est edificatum in honore beati Petri apostoli, qui est in comitatu Arelatense in Monte que dicunt Maiore, de res proprias nostras qui nobis ex conparacione legibus ouenit, qui est in pago Auenico, ubi dicitur Migauris, in illo clauso, pro remedium et liberacione animas nostras uel ut nobis pius Dominus per intercessionibus sanctorum uel oraciones monacorum paradisi gaudia mereantur introire et pro eo quod beatus Petrus absoluat animas nostras de potestate diaboli et collocet eas in paradiso. Ibique donamus ad ipsum monasterium pecia de uinea culta qui abet, pro longo, de uno latus dextros L, de alio latus dextros XLVIII cum suo fosato, de uno fronte XII et medio, de alio fronte dextros X et abet una inclauatura, pro longo, dextros XXVI, de uno fronte dextros VIII, de alio fronte dextros V. Consortes, de uno latus Nadalia femina et Alogio, de alio latus eredes Maganberto presbitero et Rainaldo et Bligerio et Frannone ; de uno fronte Marialdo et Teuderico, de alio fronte uia puplica, uel si quis alii sunt consortes. Et faciat ipse monasterius, uel ipsi monachi qui ibidem Deo seruiunt, teneant et posideant et in illorum permaneat potestate omnique tempore. Sane, si quis, nos uel ullus omo de propinquis parentibus nostris qui contra hanc carta donacionem istam ire, inquietare uoluerit, iram et ma勒diccionem Dei

---

1. Cf. Du Roure, p. 42.

omnipotentis incurrat et cum Juda traditore in infernum dannetur et postea penitencia ductus conponat auri huncias IIII. Et in antea presens donacio nostra omnique tempore firma estabilis permaneat cum stipulacione interposita pro omni firmitate subnexa. Facta donacione ista in Aduenione ciuitate, in mense madio, anno XXVIII, regnante Conrado rege Alamanorum siue Prouincie, indicione X. Signum Blismoda femina et filii mei Poncius et Guarnerius, qui hanc donatione ista fierint et testes firmare rogauerunt manus illorum firma. Signum Aduenione teste. Ademare teste. Amblardo teste. Durante teste. Raganberto teste. In ea uero racione unde uiuimus usum et fructum reseruamus et eredes nostri in locum medietate teneant.

 Lanbertus presbiter scripsit. 

LV

Avignon, mai [965-967?]

Don par Amblard et sa femme Adalsinna *à Montmajour de deux pièces de vigne cultivées, acquises par eux en achat et sises dans le pays d'Avignon, au lieu dit* Sancianicus superiore.

> *A*. Original : Arch. départ. des Bouches-du-Rhône, H, Montmajour, carton 900-1200. Parchemin, 448ᵐᵐ large × 118ᵐᵐ de haut. Lignes à 7ᵐᵐ. Marge à dextre de 13ᵐᵐ ; aucune à senestre. Lettres de 2ᵐᵐ. Initiale 4ᵐᵐ. L'acte pourrri par l'humidité a été collé sur du papier blanc. Au dos : « n° 1024 | n° 9 ».
>
> *a*. Du Roure, p. 42.

 Auctoritas etenim iub& ecclesiastica & lex consistid romana ut, quicumque rem suam in qualicumque potestate transfundere uoluerit, per paginem testamenti eam infundat, ut prolixis | temporibus secura & quieta permaneat. Quapropter, ego Amblardus & uxor mea Adalsinna, auctoritate secuti, cedimus ad monasterium Sancti P&ri, qui est fundatus in comitatu Ara | latense in Monte que uocant Maiore, do res propias nostras, qui nobis ex comparacione legibus ouenit, pro remedium & liberacione animas nostras uel ut nobis pius Dominus, per intercessionibus sanctorum uel ora | ciones monacorum, ueniam prestare dignetur & pro eo quod sanctus P&rus absoluat animas nostras de potestate diaboli & dedu-

cat eas in paradiso. Qui *sunt* ipsas res in pago Auenico, in Sancianicus
superiore, | ibiq*ue* donamus ad ipsum monasterium pecias II de uinea
culta qui ab& una pecia, p*er* longo, de a*n*bos lat*us* ab ipso conosco d*ex*-
tros XVIIII & in quisq*ue* fro*n*te d*extros* XVII. Co*n*sortes, de uno lat*us* ere-
des Rainoardo | , de alio lat*us* eredes Norp*er*to qui fuit co*n*da*m*, de uno
fro*n*te Dodone, de alio fro*n*te t*er*ra fiscale. & abet alia pecia ibide*m*
aderente de a*n*bos lat*us* d*extros* XVIII, de uno fro*n*te d*extros* VII, de alio
fro*n*te d*extros* VI. Co*n*sortes, | de uno lat*us* eredes Rainoardo co*n*da*m*, de
alio lat*us* eredes Sobone, de uno fro*n*te Aigoino eredes, de alio fro*n*te
t*er*ra fiscale u*el* si quis alii *sunt* consortes. & faciat ipse monast*er*ius u*el*
ipsi monachi, | qui ibidem D*e*o seruiunt, teneant & in illor*um* om*n*ique
t*em*pore permaneat pot*e*state. Sane, si quis nos aut ullus omo de propinquis parentib*us* no*s*tris u*el* quislib& ulla opposita p*er*sona, qui co*n*tra hanc
 | cartula*m* donacionis iste ire inquietare u*el* inru*n*pere uoluerit, ira*m* &
malediccionem D*e*i om*n*ipo*ten*tis incurrat, cu*m* Iuda traditore in infernu*m*
damnetur & postea, penitencia duc | [tus, c]o*m*ponat in uinculo de auro
huncias [11] & in antea p*resens* donacio no*s*tra om*n*ique t*em*pore firma
estabilis p*er*maneat. cu*m* stipulacione i*n*t*er*posita p*ro* omni firmitate sub-
nexa; Facta donacione | [ista in A]duenione ciuitate, mense m[a]d[io],
[a]nno XXVIII regna*n*te Co*n*rado, rege Alamanor*um* siue Prouincie, indi-
cione X. Signu*m* Amblardo & uxor sua Adalsinna, qui hanc dona | [cione
ista fec]erunt & t*estes* firmare rogauer*unt* man*us*.illor*um* firma. Signu*m*
Iosue p*resens*, Adalberto (?) t*este*[1], Teuderico [teste], Aduenione t*este*,
Guarnerio t*este* | , Dodone t*este*.

 Lanbertus p*resbiter* rogitus scripsit. 

LVI

Montmajour, janvier [967-969 ?]

*Don par Ingilran et sa femme à Montmajour du quart du village
de Blavairac, dans le comté d'Avignon, qui lui vient de ses parents,
sous réserve de l'usufruit.*

A. Original : Arch. départ. des Bouches-du-Rhône, H, Montmajour, carton 900-1200.
Parchemin, 326mm large × 207mm haut. Lignes à 7mm. Marge à dextre 23mm ; à

---

1. Ce nom a été biffé.

senestre de 10^{mm}. Les lignes sont tracées à la pointe sèche et au verso. Il y a en marge, une piqûre de la pointe, correspondant à chacune d'elles. Lettres de 2^{mm}. Initiale 13^{mm}. Chrismon *en marge*, 22^{mm} de haut. Au dos : « CARTA | BLAVAI- RIA | cus ingil | ramni. | N° 96 | n° 1012 | n° 10. »

a. Du Roure, p. 45.

Auctoritas enim iub& ecc*les*iastica & lex *pre*cipit romana ut, qui- cumque uult [dimittere terren]a & mer[eare] cęlestia, de a&erna r&ribu- cione tractare deb& et, cum ad [ultimum diem ?] uenire meruerit, [nos ad paradisum ?] *pro* mer | cede *nos*tri boni op*er*is, D*e*o adiuuante, *per*uenire ualeamus. Ego igitur, in X*pis*ti nomine, Ingilramnus & | coniux mea . . . . . ¹, cogitantes r&ribucionem, reminiscentes sarcina*m* delictor*um* *nos*tror*um*, donamus | aliquid de *pro*pi&ate *nos*tra ad cenobium Monte Maiore, consecratum in onore beate D*e*i genetricis Mariae | [&] *sancti* P&ri ap*os*t*o*li. Quę mihi ipsa res ex *pro*ienie parentor*um* meor*um* legib*us* [ouc]nit, in comitatu Auenionense, hoc est | in uilla q*ue* nominant Blaua- riacus quarta*m* partem, cu*m* om*n*ibus sibi p*er*tinenciis. Eo uero tenore ut, quan | diu ego uixero usum & fructum habea*m*; Post mortem itaq*ue* mea*m*, ad monasterium iam *pre*dictu*m* reuertat | [et] faciant ipsi monachi quicquid uoluerint de ipsa*m* quarta*m* partem uille ia*m* supradicta, id *est* habendi, cedendi, | [donandi], comutandi *pro* remedium anime *nos*trę & animab*us* parentor*um* *nos*tror*um* & om*n*i tempore liberam hac firmissi | [mam . . . . .] obtineant firmitatem ad faciendum tantum. Sane, si quis nos u*e*l ullus ex *pro*pin | [quis uel eredibus nostris] qui contra hanc *nos*tram donacionem ire agere u*e*l inqui&are uoluerit, non ualeat | [obti- nere] q*ue* inquirit, sed *sanct*or*um* omnium merita incurrat, cu*m* impiis infernu*m* possideat & inantea | [componat] in uinculo quantum ipsa res bene ualere melius potuerit & post hęc ista donacio | [firmissima] *per*- maneat om*n*iq*ue* tempore cu*m* stipulacione in*ter*posita *pro* om*n*i firmitate subnixa. | [Facta cartula in] monasterium Monte Maiore, *kalendis* ian*uarii*, anno XXX regnante Gonrado rege Alaman | [orum siue] Prouincie. Si*gnum* Ingilramni & coniugi sue, qui hanc cartulam scribere & testib*us* | [firm]are rogauer*unt* manus illor*um* firma. Si*gnum* Cauallario t*este*. Si*g*- nu*m* Gonberto t*este*. | [Si*gnum*] Ingilranno t*este*. Si*gnum* Poncio t*este*. Si*gnum* Rotb*er*to t*este*. Si*gnum* Isnardo t*este*. Si*gnum* Vuilelmo t*este*.

[Raiambaldus monac]us scripsit.

---

1. Nom resté en blanc.

LVII

Arles, 1ᵉʳ mars [967-969 ?].

Échange entre Boson et sa femme Folcoare d'une part, l'église Saint-Étienne du siège d'Arles et l'archevêque Itier d'autre part, par lequel Boson donne dans le comté d'Avignon et au canton Roubian des biens provenant des parents de sa femme, soit un champ au lieu dit super Marignano, *un champ* ad ipsos Quatrones, *un champ* ad Moleriam, *un champ dans le village dénommé Tarascon, deux champs* inter Sagnone et Aurignana *et par lequel, en retour, il reçoit dans le comté d'Aix le château très ancien de Saint-Chamas.*

> *A*. Original perdu. — *B*. Copie du XIIᵉ siècle : Archives d'Arles, Fonds Véran, Authentique du chapitre d'Arles, fol. XIII, nᵒ XII.
> *a*. Albanès, *Gallia christiana novissima*. Arles, nᵒ 271.

In nomine sancte & indiuidue trinitatis. Ego, in Xpisti nomine, Boso & coniux mea Folcoara comutamus ad ecclesiam Sancti Stephani sedis Arelatensium & ad dompnum scilic& Iterium archiepiscopum aliquas res que michi Bosoni ex parte coniugis meę Folcoare & ei ex proienie parentorum suorum legibus obuenit, in comitatu Auenionense, in agro Rubiano, secundum testamenti seriem dicentis : « qualis est emptio talis & comutacio ut & emptio & comutacio utramque obtineant [1] firmitatem. »In loco itaque super Marignano, campum unum que consortat inter consortes, ex duobus frontibus terram Sancti Nazari, de uno latus uiam publicam, de alio latus Rainoardum. In alio uero loco, campum unum ad ipsos Quatrones & consortat de uno latus & uno fronte terram Sancti Cesarii & de uno fronte Bonumfilium clericum & de alio latus uiam publicam. In alio uero loco, campum unum ad Molleriam & consortat per uno latus uiam publicam, de alio latus Rodanum flumen, de uno fronte Bonumfilium clericum, de alio terram communem. & quartus campus, in uilla que dicitur Tharascone & consortat de uno latus nos ipsos comutatores, de alio latus Bonumfilium clericum, de uno fronte uiam publicam & de alio terram Sancte Marthe. & in alio loco denominato inter Sagnone & Aurignana, campum unum & consortat, ex uno

---

1. *Sic.*

latus terram Sancti Genesii, de uno fronte Rancinnum, de uno latus
Aicardum & de uno fronte flumen Diruentie. In ipso loco, alium campum qui consortat de uno latus Bellucium & de alio Uualterium & Bal-
neratum, de uno fronte Amalricum & de alio latus ipsum Bellucium.
Unde ista omnia comutamus tantum & alium tantum atque transfundimus ad ecclesiam Sancti Stephani & ad dompnum prefatum archiepiscopum & accipimus, pro his rebus denominatis, castrum uetustissimum in
comitatu Aquense qui uocatur uocabulo Sanctum Amantium, totum &
ab integro a mari usque in ualle & a fonte usque in finem montis, ad ius
& proprietatem nostram, habendi tenendi nostrisque heredibus dereli-
quendi. Et teneat ipsa ecclesia istas res atque possideat omni tempore
sine ulla contradictione. Sane, si quis nos aut heredes nostri uel ulla
opposita persona qui hanc comutacionem contra ire aut inrumpere
conaueris, non ualeat obtinere quod iniuste repp&it, sed componat in
uinculo auri obtimi inpensas libras IIII^{or}. Et in antea hec comutacio
firma & stabilis perp&ualiter perseuer& omnique tempore cum stipulacione interposita pro omni firmitate subnexa. Hacta comutacio ista in
Arelate ciuitate publice, sub die kalendarum martii, anno XXX regnante
Chuonrado rege Alamannorum seu Prouentiarum, indicione IIII. Signum
Bosone & uxore sua Folcoara, qui hanc comutacionem scribere & testibus
firmare rogauerunt manibus suorum firma. Signum Waltelmi. Signum
Ranulfi. Signum Autrigi. Signum Autberti. Signum Maiuli & ceteris
pluribus.

LVIII

Avignon, janvier [968-970 ?]

Don par Eldefredus *à Montmajour de deux* modiatae *de vigne
cultivée qu'il a acquises par plaid et de deux autres* modiatae *et demie
acquises par achat, dans le pays d'Avignon, sous Saint-Ruf, avec réserve
de la moitié pour son fils Israël, franche de tout cens, à moins qu'il ne
la perde de sa faute, ou par sa mauvaise culture. Confirmation de ce
don par Espérandieu, fils d'Israël.*

A. L'original existant en 1889 paraît ne pouvoir se retrouver actuellement. Arch.
départ. des Bouches-du-Rhône, H, Montmajour.
a. Du Roure, p. 45-46, d'après « l'original aux arch. des Bouches-du-Rhône, collationné ».

Auctoritas etenim iubet ecclesiastica [*et lex consistid romana ut, quicumque rem suam in qualicumque potestate transfundere uoluerit, per paginem testamenti eam infundat, ut prolixis temporibus secura et quieta permaneat*[1]]. Quapropter, ego Eldefredus, auctoritate secutus, dono ad monasterium Sancta Maria uel Sancti Petri, qui est aedificatus in comitatu Arelatense, ubi nominant Monte Maiore, de res proprias meas qui mihi per pla[citum] legibus obuenit, pro remedium et liberatione animæ mee uel ud mihi pius Dominus per intercessionibus sanctorum uel orationes sacerdotum paradisi gaudia mereantur introire et pro eo quod beatus Petrus, qui est expugnator animarum, liberet animam meam de potestate diaboli et collocet eam in sinu Abrahe, ubi epulantur iusti. Qui sunt ipsa res in pago Auennico, subtus Sancto Rufo in illo clauso, ibique dono, ad ipsum vel ad ipso monachos qui ibidem Deo seruiunt modiatas II de uinea culta qui abent, pro longo, de uno latus dextros LXXXII, de alio latus dextros LXII, de uno fronte dextros XXVIIII, de alio fronte dextros XVII. Et dono ego Eldefredus et Israel filius meus, ibidem aderente, alias duas modiatas et media de comparacione legibus obuenit. Consortes, de uno latus Teuduino presbitero et Ebrardo et Israel et de alio latus uia puplica et terra Sancti Rufi, de uno fronte similiter terra Sancti Rufi et Amalrico, de alio uero fronte uia puplica uel si quis alii sunt consortes. Et faciat ipse monasterius Sancta Maria et Sancti Petri uel ipsi monachi qui ibidem Deo seruiunt teneant et possideant et in illorum permaneat potestate omni tempore. Sane, si quis nos aut ullus homo de propinquis parentibus nostris uel quislibet ulla opposita persona qui contra ipsum monasterium ire, inquietare uoluerint, iram et maledictionem Dei omnipotentis incurrat et cum Juda traditore in infernum dampnetur et postea, penitencia ductus, componat auri uncias V et in antea presens donatio nostra omnique tempore firma et stabilis permaneat cum stippulatione interposita pro omne firmitate subnexa. Facta donatione in Aduenione ciuitate, in mense jenoario anno **XXXI** regnante Conrado rege Alamannorum siue Prouincie, indictione XIII. Signum Eldefredus et filius suus Israel qui hanc donationem istam fieri iusserunt et testibus firmare rogauerunt manus illorum firma. In ea uero racione, unde ego Israel uiuo in locum medietatem ipsas uineas teneam, sine ullo seruicio, nisi tantum si suus forasfactus non fuerit uel ipsas uineas bene non fecerit.

Sperandeus firmauit. Ingo firmauit. Bertemundus firmauit. Aldebrannus firmauit. Sperandeus filius Israel firmauit. Auinionus firmauit.

Nortoldus monachus scripsit.

---

1. Cf. Du Roure, p. 42.

LIX

Arles, 26 novembre [969-971 ?].

Convention entre Itier archevêque et les chanoines de Saint-Étienne d'Arles, d'une part, le prêtre Aynard, chanoine de la dite église, un homme nommé Durand et sa femme Laurence, d'autre part, par laquelle cinq modiatae *de vignes détruites, dépendantes de la mense commune du chapitre sises dans le comté d'Avignon, sur le terroir du village dit* Sagnone, *sont baillées auxdits Aynard et Durand à charge de les reconstituer, de bien garder les fruits en temps de vendanges, de bien nourrir le vigneron, de garder la moitié de la récolte et d'en faire parvenir l'autre moitié au chapitre, de telle sorte que, soit Aynard, soit Durand pourront transmettre ce bail à l'un de leurs héritiers.*

    A. Original perdu. — *B*. Copie du xiie siècle : Archives d'Arles, fonds Véran, authenthique d'Arles, fol. xxxv-xxxvi, no XXXIV (*De Avenione*).

    a. Albanès, *Gallia christiana novissima* : Arles, no 274.

In nomine Dei &erni et Saluatoris nostri Ihesu Xpisti. Conuenientia qualiter conuenit inter domnum uenerabilem Hicterium archiepiscopum uel canonicos Sancti Stephani & quendam presbiterum ipsius æcclesiæ canonicum Aynardum et aliquem hominem nomine Durantem et uxorem suam Laurentiam. Quę est ipsa conuenientia de uineis disruptis in comitatu Auenionense, in terminio de uilla Sagnone & sunt modiate v ; quę pertinent ipse uineę ad communiam canonicorum Sancti Stephani. Consortes, de uno latus & uno fronte Segnor&o, de alio latus Dionisii & Rainardi & de alio fronte Heliam presbiterum ac si quis alii sunt consortes. Per talem uero conuentum, ut ipse Aynardus presbiter & Durantus ipsas uineas disruptas bene propagare & fossadare & construere studeant &, in tempus uindemiæ, fructus uinearum salua custodia preuideant & ipsum actuarium bene pascant &, dum ipsi uixerint, omni tempore unam medi&atem fructuum ex isdem uineis recipiant, aliam quoque medi&atem ad canonicos Sancti Stephani peruenire faciant. Post obitum itaque eorum, ipsa conuenientia de illis uineis ad unum heredem de presbitero Aynardo & unum de Durante & uxore suæ cui uoluerint perueniant. Sane, si quis nos uel ullus homo qui hanc conuenientiam contrariare uoluerit, non optineat quod iniuste repp&it, sed componat in uinculo solidos x et in antea hæc conuenientia firma & stabilis permaneat cum stipulatione interposita pro omni firmitate subnexa. Facta conuenientia ista in Arelate ciuitate, vi kalendas decembris, anno XXXII regnante Conrado rege. Signum domni Hyterii archiepiscopi, qui hanc conuenientiam scribere & firmare precepit manus sua firma. Nortaldus, subpremus seruorum Dei, scripsit.

LX

[968-16 juillet 972].

Décret de Jean XII excommuniant Isnard, à la demande de Girard, évêque d'Autun, pour n'avoir pas obéi au mandement prémonitoire de son prédécesseur Agapet II.

A. Original perdu. — B. Copie du xviiie siècle : Bibl. nat., ms. lat. 18354, nº 13 (Rescriptum Joannis papae XII pro excommunicatione Isnardi et sociorum).

a. Labbe et Cossart, t. IX, col. 642-643. — b. [Hardouin], t. VI, pars I, col. 621-622. — c. *Gallia christiana*, t. IV, *Instr. ecclesiae Eduensis*, nº XXXVI, col. 74. — d. Mansi, t. XVIII, p. 450. — e. *Historiens de France*, t. IX, p. 235. — f. Migne, *Patrologie latine*, t. CXXXV, col. 987.

IND. : Jaffé, 2e éd.. nº 3755.

Ego, in Dei nomine, Joannes papa sedis apostolicae et Romanae urbis apostolicus divina clementia largiente, notum volo fieri omnibus qualiter veniens quidam episcopus a partibus Galliarum nomine Girardus, Augustudunensis civitatis praesul egregius, pro regis etiam amore et beati Petri principis apostolorum servitio, Romam expetiit, nostram honorifice adgressus praesentiam. Qui, dum nobis pro sua industria et honoris magnificentia gratus acceptabilis et carus existeret, dum de pluribus sermo inter nos haberetur, manifestavit mihi humillime reclamando de quibusdam hominibus, qui terram de suo episcopatu praesumptuose et violenter tenere videntur. Insuper deprecatus est ut eos excommunicaremus et maledictionis jaculo illos damnaremus. Cujus petitionem benevole suscipiens, jussi ego Ioannes papa, servus servorum Dei, talem excommunicationem et maledictionem fieri scriptam manu propria Benedicti archiepiscopi nostri. Conjacet autem eadem terra in patria quae dicitur Provincia, de abbatia Sancti Symphoriani. Quicumque ergo eam tenent terram Sancti Symphoriani aut aliquid ex terra Sancti Nazarii, sine assensu Girardi, eius civitatis episcopi, ex autoritate Dei Patris Omnipotentis et Filii et Spiritus Sancti omniumque sanctorum Dei, potestate insuper beati Petri senioris nostri cum caeteris apostolis, quibus data est potestas ligandi

atque soluendi, et ex ministerio nostro, sint excommunicati et anathematizati atque a liminibus sanctae Dei ecclesiae alienati, nisi, conversi, ad
satisfactionem venerint. Omnes enim male[di]ctiones, quae in veteri Testamento et novo scriptç sunt, veniant super eos, nisi ad emendationem venerint. Sint maledicti in civitatibus, in villis, in agris, in viis, in castellis, in
silvis et in omnibus locis. Deleantur de libro viventium et cum justis non
scribantur, nisi resipiscendi ad satisfactionem et emendationem venerint.
Fiat.

LXI

[Autun,] mardi, 1[6] juillet 972.

*Lettre d'Isnard à Girard, évêque d'Autun, lui demandant, pour lui
et ses héritiers, la concession régulière des terres qu'il occupe, dépendant
de Saint-Symphorien d'Autun, sises dans les comtés d'Avignon et de
Cavaillon, à la charge de lui payer : 1°, comme achat, une demi-livre
d'or, 2° tous les trois ans, un cens de dix sous et 3°, comme droit de
mutation à chaque changement de propriétaire et d'évêque, une livre de
la monnaie courante dans le pays.*

Validation du contrat par l'évêque d'Autun.

A. Original perdu. — *B*. Copie : Bibl. nat., ms. lat. 18354, n° 16 (Isnardi resipis-
centia). — *C*. Copie : Bibl. d'Avignon, ms. 2399, fol. 28.
a. Gallia christiana, t. IV, *Instr. ecclesiae Eduensis*, n° XXXVII, col. 74-75.
IND. : Labande, *Saint-Symphorien de Caumont*, p. 7 du tirage à part.

In nomine aeternae individuaeque trinitatis. Cultus et priscorum sanctorum vestigia sectando, domno Girardo summo eximioque pontifici
Isnardus expetiit paternitatem, sciens quia Omnipotens Deus praeterita
oblivisci concedit. Latebant quaedam Sancti Symphoriani praecipuae
ecclesiae vestrae in nostris partibus ignota et vobis ego, hactenus aliquid
possidens sine vestro dono et ideo recognoscens fidei veritatem, deprecor
vestram clementiam quia ego ignotus sacratissimae majestati vestrae ut, si
aliqua incusatio exinde apud me deget, absolvatur per vestrum ministerium, potestatem et gratiam. Quamobrem, quia tamdiu solers, quamvis
extra vestram licentiam cum sagacitate et labore meo ea exercui, dabo
vobis auri dimidiam libram, eo modo ut per vestrum donum deinceps
teneam et possideam, proximisque heredibus meis et cui voluero derelin-
quam, talique vero ratione ut ad tertium annum persolvatur exinde eccle-

siae vestrae census vel pondere vel pretio, directo legato vestro ad nos, valente solidos x et, dum evenit humanae naturae debitum nobis solvere et alius episcopus locum vestrum subrepserit, in primo anno in aerario sanctae sedis Ostudunensis praedicti Sancti Symphoriani martyris et ipsius episcopi, propter ipsas terras praedictas Sancti Symphoriani et vestras quae sunt in comitatibus Avenionense et Cavellico, ut firmius teneantur a nobis et heredibus nostris, de moneta nostra libra una persolvatur. Vestrae ideo largifluae pietati scribere feci, ut de servolo me quidem vestro aliqua misericordiae consolamina [impendatis]. Si perperam egi vel moleste contra vos statui, spes mei recuperandi est in vobis, sicut scitis per ministerium vestrum, quia in quadro viget almitas vestra ut altius stabiliatur, deprecor vos ut potenti manu vestræ vestrisque sacris clientibus firmetur titulus iste et indulgeantur potenti pietati vestrae nexu nobis [communi ?]. Sane, si quis ego Girardus episcopus aut ullus de successoribus meis citra hoc testamentum agere voluerit vel eum irrumpere praesumpserit, non valeat vindicare quod repetit, sed restituat vobis tantum quantum res illo tempore melioratae valere potuerint et in antea scriptura ista firma et roborata et in omni tempore stabilis permaneat cum stipulatione interposita firmitate subnixa. Actum feria III, xvII [1] kalendas augusti, anno Domini DCCCCLXXII, indictione xv, regnante quidem Rege Gondrando.

LXII

[965-6 sept. 972].

Mandement de Jean XIII à Itier, [primat et] archevêque d'Arles, à Thibaud archevêque de Vienne, à Aymeri archevêque de Narbonne, à Silvestre archevêque d'Aix et à leurs suffragants, à Landry évêque [d'Avignon], à Thierry évêque [de Cavaillon ?], à Ayrard évêque [de Carpentras], à Honorat évêque [de Marseille], à Pons évêque [d'Orange], à Humbert évêque [de Vaison], reconnaissant la primatie d'Arles et donnant à Itier le droit d'excommunier, suivant la formule du Siège apostolique qu'il lui adresse, ceux qui méconnaissent ses droits.

    A. Original perdu. — *B*. Copie du xII[e] siècle : Arch. municip. d'Arles, Fonds Véran, Authentique du chapitre d'Arles, fol. II v°-IV r°, n° III.

    a. Bouche, *Histoire de Provence*, t. II, p. 36. — *b*. Migne, *Patrol. lat.*, t. CXXXV, p. 998. — *c*. Albanès, *Gallia christiana novissima*. Aix, *Instr.*, col. 533-535, *extraordinem*, n° 1. — *d*. *Ibid.*, Arles, n° 272. Cette pièce a généralement été regardée comme apocryphe, ou tout au moins comme suspecte. Les noms des

---

1. La copie porte XVIII, ce qui est impossible.

destinataires sont exacts et, quant au texte, il n'a rien de particulièrement extraor-
dinaire, étant donné qu'il émane de la chancellerie de Jean XIII.
Ind. : Jaffé, ✠ 3743.

Ioannes episcopus, seruus seruorum Dei, diuinę piętatis nutu Sedis Apostolicae humilis papa, Iterio condigno fratri, Arelatensis aecclesiae metro-
poli pariterque archiepręsuli, salutem & beamen obtat in euum ; at uero
Galliarum, pręcipue Prouentiarum, episcopis cunctis omnimodas ineffa-
bilesque millenas exobtat fidelissimas orationes, scilic& Thetbaldo
Uiennensis ecclesie archipręsulo eiusque suffraganeis uniuersis, Aymerico
&iam primę Narbonensis venerabili archiepiscopo cum sibi subiectis,
Siluestro namque secundę Narbonensis digno archipręsulo suisque subia-
centibus, Domno uidelic& Landerico, Thederico, Aeyrardo, Honorato,
Pontio necne Vmberto dignisimis ęcclesiarum suarum pastoribus communem ac perhennem &ernitatis gloriam. Scitote uos rectores fore
clauesque cęlestis ianuę, uobis a Deo potestatem ligandi ac soluendi
euidenter certissime creditis et, si ordinem sumptę potestatis plenus
seruaueritis, in apostolico ordine perp&im cum Xpisto manere nequa-
quam vos dubitare suspicamus. Doleo itaque & uçhementissime tristor
super tanti sceleris causa, quę a multorum hominum ore creberrime
nostris conspectibus diffamatur. Quia primas Arelatensium quę principa-
tum & capud obtin& c&erarum ęcclesiarum secunda a Romana Sede
multis modis lacerationibus eius cerata concultatam fore audimus.
Impl&am in ea prophetę sententiam dicentis : « sed& in tristitia domina
gentium » ; quapropter, uobis & cunctis ęcclesiarum Dei fidelibus propriis
apicibus designare cupimus quęrelam tanti sacrilegii, quur predictus eiusdem ęcclesie antistes nequiter assidua confligatur iniuria. Ea namque
iuuamina, quę a largitoribus nostrę ęcclesię sunt semper cedenda, sciatis
a Nobis plenissime fore largienda. Hunc igitur a clauigero regni cęlestis
nostręque inclite potestatis monitu impr[esenti(?)], nostraque prouidentia, suę quoque cessionis coacti, largimus ei integram habere licentiam &
potestatem abominandi, gladio quoque excomunicationis feriendi eos qui
ei contrario obsteterint. Quod nos uere, ut omnibus cognitum est, abne-
gare non ualemus. Quamobrem, obsecrando uobis precipimus atque fra-
terne efflagitamus ut omnes, qui ausu temerario terram sanctuarii fuerint
ausi contingere uel in aliquo ledere & iniuriam ei inferre, nullius admi-
rantes personam, plenissimam usquęquaque faciatis legem &, secus
sanctorum canonum precepta, grauiter eos corrigite. Postremum uero, si
necesse fuerit, tempore et hora, qua ipse uos deprecando admonuerit,
cum ipso pariter gladio excomunicationis percutite. Tenor autem nostrę

excomunicationis iste est, quem uos uolumus roborare atque confirmare :
« Auctoritate sanctę & ineffabilis Trinitatis, id est Patris & Filii ac Spirituc
Sancti, sint excomunicati, partemque habeant cum Datan & Abiron quos
terra uiuos obsorbuit, cum Iuda quoque qui Dominum tradidit, &ernis
incendiis concremantur domus quoque eorum uastentur, sintque cum
diabolo in igne cuius ignis non moritur & uermibus qui non moriuntur,
in presenti seculo sentiant eandem poenam quam sensit Herodes qui
consumptus a uermibus expirauit. Adiungat eis Dominus pestilentiam,
donec pereant d&erra & de his qui sunt in ea. Percutiat eos Dominus
egestate, febri, frigore, ardore & ęstu & persequatur eos omnia mala hęc
donec euellantur a sedibus paradysi. Feriat quoque eos Deus ulcere
Egypti & parte corporis per quam stercora digeruntur. Scabie quoque et
purigine, ita ut curari non possint; amentia & cecitate a Domino ferian-
tur. Habeant quoque consorcium cum Arrio cuius intestina in secessum
egesta sunt. Maledictione perp&ua maledicat eos Pater &ernus, nisi se ad
emendationem preparauerint, & sint sanctę Dei ęcclesię liminibus
sequestrati & a consorcio fidelium Xpistianorum omnium segregati &
insuper perp&uę anathematis uinculis innodati, ita ut non queant solui
usque peruenerint ad emendationem congruam. Maledicti sint dormientes
& maledicti uigilantes. Maledicti egredientes, maledicti regredientes.
Maledicti edentes & bibentes & maledicti esurientes & sicientes. Maledicti
sint operantes & maledicti ab opere cessantes. Maledicti in domo, maledicti extra domum. Maledicti sint in cyuitate, maledicti extra ciuitatem.
Maledicti sint in uillis, maledicti in montibus. Maledicti in uallibus, maledicti in siluis, maledicti in pratis, maledicti in aquis, maledicti in omnibus locis, nisi se correxerint, & inferant partibus sanctę Dei genitricis
Marię omniumque sanctorum merita recludanturque in barathro inferni.
Ad postremum autem, gladio perheniter excomunicationis nostrę &
Romanę Ecclesię m&ropolis eos percutimus et omnibus maledictionibus,
quę in u&eri ac nouo continentur testamento, eos iugulamus, perp&uali
quoque gehęnnę incendio concremandos esse tradimus, nisi ad satisfactionem peruenerint. Volumus autem ut audientes hęc persequantur dicentes : « fiat, fiat, fiat ». Qui autem huic sententię nostrę, oboedire noluc-
rit, sit anathema, maranatha, cuiusue ordinis sit. Idem enim dicitur :
« Perdicio sit illis in aduentum Domini. Amen. »

LXIII

[968-6 sept. 972].

Mandement de Jean XIII aux évêques d'Arles, Lyon, Vienne, Clermont, Valence, Besançon, Mâcon, Chalon, Velay, Avignon, Genève, Lausanne, Belley et Viviers, leur recommandant l'abbaye de Cluny[1].

a. Bullarium Cluniacense, p. 5.— *b. Monumenta Pont. Arverniae*, p. 16. — *c.* Migne, *Patrologie latine*, t. CXXXV, col. 990-991.

IND. Bruel, *Recueil des chartes de Cluny*, nº 1247. — Albanès, *Gallia christiana novissima. Arles*, nº 269. — Jaffé, 2ᵉ éd., nº 3744.

Joannes episcopus, servus servorum Dei, fratribus et coepiscopis per urbes Galliarum consistentibus et praesidentibus, Hicterio scilicet Arelatensi, Amblardo Lugdunensi, Teuthbaldo Viennensi, Stephano Claramontensi, Aimoni Valentinensi, Widoni Vesontiensi, Adoni Matisconensi, Frotgario Cabilonensi, Widoni Vallaviensi, Landrico Avenionensi, Geraldo Genevensi, Magnerio Lausanensi, Lubuino Iurensi[2], Rostagno Vivariensi, apostolicae gratiam benedictionis et gloriam aeternae beatitudinis. Laetamur valde in Domino et exsultamus quod dilectio Dei et charitas proximi, quam vos studiosissime multorum relatione audivimus custodire, ad vias Domini et mandata facit vos subtiliter anhelare, ut pontificatus vestri discretum regimen multis sanctae ecclesiae filiis necessarium praestet levamen. Quod manifestis probationibus vos semper facere desideramus pie et commonemus ut virtutum pennis ad coelestia convolantes plures ad Xpistum populos trahere post vos possitis. Nostrum namque est vos hortari ne Domini disciplinam, per quam pervenitur ad gloriam, parvipendatis aut negligere velitis. Quoniam vos estis, ut ait Dominus, lux mundi et sal terrae, quibus commisit et Dominus Jesus Xpistus Ecclesiam suam regendam quam acquisivit sanguine suo. Notum itaque vobis facimus, dilectissimi, quod latior et amplior specialissime nobis est charitas circa monasterium Cluniense, cui sapienter et beate praeest charissimus filius noster domnus Maiolus abbas vobis, ut credimus, bene notus, utpote vir religiosus, quem vobis attentius et diligentius, cum monasteriis omnibus quae ejus sunt subjecta regimini, commendo, vestramque beatitudinem

---

1. La transcription de cette pièce est due à M. René Poupardin : sa collation, à M. Labande.

2. La copie porte *Iurensi*.

precor quod, Dei amore ac veneratione beati Petri apostolorum principis, nostrae quoque dilectionis affectu, protectores sitis coenobiorum sibi commissorum. Nostra insuper auctoritate beati Petri vice fulta et roborata, Dei omnipotentis disponente gratia, vos commonefacio, ut quicumque potens vel persona alicujus momenti praeeminens res seu possessiones jam dictorum locorum pervadere ausu nefario tentaverit, censuram vestrae excommunicationis districtissimam, mox ut cognoveritis, irrevocabiliter et acrius incurrat et a conventu fidelium segregetur, per vestram necne testificationem satis formidabilem vinculo nostrae excommunicationis se noverit colligatum, donec satisfactione congrua resipiscat et praedicti monasterii patri Maiolo humilitatem exhibeat, veniam postulando et consequendo. Denique vos adjuro sub invocatione Sanctissimae et individuae Trinitatis atque auctoritate apostolica enixius praecipio et ut fratres charissimos rogo, non licere vobis praeterire hoc nostri pondus praecepti, quod et Sanctae Ecclesiae exaltatio et vestra ad aeterna bona est provectio. Te etiam, frater et coepiscope Stephane, in Domino alloquor pro insita bonitate tibi ut compellas Amblardum fidelem tuum Celsiniacensi coenobio propriam terram, quam hactenus eidem subtraxit monasterio, [restituere], ut tuo judicio correctus ligamina terribilis excommunicationis et poenas aeternae damnationis evadere possit ; quoniam, si non resipuerit, interminabili anathemate feriatur. Res quoque exigit ut tibi aliqua dicamus, frater charissime et amande, domne Ade episcope, quem, licet non viderimus, ex nomine novimus in omni spirituali bonitate. Efflagitamus itaque benignissimam tuae paternitatis dulcedinem, ut, quo vicinior esse videris praefati monasterii scholae, et tua protectione pro tuo posse celerior fratrum necessitatibus occurrat, qui te ex abundanti charitate diligunt et uluis totius amoris perfectissime ambiunt et amplecti desiderant. Quocirca Cluniensis monasterii semper esto protector, sicut beati Petri es fidelis amator.

LXIV

Mars [973-975 (?)].

Don de Venranus, *à Montmajour, de deux mas, qu'il tient par héritage de son père et de sa mère, dans le pays d'Avignon et au village dit* Albaritis, *sauf un jardin et un champ, avec la stipulation que ces mas pourront être concédés à ses héritiers.*

A. Original : Arch. départ. des Bouches-du-Rhône, H, Montmajour, carton 900-1200. Parchemin 243ᵐᵐ large × 180ᵐᵐ haut. Lignes à 8ᵐᵐ non tracées à la pointe ; marge de 10ᵐᵐ à dextre. Lettres de 2ᵐᵐ. Encre jaunâtre. Au dos : « In pago Auenico | dedit Venrann[us] in t[er]minu[m] d'Albaritis | Nᵒ 208 | n 6 | nᵒ 1007 | nᵒ 6 ».

a. Du Roure, p. 38-39.

Locum sacrum santa Dei eclesie, qui est fundata uel consecrata in onore *sancta* D*ei* ienetricis Marie | & santi Petri apostoli in n'insula que uocitatur Mons Magor, ego, in D*ei* nomen, Uenranus sic cedimus | uel donamus ad d'ipsas *eclesias Sancta* Maria & Santo Petro, uel ad isos monacos de Monte Magore, si cedimus | uel donamus de illa ereditate qui michi succedi, quantu*m* mihi pax obueni, esceptus duas pecias, de par | te genitore meo uel de g[eni|trice mea, *pro* remedium & liberacione anime mee uel parentu*m* meoru*m* | , ut D*eus* omnipotes anim[as eorum] absoluere dinetur ab o*m*ni uinculo pecatoru*m* & a penis inferni liberare. | Sunt ipsas res in pago Au[enio]nense, in terminiu*m* de uilla Albaritis, ibique dono in casis, in curtis, in or | tis, in exagis, in uineis, in canpis, in omni loquo ubi mihi pax obuenit uel ouenire debet, esceptus duas pe | cias una de orto et alia de canpo, qui ab& consortes eredes meos & teras santuarias & teras uicinabiles & e | xagos comunos & uias plupicas uel si quis & alii sunt consortes. & faciant ipsi monahci de ipsas res quiquit | facere uolueritis, id est abendi, tenendi uel posidendi, eredibusque nostri delinquedi, | in D*ei* nomen, in omnibus abeatis potestate*m* at faciendu*m* *tantum*. Sane, si quis ego aut ullus omo | de *pro*pinquis parentibus meis uel quislib& ulla oposita uel amisa *persona*, qui contra eclesia | *Sancto* Petro uel contra ipsos monacos qui ibide*m* seruiunt ulloque tenpore ire, inquietare uel in | ru*m*pere uoluerit, non uoleat uindicare co repetit, s& conponat in uinculo de auro | uncias II & in antea *presens* donacio ista omnique tenpore firmus estabiles permaneat, | cu*m* stipulacione interposita p*ro* omne firmitate subnexa. Facta donacione ista in mense | marcio, ano XXXVI recnante Conrado rege Alamanoru*m* siue P*ro*uincie, indicione VI. | Sinu*m* Petodne & Siluester, qui fuerit mandatarii de Uenrano, qui cartula ista scribere fecerunt | & testes firmare rogaui, manus illoru*m* firma. Ebrardo teste. Poncione teste. Marino teste. | Arnulfo teste. [1] teste. Inguilfredo teste. Pasquale teste. Andreo teste. Leuterio teste | Ricardo teste. Petrus prebiter, rogante Uenrano, scripsit.

---

1. Ici un nom de témoin effacé par le scribe sur l'original.

LXV

Avignon, avril [973-975 ?].

Don par Jean à Montmajour de trois semodiatae *de vigne cultivée,
qu'il possédait par héritage de ses parents, sises au pays d'Avignon au
lieu dit* Septem Canes, *sous la réserve de la moitié au profit de sa fille,
à charge de payer un cens de pain, de viande, de vin et d'un setier de blé.*

A. Original : Arch. départ. des Bouches-du-Rhône, H, Montmajour, carton 900-
1200. Parchemin 390ᵐᵐ large × 235ᵐᵐ haut. Lignes à 8ᵐᵐ, non tracées à la pointe.
Marge de 19ᵐᵐ à dextre; de 10ᵐᵐ.à senestre (?). Lettres de 2ᵐᵐ. Initiale de 4ᵐᵐ.
Chrismon 13ᵐᵐ. Seing 14ᵐᵐ long × 12ᵐᵐ haut. Au dos, cote du xᵉ siècle : « Carta
Iohannis in pa | Go Auennico Septe[m] | Canes. » Autres cotes : « N⁰ ꝢꝢ |
n⁰ 1014 | N⁰ 12. »

a. Du Roure, p. 48-49.

Ante tempus legis istius, donaciones eciam sine gestorum testifica-
cione ualebant, nunc uero, post hanc lege*m*, nec | nupcialis ne quali-
b& int*er* quascum*que* p*er*sone donacio ualere potest, si gestis non
fuerit alligata ; Quapropt*er*, ego Ioannes | , autoritate secutus, dono
ad Beatum P&rum monasterium, qui est edificatus in comitatu Ara-
latense in Monte | Maiore uel ad ipsos monacos qui ibidem D*e*o seruiunt,
p*ro* remedium & liberacione anime mee uel ut mihi pius D*omi*nus | ,
p*er* intercessionib*us* sanctor*um* uel oraciones sacerdotum, paradisy gau-
dia mereantur introire & p*ro* eo q*uo*d beatus P&rus absoluat | ani-
ma*m* meam & colloc& ea*m* in sinu Abrae ubi epulantur iusti, qui mihi
ipsas res ex p*ro*ienie parentor*um* meor*um* legib*us* ouenerunt. | Qui sunt
in pago Auenico, ubi dicitur Septem Canes, in illo clauso, ibiq*ue* dono ad
ipsum monasteri*um* semodiatas III de uinea | culta qui ab& de uno lat*us*
dextros xLv & medio, de alio lat*us* xL, de uno fro*n*te dextros xxiii, de
alio lat*us* dextros xxi; consortes, de uno latus Durante | , de alio lat*us* me
donatore, de uno fro*n*te t*er*ra Sa*nc*to Tyrso, de alio fro*n*te Aimerato uel
si quis alii su*n*t consortes. & faciat ipse monas | terius uel ipsi monachi[1],
qui ibidem D*e*o seruiunt, teneant & posideant & in illor*um* p*er*maneat
potestate omniq*ue* temp*or*e ; Sane | , si quis ego aut ullus omo de propin-
quis parentib*us* meis, qui contra ipsum monasteri*um* uel ipsos monachos

---

1. La syllabe *na*, en interligne.

qui ibidem Deo ser | uiunt ire, inquietare uoluerit, componat auri libram
unam & in antea presens donacio mea omnique tempore firma estabilis
per | maneat cum stipulacione interposita pro omne firmitate subnexa ;
Facta donacione ista in Aduenione ciuitate, in mense | aprile, anno
XXXVI regnante Conrado rege Alamanorum siue Prouincie, indicione V.
Signum Ioannes qui hanc donacione | ista fieri & testes firmare rogaui
manu sua firma [1].

  Signum Anestasius presens. Aimerato teste. Ricardo teste. | Pon-
cione teste. Martinus firmaui. Adramnus firmaui. Adalbaldus firmaui |

Poncia firmaui in locum medietate, hunde filia mea uiuit, | teneat
ipsa uinea in seruicio [2] p|an|em(?) & carnem & uinum & sestarium I de
annona |

 Lanbertus presbiter scripsit. 

LXVI

Avignon, 1er avril 976.

*Restitution par Landry, évêque d'Avignon, aux chanoines de Saint-
Étienne, de deux moulins près de* Cateracta *et des dîmes qu'il leur
avait enlevées : il leur cède de plus deux maisons qu'il a fait construire,
pour qu'ils y habitent, près de l'église de Notre-Dame major.*
Confirmation postérieure de cet acte par l'évêque Garnier.

A. Original perdu. — *B.* Copie du XIIe siècle : Arch. départ. de Vaucluse, G, chapitre métropolitain, 27 provisoire, fol. 26, f. 44, cap. 39 (*Carta de Cataracta et duobus molendinis*). — *C.* Copie : Bibl. d'Avignon, ms. 2776, fol. 245. — *D.* Copie :
Ibidem, ms. 2399, fol. 29.
a. Gallia christiana, t. I, *Instr. eccl. Avenion.*, p. 139, no VII. — *b.* [L. Duhamel], *Le
Canal de Vaucluse. Historique et documents*, t. I (976-1582), p. 1-2, no I.

In nomine sanctę et individue Trinitatis, Landricus, gracia Dei episcopus, intuens casum meę fragilitatis, pro remedio animę meę, restituo et
ab integro reddo canonicis Sancti Stephani nostrę sedis quasdam res quę

---

1. Suit une ligne et demie raturée.
2. Ce qui suit a été biffé, puis récrit.

illis jure succedunt, quas ego hucusque recognosco me non possedisse,
id est molendinos duos apud Cateractam et quicquid in vineis, in campis
et in decimis, in nostra diocesi, illis injuste abstuli. Preterea, cede [1]
supradictis canonicis Sanctę Marię et Sancti Stephani mansiones duas,
quas ego ideo construxi ut ipsi eas omni tempore possedissent. Sunt
autem ipse due mansiones prope ęcclesiam Sanctę Marię majoris. Si
autem evenerit, quod minime credo, ut aliquis ex successoribus meis seu
quislibet homo cartam ad irrumpendum surgat, non vendicet quod temp-
taverit agere, sed iram et maledictionem Dei omnipotentis percipiat et
cum Juda traditore in inferno dampnetur et cum ipso perpetuo dampnetur anathemate. Facta carta ista in Avenionne fuit, kalendis aprilis, anno
ab | incarnatione Domini DCCCCLXXVI. *Signum* Vualchaudus, sanctę
ęcclesię Cabilicensis episcopus, firmavi manu propria. Silvester episcopus
firmavit. Guilelmus comes firmavit. Rotbaldus comes firmavit. Signum
Landrici presulis, qui hanc cartam fieri jussit et testes hanc firmare rogavit, manu sua firmavit. Bermundus vicecomis firmavit. Eldebertus firmavit. Adalelmus firmavit. Leutfredus presens fuit. Ridfredus firmavit.
Isnardus presens fuit. Item Isnardus.

Vuernerius humilis episcopus Avennionensis [2].

Durandus presbiter scripsit.

LXVII

Arles, septembre [974-976?].

*Don d'Arantrude, pour le repos de l'âme de son aïeul et de son aïeule,
Robert et Arantrude, de sa mère Ermentrude, aux prêtres Daniel et
Agilbert, de trois* semodiatae *de vigne cultivée, provenant de l'héritage
de ses parents, qu'elle possède au comté d'Avignon, dans le canton Rou-
bian, sur le terroir du village de Tarascon, au lieu dit Virlas, en sti-
pulant que ces biens, après la mort des bénéficiaires, retourneront à
Saint-Pierre où Arantrude doit reposer. Ce don est confirmé par sa mère
Ermentrude, sa sœur Guiburge, son mari Autric, sa fille Pontia, par
Lambert l'aîné et le viguier Bonfils.*

---

1. *Sic.*

2. Cette souscription confirmative a été apposée, bien entendu, après la mort de
Landry : elle émane de son successeur.

A. Original disparu. — *B.* Copie du XIIe siècle : Arch. départ. des Bouches-du-Rhône, H, Saint-Victor de Marseille, Grand cartulaire, fol. XLV (*Carta de Rupiano*).

a. Guérard, *Cartulaire de Saint-Victor de Marseille*, t. I, p. 199-200, n° 170.

Auctoritas &enim iub& ecclesiastica & lex precepit romana ut, quicumque rem suam in alicumque transfundere uoluerit potestatem, per paginem testamenti eam infundat ut prolix[2] temporibus secura & quietat[3] permaneat. Igitur, ergo[4] Arantrudes cesatrix adque donatrix ad Daniel & ad Agilberto presbiteros, una pro Dei amore & pro remedium auium meum & auia & mater mea & me ipsa pecatrice is nominibus Rodberto & Arantrude & Ermentrude, ut Deus omnipotens dimittat omnia peccata nostra, propterea cedo uel dono aliquid de propietatem mea, qui mihi ex proienie parentorum meorum legibus obuenit; est in comitatu Auinionense, in agro Rupiano, in terminio de uilla Tarascone, in loquo qui dicitur Uirlas ibique dono ad ipsos presbiteros de uinea culta semodiatas III ; consortes, de no[5] latus & uno fronte Bonfilio leuita, de alio latus Bonutio, de alio uero fronte terra Sancti Cessarii ac si quis alii sunt consortes. Eo actenus tenore, quandiu Daniels et Agilbertus presbiteri uixerint teneant & possideant. Post obitum uero, opus Dei & Sancti Petri reuertant, ubi ego Arantrudes requiescit. Sane, si quis ego aut eredes mei uel ullus homo contra donatione & elemosina ista ire, agere uel inqui&are uoluerit, non ualeat uindicare quod rep&tit, primus ira Dei omnipotentis & omnium sanctorum incurrat & induantur maledictione sicut uestimentum & intrauit sicut aqua in interiora eius & sicut oleum in ossibus eius & tales maledictio quas uenit super filios Israel sicut Datan & Abiron & non ualeat uindicare quod repetit, se componat de auro libra I & in antea elemosina ista firma stabilis permaneat omnique tempore. Facta donatio ista in Arelate ciuitate, publice, in mense setimber, anno XXXVII regnante Conrado rege. Signum Arantrudes qui hac cartulam scribere & firmare rogauit manu sua firma. Signum Ermentrudes mater mea et soror mea Vuitburgus uoluerunt & consenserunt manus illorum firmauerunt. Signum Autrigus uirus suus uoluit & consensit et firmauit & filia sua Pontia firmauit. Signum Lambertus maior firmauit. Signum Bonfilius uicarius firmauit. Signum Richelmus firma-

---

1. Ce qui suit a été biffé et ensuite récrit.
2. *Sic.*
3. *Sic.*
4. *Sic.*
5. *Sic.*

uit. Signum Vuadaldus firmauit. Signum Daidonatus firmauit. Signum
Aicardus firmauit. Signum alius Aicardus firmauit. Signum Ermenfredus
firmauit.

LXVIII

Arles, 6 avril [955-979].

Don par Domedia, *religieuse, à Montmajour de tout ce qu'elle tient
légalement dans le pays d'Avignon, sauf ce qu'elle y a concédé aux
prêtres Ainard et Aimery, dans le comté d'Arles, dans l'île de Saint-
André et dans le village de* Columnata, *sauf ce qu'elle y donne à l'abbé
Garnier ou à Thibert et Donat, dans le canton d'Argens au lieu dit « à
la Palud » soit trois* semodiatae *de vigne cultivée. Ce don est approuvé
par Ayrard, évêque* [de Carpentras et prévôt d'Arles], *par Garnier, abbé*
[d'Arles].

> *A.* Original : Arch. des Bouches-du-Rhône,' H, Montmajour, carton 900-1200. Par-
> chemin 405ᵐᵐ large × 252ᵐᵐ haut. Lignes à 10ᵐᵐ (non tracées à la pointe ?) ;
> marge de 20ᵐᵐ à dextre marquée par un pli, de 30ᵐᵐ à senestre, irrégulière et non
> marquée. Lettres de 2ᵐᵐ. Initiale 7ᵐᵐ. Encre jaunâtre. La souscription d'Ayrard,
> d'une encre plus noire, et celles des témoins ont été apposées avant que le scribe
> eût fini d'écrire l'acte. Le texte s'arrêtait à *concedo* ; on a récrit ensuite, à partir de
> *& in agro Argentea.* Au dos : « CARTA DOMIDIA | .... | Nᵒ 441 | nᵒ 1019 | nᵒ 4. »
> *a.* Du Roure, p. 36-37.

Omnibus in Xp*isto*, lic& fidelibus. Dum cannonica & catholica auctoritate p*er*sistimus, no*n* actiua, sed contemplatiua uita p*er*scrutare debe-
mus, dicente Do*m*ino | : « du*m* in hoc *secu*lo uiuim*us*, bonoru*m* ope-
ru*m* operando cessare no*n* debemus » & ita p*er*ficiam*us* in hoc presenti,
ut in futuro cu*m* electis portione*m* mereamu*r* habere. Igit*ur*, ego Domedia, humillima Deo deuota, dono atq*ue* conc*e*do locu*m* Deo, *Sancte* Mariae
& *Sancti* P&ri monasterio, Monte Maiore sito, pro remediu*m* anime
genitori meo | & genetrice mea & parentor*um* meor*um* & remediu*m*
anime meae & ut D*eus* omn*ipotens* absoluere ea*m* dign&ur ab om*n*i uinculo
peccator*um* & a penis inferni liberare | , *pro* terra c*e*do ad p*re*dictu*m*
cenobiu*m* rebus propri&atis meae, qui mih*i* obuener*unt* legibus, hoc est
in pago Aduenionense, quantu*m* mih*i* pax obuenit u*e*l obuenire deb&, |
excepto hoc qu*e* Ainardu*m* presb*iter*u*m* & Aimericu*m* presb*iter*u*m* p*er*
cartula donationis concessi, totu*m* & ab integru*m* in ca*m*pis & de uineis,
in quib*us*cu*m*que locis mih*i* | pax obuenit, ad p*re*dictu*m* locu*m* dono &
in co*m*mitatu Arelatense & in insola *Sancti* Andre*ç* & in uilla Columnata,

excepto hoc q*uo*d dono Uuernerio abb*ati* & | excepto q*uo*d dono Teut-
b*er*tu*m* & Donatum, om*n*ia & in om*n*ib*us* quanta*m* hereditate*m* uisa sum
habere, sic*ut* suprascriptu*m* es*t*, ad p*re*fatu*m* cenobiu*m* & monicos ¹, ibi_
dem | seruientibus, dono, trado adqu*ę* transfundo ad possidendi, tenendi,
fruendi, iure p*er*p&uo dominandi atq*ue* hereditandi, absq*ue* alicui*us*
inqui&u | dine in s*ecu*la sempit*er*na concedo & in agro Argentea, in
loco denominato Ad ipsa palude, ibi dono uob*is*, de uinea culta, semo-
diatas III & sunt int*er* consor | tes, de uno lat*us* Sussanna, de alio lat*us*
Astasius, de uno fronte uia publica, de alio uero fronte Gudestia ac si
quis alii sunt consortes, quicquid ab ac die p*re*sente exinde face | re
uolueritis, id est abendi, uindendi, cedendi, donandi uel p*er*donandi. Sane,
si quis ego aut ullus de heredibus uel p*ro*pinquis parentibus meis aut ulla
oposita p*er*sona aut in contra | hanc cartula*m* cessionis uel donacionis,
ista no*n* habeat licencia*m* uindicare q*uo*d repetit, s& componat tantu*m* &
aliu*m* tantu*m* quantu*m* ipsas res eo te*mpore* melioratas ualere potuerint |
& in antea cessio uel donacio ista firma & stabilis p*er*maneat om*n*iq*ue*
te*mpore*. Actu*m* in Arelate ciuitate, puplice, VIII idus ap*ri*lis, regnante
| Conrado rege Alamannor*um* seu Prouincie. Ego Dumedia femina, Deo
deuota, qui hanc cessione uel donacione ista fieri iussit & testes | firmare
rogaui manu sua firma. |

    Ayrard*us* humilis ep*iscopus* subt*er*firmauit. |

    Vuarnarius abb*as* firmauit. |

    Poncius firmauit. Raganb*ertus* firm*auit*. Arhimbertus firmauit. Lan-
b*ertus* firmauit. Amalricus firmauit. |

    + Abone t*este*. Alderigo t*este*. Poncione t*este*. Lainulfo t*este*. Ricardo
t*este*. |

    + Hodilus presbit*er* rogitus scripsit. |

LXIX

Avignon, 12 mai 979.

*Mandement de Gauchaud, évêque de Cavaillon, du conseil de son sei-
gneur le roi Conrad et du marquis Guillaume, fondant dans la vallée
de Vaucluse un monastère en l'honneur de Notre-Dame et de Saint-
Véran, où il place des religieux de son diocèse auxquels il attribue, pour*

---

1. *Sic.*

leur entretien, la moitié des dîmes de cette vallée et deux moulins, à charge d'observer la règle prescrite et de demeurer sous l'obéissance des évêques ses successeurs; il leur donne, au surplus, la moitié des vignes qu'il possède dans cette vallée ou qui s'y trouvent sous son domaine ; il ratifie d'avance tous les dons, entre vifs ou testamentaires, que les habitants de la vallée leur feront.

L'archevêque d'Aix, l'évêque d'Avignon et les chanoines de Saint-Véran de Cavaillon approuvent cette fondation.

> *A*. Original : Arch. départ. des Bouches-du-Rhône, H, Saint-Victor, 6. Parchemin 459mm +... large × 200mm haut. Lignes à 13mm. Marge à dextre de 15mm. *Initiale en marge*. A senestre, rongé par les rats. Lettres de 2mm. Initiale de 6mm. Quatre mains différentes. Au dos, collée sur parchemin, cote du xixe siècle : « Archives Saint-Victor | n° 505 ». Cote actuelle : « 16 ». — *B*. Copie du xviiie siècle : Bibl. d'Avignon, ms. 2399, fol. 30.
>
> *a*. Martène, *Veterum scriptorum collectio amplissima*, t. I (1724), col. 330.
>
> Ind. Guérard, t. II, p. 510, n° 1043, analyse et date.

Diuina suffragan[te cleme]ntia & *sanctarum* [sci]mus serie s[cripturarum quod q]uislib& *sanctorum* locorum ad perficiendum d[iuini] cultus officium co*n*struxerit [ecclesi]a*m* [uel] edifica[uerit monasterium et illud locupl]&auerit bonis, di[gnus erit ut in paradiso] | *perp*&uam accipi& re[tr]ibutionem, Quocirca, ego V[u]alca[udus, di]u[in]o fauente iuuamine Cauellicensis ecclesiae humilis pręsul, ut om[nipotens] D*eus*, p*er* int*er*uent[ionem Sanctae Dei genitricis Mariae at]*que* beati confessori[s Xpisti Uerani, me] | absoluere dign&ur ab om*ni* uinculo delictor*um* & ad gaudia p*er*ducere &*er*na, cum consilio senioris mei Chuonradi regis atq*ue* incliti marchionis Vuilelmi, construo atq*ue* ed[ifico mo]nasteriu*m* infra meam d[iocesim, iuxta ecclesiam] | quę in Ualleclusa sita fore uid&ur. Vbi &iam quosdam religiosos, ex mihi a D*eo* commissa ecclesia, mitto sacerdotes qui hui*us* sec*u*li abrenunciantes pompam, ardent*er* glisc[unt] relig[io]sor*um* imitari uestigia monacor*um* : eosq*ue* [insimul] | informo quatin*us* inibi regulare deinceps desudent implere officium. Quib*us* &ia*m* tribuo, ad uictu*m*, medi&ate*m* e[x] decimis suprascriptę uallis & duos molendinos, ea instante ratione ut, tam ipsi qua*m* posteri illor*um*, si regul[ariter uiuent] | , firmit*er* teneant absq*ue* ullius hominis int*er*pellatione. Eos quoq*ue* iubeo *esse* sub pia dicione episcopor*um* Cauellice[nsis ecclesie], ut ipsi ceu boni pastores sup*er* eos inuigilent. &, si forte aliquis eor*um* oberrauerit, pastorali coerceant [ferula et monachi] | supradicti loci, iuxta *sanctorum* canonu*m* instituta, suis se subiciant ep*iscop*is & q*uod* humilitate religionis in illor*um* potestate consistant. Si a[utem], q*uod* absit, aliquis ex successorib*us* meis seu quislib& homo

huiuscemodi donum al[iquo] tempore irrump[ere uoluerit, non] ¦ perficiat
sed omnipotentis Dei iram & maledictionem incurrat &, post istius uitę
finem, in inferno cum Iuda traditore damn&ur perp&uo anathemate ac
decem libras auri monachis in ipso monasterio Deo famulantibus coactus
compon[at et] postea hęc in s[ecula seculorum perpetuum] ¦ obtineat
uigorem. Facta est[1] hęc donatio seu institutio Auenione, IIII IDus MAII,
ANno dominicę incarnationis DCCCC LXXVIIIJ, indictione VIJ^{ma}.

Tribuo[2] namque ad supradicta aecclesia Sancte Mariae & Sancti Uerani
confessori Xpisti, de mea parte, medietatem de uineis que in presenti in
illa ualle esse uidentur & in antea, quantum ipse in suo do[minio habe]-
¦ re potuerint, absque ullius contradicione teneant, eo tenore quod
supra insertum esse uidetur. E[t][3] omnem hereditatem seu donationes
quod homines, qui inibi [sunt, facer]e, sub tramitere [... uolu]erint la
[.....] ¦ [ab hoc] die & in antea detulerint, hoc totum monachi
[supradicti monasterii uel successores eorum] ¦ [habeant et faciant de
ipsas res quicquid uoluerint, teneant et possideant et in illorum perma]
neat potestate] ¦

Signum Uualcaudi episcopi, qui donacionem istam scribere iusi & testibus firmari rogaui, [manu mea subterfirmaui][4] ¦

Sig-+-num Siluestri ar-
    chiepiscopi Aquensis
    ecclesiae ¦
Sig + num Vuarnerii
    Auenionis ecclesie
    [episcopi] ¦
Sig + num Vuilelmi
    comitis[5] ¦

[6]Chanonicis Sanctae
Mariaę uel S[ancti Ue-
rani............ firma]
¦ uit; Dodo firma-
uit. [G]airar[dus fir-
mauit....... firma-
uit. Alba(?)]‖ricus fir-
mauit. Rod[uinus (?)
firmauit.... firma-
uit..... firmauit
Bertran(?)] ¦ dus fir-
mauit.. ¦

[...teste (?).] ¦
[..........] ¦
[..........] ¦
[..........] ¦

Durandus presbit[er rogitus scripsit][7] ¦

---

1. Ce mot est figuré par l'abréviation ÷.
2. A partir de ce mot, la main et l'encre changent.
3. A partir d'ici, nouveau changement d'encre et de main.
4. Cette souscription, de la main et de l'encre de la phrase *Tribuo*.
5. Les trois souscriptions de la 1re colonne de dextre, de la main et de l'encre de l'addition *Et omnem*.
6. Les souscriptions de cette colonne, d'une nouvelle encre et d'une autre main.
7. De la même main que l'addition *Tribuo*.

LXX

Arles, [977-979].

Bail par Itier archevêque, Ayrard évêque [de Carpentras, prévôt] et les chanoines de Saint-Étienne d'Arles au prêtre Rainoux et à Guigues d'une modiata *de terre dans le comté d'Arles, au canton d'Argens, près de l'église Saint-Pierre de* Lacunas *qu'ils devront planter en vignes de sorte que, le travail fait, ils en garderont la moitié pour eux en alleu, sauf le droit de prélation pour Ayrard dans le cas où ils voudraient vendre cette moitié.*

Garnier, évêque d'Avignon, précédemment abbé d'Arles, Riculfe, évêque de Fréjus, précédemment prévôt d'Arles, confirment ce bail.

> *A.* Original disparu.— *B.* Copie du xiie siècle : Arch. d'Arles, fonds Véran, Authentique du chapitre d'Arles, fol. 20 vo-21 vo, no XVIII (*De Argentea*).
>
> *a.* Albanès, *Gallia christiana novissima. Arles,* col. 123, no 280.

In Dei nomen. Conuentia seut promissionis qualiter conuenit inter domnum Hyterium archiepiscopum & domnum Ayrardum [1] episcopum uel cannonici Sancti Stephani apud aliquos homines nomen Rainulfo presbitero & Guico d'Aunicia. Noscitur quomodo conuenis& inter illos de terra egresta. Est in comitatu Arelatense in agro Argentea prope aecclesia Sancti Petri in loco denominato, ubi dicitur Lacunas, hoc est de terra modiata una meliorata. Consortes, de ambosque latus terra hebreorum, de uno fronte uia publica, de alio fronte sem&ario concurrente ad aecclesiam Sancti P&ri ac si quis alii sunt consortes. Per tale uero conuentum, ipsi laboratores suprascripti ipsa terra cum bono studio plantare, uitis fodere & propagare & fossadare studeant &, cum bene aduineata fuerit, ipsi laboratores suprascripti de ipsa uinea unam medi&atem ad proprium alodem accipiant &, si necessitas illorum aduenerit & uenundare cupiunt illorum medi&atem, non liceant uenundare nisi ad domnum Eyrardum episcopum uel cannonicis Sancti Stephani, per tale uero precium sicut boni homines preciauerunt et, si emere noluerint, uendant cui uoluerint & faciatis ipsi laboratores quiquid uolueritis habendi, uendendi, dandi uel commutandi uestrisque heredibus derelin-

---

1. D'abord *Ayardum.*

quendi in omnibus, in Dei nomen, habeatis integram licentiam & potestatem. Sane, si quis ego uel successores Sancti Stephani qui contra
conuenentia ista ire, agere uel inqui&tare uoluerit, non ualeat uindicare
quod repp&it, sed componat uinculum auri optimi uncias III et, in
antea, conuenentia ista firma & stabilis permaneat omnique tempore.
Facta conuenentia ista in Arela ciuitate, publice, ante domnum Eyrardum
episcopum, anno XXXVIII regnante Gonrado rege. Signum Eyrardus
episcopus qui hanc cartam scribere fecit & testes firmare rogauit. Garnerius
episcopus firmauit. Riculfus episcopus firmauit. Adalbertus firmauit.
Ricardus firmavit. Helyas firmavit. Berardus firmavit. Vitalis firmavit.
Brictius firmavit. Danihelis firmavit. Constantinus firmavit. Arrate firmavit. Aurucius firmavit. Ainardus firmavit.

LXXI

Avignon, [966 ? ou 979 ?].

Don par Avencius, prêtre, à Montmajour, de quatre modiatae *de
vigne qu'il tient par héritage de ses parents dans le pays d'Avignon, au
lieu dit « à la Route ».*

> *A.* Original : Arch. départ. des Bouches-du-Rhône, H, Montmajour, carton 900-1200.
> Parchemin . . . + 390ᵐᵐ large × 142ᵐᵐ haut. Lignes à 8ᵐᵐ. A dextre, détruit par
> l'humidité ; à senestre pas de marge. Lettres de 2ᵐᵐ. Encre jaunâtre. Tout de la
> même main. *Signum* de 14ᵐᵐ de long × 13ᵐᵐ haut. Au dos, cote du Xᵉ siècle :
> « In pago Auenico dedit | Auencius *presbiter* in uia salinaria ». Autres cotes :
> « Nᵒ 201 | nᵒ 1008 | n 5. »
>
> *a.* Du Roure, p. 39-40.

[Auctoritas enim iubet eccl]e[siastica] & lex consistit r[omana ut
unus]quisq*ue* omo, qui uult dimitere cupiditate t*e*rrena & mereare
celestia, dignu*m* & iustu*m* est ut unus | [quisque homo qui uult mise-
ricor] dia*m* & considerandi, quia grauiter sarcina peccatoru*m* reminiscor,
bonitate*m* Dei dicentis : « date elemosina*m* », dicit D*omi*n*us*, « & hec
omn*ia* mun | [da uobis » etiam di]cente : « consistid p*r*eparate, ut unus-
quisq*ue* homo sibi uiam in qua ad et*er*nam beatitudinem ualeat p*er*ue-
nire », sicut D*omi*n*us* in euuangelio | [: « Operamini non cibum qui
per]it, s& qui p*er*man& in uita*m* et*er*nam ». Igitur, ego Auencius *presbiter*
dono ad ecclesia Beati P&ri ap*os*t*o*li, monasterii qui e*st* in comitatu Ara-
laten | [si, in pago Au]enico, in loco ubi dicit*ur* Int*er* illa uia salinaria

& uia Magaise, ubi dici*tur* Ad illa rotta, cedo, dono adq*ue* transfundo
res p*ro*pias meas, qui m*ihi* ex p*ro*ie | [nie parentorum meorum] legib*us*
ouenit, hoc e*st* de uinea modiatas IIII. C*on*sortes de uno lat*us* & uno
fro*n*te ipsos plantatores, de alio latus Airardo p*res*bit*e*ro & eredes Roma-
rico | [condam laborato] re, de alio fro*n*te t*er*ra Sa*nc*to P&ro, monas-
teriu*m* de Cloinaco, & eredes Aigoni conda*m* u*e*l si quis alii s*un*t con-
sortes. In ea uero racione dono ad ipsu*m* monaste | [rium et fratribus qui
ibi] D*e*o seruiunt, in illor*um* p*er*maneat potestate u*e*l quiquit exinde agere
uoluerint in D*e*o seruicio, in om*n*ib*us* abeant licencia*m* & potestate*m* ad
posidendu*m*. | [Sane, si quis ego aut ullus omo] de p*ro*pinquis parenti-
b*us* meis qui co*n*tra hanc donacione*m* ista*m* ullu*m*q*ue* te*m*pore ire, inquie-
tare uoluerit u*e*l factu*m* meu*m* inru*m*pere conauerit, ira*m* & male | [dic-
tionem D*e*i incurrat] & cu*m* Iuda traditore in infernu*m* damnetur & sit
anathema maranatha & postea, penitencia ductus, co*m*ponat auri libra*m*
una*m* & in antea p*res*e*n*s ecclesi | [astica donacio mea omnique] te*m*-
pore firma estabilis p*er*maneat cu*m* stipulacione i*n*terposita p*ro* omne
firmitate subnexa. Facta donacione ista, in Aduenione ciuitate, in me*n*se
| [....anno XXXVII (?) regna*n*te] Co*n*rado rege Alamanor*um* siue P*ro*uin-
cie, indicione VII. Signu*m* Auencius p*res*bit*er*, qui hanc donacione ista
fieri & t*es*t*es* firmare rogaui; | [Signum. . . mandata]rio de ipsa carta.
Leotardo t*este*. Aigoino t*este*. Rainardo t*este*. Teotardo t*este*. Benedicto
t*este*. Gisalfredo t*este*. | Audino t*este*. Martino t*este*. |

 Lanbertus p*res*bit*er* amanuensus scripsit. 

LXXII

Avignon, février [982].

Don par Josué, à Montmajour, de trois semodiatae *de vigne cultivée,
qu'il tient par héritage de ses parents, dans le pays d'Avignon, au lieu
dit* inter Navis et Lanairates.

 A. Original : Arch. départ. des Bouches-du-Rhône, H, Montmajour, carton 900-
1200. Parchemin 289mm de large × 222 de haut. Lignes à 8mm (non tracées à la
pointe); marge de 19mm à dextre marquée par un pli. Pas de marge à senestre.
Lettres de 2mm. L'initiale a 2mm. Encre jaunâtre. Tout est de la même main.
Seing 17mm de long × 13mm de haut. Au dos : « N° zoo | n° 1015 | N° 13. »
 a. Du Roure, p. 53-54.

Auctoritas &enim iub& ecclesiastica & lex consistid romana ut, qui-
cumqu*e* iura | sua in qualicumqu*e* potestate transfundere uoluerit, p*er*
paginem testamenti | eam infundat, ut p*r*olixis temporibus secura & quieta
permaneat; Quaprop*ter*, ego Josue | , auctoritate secutus, dono ad monas-
terium S*ancti* P&ri, qui *est* edificatus in comitatu | Arelatense in mo*n*te
q*ue* nominant Maiore, de res p*r*opias meas, qui *mihi* ex p*r*oienie paren- |
toru*m* meoru*m* legib*us* ouenit, p*r*o remedii & liberacione anime meae u*el*
ut mihi pius D*omin*us | , per intercessionib*us* s*a*nctoru*m* u*el* oraciones
sacerdotu*m* u*el* monacoru*m*, ueniam p*r*estare dignetur | . Qui sunt ipsas
res in pago Auenico, ubi dicitur Int*er* Nauis & Lanairates, in illo clauso,
ibiq*ue* | dono ad ipsu*m* monasterium semodiatas iii de uinea culta.
Consortes, de uno latus Bar | telmeo, de alio lat*us* uia puplica, de uno
fro*n*te me donatore, de alio fro*n*te t*er*ra ebreoru*m* | , u*el* si quis alii su*nt*
consortes. & faciant ipsi monachi & successores eoru*m* de ipsas res |
teneant & posideant & in illoru*m* permaneat potestate om*n*iqu*e* te*m*pore.
Sane, si quis ego aut | ullus omo de p*r*opinquis parentib*us* meis qui co*n*-
tra hanc donacione ista ire, inquie | tare uoluerit, co*m*ponat auri libra*m*
unam & inantea p*r*ese*n*s donacio mea om*n*iqu*e* te*m*pore fir | ma estabilis
permaneat, cu*m* stipulacione int*er*posita p*r*o omne firmitate subnexa. |
Facta donacione ista in Aduenione ciuitate, in m*en*se febroario, anno
XL^mo re | gna*n*te Co*n*rado rege Alamanoru*m* siue Prouincie, indicione x.
Signu*m* Iosue qui hanc | donacione ista fieri & t*estes* firmare rogaui manu
sua firma. Signu*m* Arnulfus p*r*ese*n*s. | P&rone t*este*. Ioanne t*este*. Costancio
t*este*. Cristophoro t*este*. Sperand*e*o t*este*. Vrsione t*este* | . Rainaldo t*este*.

 Lanbertus p*r*esb*iter* amanuensus scripsit. 

LXXIII

[25 mai 979-6 mai 982].

*Confirmation, par Brochard II archevêque de Lyon, Itier archevêque
d'Arles, Rodolphe fils du roi [de Bourgogne, Conrad], Gauchaud,
évêque de Cavaillon, Garnier évêque d'Avignon, du précepte émané le
15 août 949 de son prédécesseur Brochard I, archevêque de Lyon, Hilde-
bod évêque [de Chalon (?)], Maymbod évêque [de Mâcon], Gotiscalc*

*évêque [du Puy(?)] et Isard évêque [de Grenoble(?)], en faveur de l'ab-
baye Saint-Martin de Savigny.*

    A. Original : Archives départementales du Rhône, H, Savigny. Parchemin, 601ᵐᵐ
de large × 526ᵐᵐ de haut. Lignes tracées, à la pointe sèche et au *verso*, à 16ᵐᵐ.
Marge, à dextre et à senestre, de 25ᵐᵐ. *Chrismon* en marge de 85ᵐᵐ de haut ×
10ᵐᵐ de large : première ligne en grandes lettres de 13ᵐᵐ, entre deux lignes tracées
à la pointe sèche. Les autres lettres, de 3ᵐᵐ. Chaque souscription d'une main différente. La dernière ligne : *Datum per manum*, de la même main que le texte, c'est-à-
dire de *Cristanus*, mais d'une encre grisâtre ; tandis que le texte est d'une encre
brune. En effet, ce *datum* est postérieur au texte de trois mois. Les cinq souscriptions confirmatives ont été apposées trente ans après, pour répondre au vœu de Brochard Iᵉʳ, par son successeur et les évêques de Provence présents avec lui. Les quatre
premières sont d'une seule main : la dernière, d'une main différente et toutes les
cinq dans un espace resté libre à dextre sous la signature primitive de *Buborcardus*.
    a. Aug. Bernard, *Cartulaire de l'abbaye de Savigny*, Paris, 1853, p. 35-38, nᵒ 38. —
    b. *Musée des archives départementales*, p. 27, nᵒ 13.

. . . .

Sig*num* Burchardi archie*piscopi* Lugdunensis sedis. Sig*num* Icterii
archie*piscopi*. |
Sig*num* Rodulfi filii regis. |
Sig*num* Uualchaudi e*piscopi*. |
Sig*num* V[uarn]erius Auennionensis e*piscopus*. |

LXXIV

Avignon, 6 mai 982.

*Don par Garnier, évêque d'Avignon, au monastère Saint-André et
Saint-Martin sur le mont* Andaone *des églises de Notre-Dame, de
Saint-Étienne, Saint-Jean, Saint-Quirice, Saint-André et Saint-Paul
au pied du mont Gaussier dans l'*Ager Fretensis *et, près de là, de celle
de Saint-Pierre vers la voie d'Arles avec leurs dîmes et leurs menses, sous
le cens de 3 livres de cire, le jour de l'Assomption. Ce don est confirmé
par les chanoines, par Thierry, évêque de Cavaillon, par Amalric,
évêque [d'Aix, et par Humbert, évêque] de Vaison.*

    A. Original perdu. — *B*. Copie du xiiᵉ siècle perdue : Cartulaire de Saint-André,
fol. 44. — *C*. Copie du xviiᵉ siècle : Polycarpe de la Rivière, *Annales* (Bibl. de
Carpentras, ms. 503), p. 591-592. — *D*. Copie du xviiᵉ siècle : Bibl. d'Aix,
Méjanes, ms. 911 (Bouquier, t. III, p. 5 : « ex cartario S. Andreae », p. 44). —

E. Copie de Massilian : Bibl. d'Avignon, ms. 2399, fol. 33, n° 23. D'après le recueil de M. Bouquier, t. III, p. 5. — *F.* Copie du xviiie siècle : Bibl. d'Arles, fonds Bonnemant, ms. 97, coté « Églises étrangères, t. II », pièce 16.

a. Deloche, *Saint-Remy de Provence*, p. 107-108 du t. XXXIV, 1re partie, des *Mémoires de l'Académie des inscriptions et belles-lettres*, et p. 59-60, n° III du tirage à part.

Extr. : Papon, *Histoire de Provence*, t. I, p. 85.

In nomine Jesu Christi, veri et aeterni Dei. Ego Warnerius, Auenionensis ecclesiae humilis episcopus, eiusdem Jesu Christi seruus. Veteris et noui conclamat series testamenti eos, qui terrena dona pauperibus tribuunt atque de suis opibus in Ecclesia Domini militantes sustentant, ab eo aeterna praemia recepturos, qui in judicio suis dicturus est : « venite benedicti patris mei » et hoc quod sequitur, vt in euangelio veritas jubet : « Date eleemo | synam » et iterum : « thezaurizate vobis &c » et quod bonus pater filio dicit : « eleemosyna animam a morte liberat et non permittit ire in tenebras » et quidam alius : « redemptio animae, propriae diuitiae. » His igitur recte animaduersis, vt arbiter totius orbis meae peccatricis animae in die tremendi examinis dignetur misereri atque per intercessionem seruorum Dei in illa mansione quae regis regum conspectu perfruitur suorum efficiat consortem fidelium, dono, monachis qui in coenobio Sancti Andreae et Sancti Martini, quod esse constat infra nostram diocesim in monte Andaone super fluuium Rodani, modo famulantur Deo et futuris temporibus illic diuinum egerint ministerium, aliquid ex rebus mihi commissae ecclesiae hoc est, ecclesias, vltra fluuium Durentiae in agro Fretensi ad radicem montis Gauserii, Sanctae Mariae et Sancti Stephani, Sanctis Johannis ¹, Sancti Quirici necnon Sancti Andreae vel Sancti Pauli ; et, in alio loco ibidem adhaerente, iuxta viam Arelatensem, Sancti Petri, cum decimis & terris cultis et incultis, siue cum hominibus que illis attinere videntur seu pertinere, tribuens eis potestatem, semota omni inquietudine, tenendi et possidendi. Praecipio enim vt abbas et monachi, qui sub eo in ipso monasterio manserint, praedictas sub omni integritate obtineant ecclesias et per singulos annos, in assumptione Sanctae Mariae, tres libras cerae in censum fideliter persoluant. Supplico tandem omnes successores meos ne hoc donum inquietare praesumant; sed magis, cum charitate affirment et fratribus in praedicto monasterio commorantibus ordinationem tempore opportuno tribuant terrenisque, si facultas permiserit, opibus sustentent eisque in nullo molesti existant, nisi, quod Deus auertat, a sui propositi tramite eosdem

---

1. Le ms. 2399 donne *Juliani*.

deuiare viderint. Et hoc testamentum, vt futuris temporibus inconuulsum obtineat vigorem, manibus canonicorum meorum insigniri jussi. Actum publice Auenione pridie nonas maii, anno Dominicae incarnationis DCCCCLXXXII, indictione Xª.

Signum Warnerii humilis episcopi, qui hoc testamentum scribi et firmari jussit.

Signa Warnerii, Durandi et aliorum canonicorum.

Signum Theudorici, episcopi Cauallicensis.

Signum Amalrici, episcopi [Aquensis][1].

[Signum Humberti, episcopi] Vasionensis.

Willelmus comes voluit, consensit et firmauit.

Eldebertus, Adalelmus, Lambertus Dodonus firmauerunt.

Hugo presbyter scripsit[2].

LXXV

Arles, 17 avril [983?].

Don par Guillaume, marquis de la Provence arlésienne, à son cher et amé Hugues d'une condamine qu'il tient à titre légal dans le comté d'Avignon, au canton Roubian, au lieu dit : « A la lône ». Ce don est approuvé par la comtesse Arsinde, par les deux juges Heldebert, Garbois et par le viguier Bonfils.

> *A*. Original : Arch. départ. des Bouches-du-Rhône, H, Saint-Victor, 6. Parchemin
> 346ᵐᵐ de large × 266ᵐᵐ de haut. Lignes à 10ᵐᵐ; pas trace de réglage. A dextre,
> 17ᵐᵐ de marge non réglée ; à senestre, environ 20ᵐᵐ de marge irrégulière. Lettres de
> 2 à 3ᵐᵐ. Initiale de 9ᵐᵐ. *Chrismon*, en marge, de 21ᵐᵐ de haut × 8ᵐᵐ de large.
> Encre brune. Tout de la même main. Au dos, cote du xiᵉ siècle : « De la lona. »
> Du xviᵉ siècle : « Auignón | Nº 13. » Du xixᵉ siècle : « Archives | Saint-Victor
> | nº 38 ». Actuellement au crayon bleu : « 15 ».
>
> *a.* Guérard, t. II, p. 509-510, nº 1042.

 Auctoritas &enim iub& aecclesiastica & lex precepit romana ut, quicunque rem suam in alicunque transfun | dere uoluerit, potestatem per

---

1. Il faut forcément admettre que le scribe du Cartulaire de Saint-André, au xiiᵉ siècle, aura omis de transcrire une ligne contenant la fin de la souscription d'Amalric et le début de la souscription d'Imbert.

2. Polycarpe dit, p. 591 : « Haec charta quae hactenus feliciter custodita in Archivis eiusdem monasterii..... » Et, en marge : « Habetur in cartario S. Andreae, fol. 44, mihi benigne commodato a RR. coenobitis eiusdem decano, sacrista, etc... »

paginem testamenti eam infundat, ut prolix temporibus [1] secura & qui&a permaneat. | Dilecto atque amabile mihi Ugone, ego, in Dei nomen, Uuilelmus, marchius Arelatense Prouintię, ces | sor atque donato, una pro amore & beniuolenti& uę [2] que circa te habeo & quod semper bene humiliter mihi ser | uisti, proptea [3], cedo uel dono tibi aliquid de propi-&atem meam, qui mihi legibus obuenit, in comitatu | Auinionense, in agro Rupiano, in loco que nominant : A la lona, ibique dono tibi, d&-erra [4] culta & | inculta, condamina I. Qui hab&, per longo, dextros de ambos latus CCxLviiij & in queque | frontes dextros Cxxx. Con-sortes, de uno latus, lona aquarum, de alio latus & uno fronte terra | uicinabile, de alio uero fronte, terra Sancti P&ri & Uuilelmo, ac si qui alii sunt consortes. & facias | quiquid uolueris habendi, uendendi, dandi uel comutandi tuisque heredibus derelinquendi, in Dei | nomen, habeas integram licenciam & potestatem. Sane, si quis ego aut heredes me [5] uel ullus homo con | tra donacione ista ire, agere uel inqui&are uoluerit, non ualeat uindicare quod rep&it, se [6] compo | nat in uinculum auri obtimi libra I & inantea donacio ista firma stabilis permaneat omnique | tem-pore, cu [7] stipulacione interposita pro omni firmitate subnexa. Facta dona-cio ista in Arelate | ciuitate, publice, XV KaLendas MADii, Anno xLij regnante Conrado rege. Signum [8] Uuilelmus | qui hanc cartula scribere & firmare rogaui manu sua firma. Signum Arsinda comitissa fir-maui. |

Signum Eldebertus. & Uuarbidus & Bonfilius judices, manus illorum firmauerunt., |

Signum Dodones firmaui. Signum Aicardus firmaui. Signum Uuilelmus firmaui. Signum Caballarius firmaui. |

Signum Casto firmaui. Signum Richelmus firmaui. Signum Bonfilius uicarius firmaui. Signum Laidrada [firmaui]. |

Aimericus presbiter rogitus scripsit.

---

1. *Sic*, les deux mots précédents liés en un seul.
2. *Sic*, les deux mots précédents liés en un seul ; il faut rétablir : *beniuolentię tuę*.
3. *Sic.*
4. *Sic*, les deux mots précédents liés en un seul : *de terra.*
5. *Sic.*
6. *Sic.*
7. *Sic.*
8. Le mot *Signum* est figuré ℥ pour toutes les souscriptions.

LXXVI

Arles, 31 décembre [981-983].

Bail par Itier, archevêque d'Arles, de quatre modiatae *de vignes, dépendant de la mense de Saint-Étienne d'Arles, au comté d'Avignon sur le village de Laurade, au lieu dit* Ufiano, *à la charge pour le tenancier de conduire jusqu'à la Durance la moitié des fruits que se réserve Itier, de bien nourrir, en temps de vendanges, celui qui récoltera les fruits et de payer chaque année seize deniers, avec le droit de jouir du bail sa vie durant et de le transmettre, après lui, à quelqu'un de ses héritiers.*

> *A.* Original perdu. — *B.* Copie du XIIe siècle : Archives municipales d'Arles, fonds Véran, Authentique du chapitre d'Arles, fol. LXIII v^o-LXIV r^o, n° LXX : *De LAVRADA*).
>
> *a.* Albanès, *Gallia christiana novissima. Arles,* n° 281.

In Dei nomine. Conuenentia seu promissionis qualiter conuenit inter domnum Yterium, archiepiscopum sancte sedis Arelatensis, apud aliquem hominem nomine   [1]. Noscitur quomodo conueniss& inter illos de uineas cultas quę sunt Sancti Stephani, in comitatu Auinionense, supra uilla Laurata, in loco denominato Ufiano. Hoc sunt de uineas modiate IIII simul tenentes. Consortes, de uno latus & uno fronte uias publicas, de alio latus Teuterio, de uno fronte Guidone ac si quis alii sunt consortes. Per tale uero conuentum, ut ipse laborator una medi&ate usque ad flumen Durentia, salua custodia, peruenire faciant ad opus domni Yterii, uel cuius beneficius erit, et, in tempore uindemiarum, ipsum bene pascant qui ipsos fructus receperit &, per queque annum, deferant in oglogias denarios XVI. Quamdiu uixerint, teneant & possideant ; Post obitum uero illorum, ad unum heredem quem eligere uoluerint, ipsas uineas in ipsa conuenentia permaneant, quamdiu uixerint. Sane, si quis ego aut cuius beneficius erit conuenientia ista irrumpere uoluerit, non ualeat quod iniuste quęsierit, sed componat in uinculum de denariis   [2] solidos XX. &, inantea, conuenientia

---

1. L'espace, destiné à recevoir la transcription du nom, est resté vide.
2. L'espace d'un mot est demeuré vide.

ista firma & stabilis permaneat, sicut suprascriptum est, &, si ipsi laboratores uel heredes sui neglegentes fuerint, de ipsas uineas componant solidos
xx & in antea IN ipsa conuenentia simul permaneat. Facta est autem in
Arelate ciuitate, puplice, ii kalendas iaNuarii, anno XLII regnante
Rodulfo[1] rege.

LXXVII

Avignon, février [984(?)].

*Don par Rotard à Montmajour, d'une pièce de vigne, qu'il tient par
héritage de ses parents, dans le pays d'Avignon entre le village de* Candignanicus *et* Ceciliano, *sous réserve de l'usufruit, avec promesse
d'une charge de vendange comme cens annuel.*

> *A.* L'original, existant encore en 1889, paraît ne pouvoir se retrouver actuellement :
> Arch. départ. des Bouches-du-Rhône, H, Montmajour.
> *a.* Du Roure, p. 60-61, d'après l' « Original aux arch. des Bouches-du-Rhône colla-
> tionné ».

Auctoritas etenim jubet[2] [ecclesiastica et lex consistit romana ut quicumque rem suam in qualicumque potestate transfundere uoluerit per
paginem testamenti eam infundat, ut prolixis temporibus secura et quieta
permaneat]. Quapropter, ego Rotardus, autoritate secutus, dono ad
monasterium Sancti Petri, qui est edificatus in comitatu Arelatense in
Monte Majore, de res proprias meas, qui mihi ex projenie parentorum
meorum legibus ouenit, pro remedium et liberacione animae meae uel ut
mihi pius Dominus, per intercessionibus sanctorum uel oraciones monacorum, ueniam prestare dignetur. Qui est ipsa uinea in pago Auenico,
inter Candignanicus uilla et Ceciliano, in illo clauso, ibique dono ad
ipsum monasterium pecia de uinea culta qui abet de ambos latus dextros
xxv et in quisque fronte dextros x. Consortes, de uno latus et uno
fronte ipsa terra de ipso monasterio, de alio latus Ailulfo et de alio
fronte uia puplica uel si quis alii sunt consortes. Et faciant ipsi monachi
qui ad Sancta Maria et ad Sanctum Petrum seruiunt, teneant et posideant et in illorum permaneat potestate omnique tempore. Sane, si quis[3]
[ego aut ullus homo de propinquis parentibus meis qui contra hanc carta

---

1. *Sic.*
2. M. du Roure a omis le passage suivant.
3. M. du Roure a omis le passage suivant, de sorte qu'on ignore la quotité de
l'amende prescrite.

donationem istam ire, inquietare uoluerit, iram et malediccionem Dei
omnipotentis incurrat et cum Juda traditore in infernum damnetur et
postea, penitencia ductus, conponat auri huncias... Et in antea presens
donacio nostra omnique tempore firma estabilis permaneat cum stipulacione interposita pro omni firmitate subnexa.] Facta donacione ista in
Aduenione ciuitate, in mense febroario, anno XL^mo primo regnante Conrado rege Alamanorum siue Prouincie, indicione XII. Signum Rotardus
qui hanc donacione ista fieri et testes firmare rogauerunt et manus illorum firma. Signum Petrone teste. Teuderico teste. Sperandeo teste.
Aimerato teste. Rainaldo teste. Costancio teste. Joanne teste. In ea vero
racione, unde uiuo, tenea et posidea et, per unumquemque annum, in
uestitura saumata una de ipso fructo ad ipsos monacos reddam.

 Lanbertus presbiter amanuensus scripsit. 

LXXVIII

Arles, novembre [985 ?].

*Don par Guillaume à Montmajour d'une partie de ses biens qu'il tient
de par la loi dans le comté d'Avignon : 1° à* Santianicus, *dix modiatae de vigne ; 2° dans le village* Lodeval, *des emplacements de terrain
avec un puits ; 3° dans le canton* Roubian, *à* Becis, *une condamine ;
4° dans le canton d'Argens, au village* Raunissa, *trois mas, avec vignes,
emplacements, maisons, jardins, vergers et terres, sous réserve d'usufruit.*

A. Original : Arch. départ. des Bouches-du-Rhône, H, Montmajour, carton 900-1200.
Parchemin : 336^mm de large × 254^mm de haut. Lignes, non tracées à la pointe, à 7^mm
et 9^mm. A dextre, marge de 22^mm non tracée ; à senestre, marge de 15^mm. Lettres de
2^mm. Initiale 12^mm. *Chrismon* en marge 23^mm. Encre jaunâtre. Au dos : « Carta
Vvilelmi, In comitatu | Auenionense, in loco Sanciani | cus | N° 439 | n° 1017 |
n° 15. ».

a. Du Roure, p. 54-55.

 Sacrosanctę Dei aecclesię que constructa esse uid&ur in honore beatę
Dei genitricis Mariae *sanctique* P&ri ap*os*toli, | uidelice¹ in cenobio Monte
Maiore, ego in Dei nomen Uuilelmus cessor atq*ue* donator, una *pro* bono

---

1. *Sic.*

amore | & timore Domini nostri Ihesu Xpisti, ut Deus omnipotens dimitta [1] omnia peccata mea. Propterea, cedo uel dono aliquid de mea | portione, qui michi legibus obuenit, in quomitatu Auinionense, in loquo denominato Santianicus, ibique | dono, de uineas cultas, modiata [2] x simul tenentes &, in alio loquo ibique | adherente, in uilla Lodeual, dono casales | & exagos & terris cultis & incultis & puteo comunabile, quantum mich [3] pax obuenit, & in agro Rupiano dono, ubi uocant | Becis, condamina I obtima, uel quantum michi obuenit, & in agro Argentea, in uilla Raunissa, dono mansos iij, | apud quantum michi pax obuenit, uel obuenire deb&. Hoc sunt uineis, casales & mansiones & exagis & ortis, pomi | feris uel inpomiferis arboris & terris cultis et incultis. Eo actenus tenore, quandiu ego uixero teneam & posideam ; | post obitum meum, ad monaquos de monesterio Monte Maiore reuertat sine ulla mora uel expectacione iudicis. | Sane [4], si quis ego aut heredes mei uel ullus homo contra donatione ista ire, age [5] uel inqui&are | uoluerit, primus [6] ira Dei omnipotentis & omnium sanctorum incurrat & induantur maledictione | , sicut uestimentum, & intrauit, sicut aqua in interiora eius & sicut oleum in ossibus eius & in ipsa | ocassione perueniat sicut Iudas qui Dominum tradidit & poste [7] libra auri obtimi conponat | & non ualeat uindicare quod rep&it & postea donatio uel elemosina ista firma stabilis | permaneat omnique tempore. Facta donatio ista in Arelate ciutate [8]. publice, in mense nouenbris, | anno xLiiij regnante Conrado rege. Signum [9] Vuilelmus, qui hanc cartula scribere & fir | mare rogaui manu sua firma. Signum Amelius firmauit. | Signum Vuicherius & Laudois & Estephanus &   [10] firmauerunt. | Signum Teutmannus firmauit. Signum Radaldus firmauit. Signum Rainaldus firmauit. Signum Bonfilius firmauit. | Signum Maiolus firmauit. Signum Folcaldus firmauit | .

Aimericus presbiter rogitus scripsit.

---

1. *Sic.*
2. *Sic.*
3. *Sic.*
4. A partir de *Sane*, l'encre et la main changent.
5. *Sic.*
6. *Sic.*
7. *Sic.*
8. *Sic.*
9. Le mot *signum* s'abrège   pour toutes les souscriptions.

10. L'espace, nécessaire à la transcription d'un nom de témoin, est resté vide.

LXXIX

Avignon, 986.

*Don par Guillaume, comte et marquis, et par sa femme la comtesse
Alix au monastère de Saint-André-lez-Avignon, de la terre des pêcheurs
avec vignes, champs, garrigues et hermes, du lac de Boulbon, du
bras de Meynargue, de telle sorte que les moines aient l'usage de la terre
et de la pêche.*

A. Original perdu. — *B*. Copie du XIIᵉ siècle perdue : Cartulaire de Saint-André,
fol. 34.— *C*. Copie du XVIIᵉ siècle : Polycarpe de la Rivière, *Annales*, p. 594.
a. M. de Ruffi, *Dissertations historiques sur l'origine des comtes de Provence*, 1712, p. 16.

Auctoritas [1] etenim jubet ecclesiastica et lex consistit Romana vt, quicumque rem suam in qualicumque potestate transfundere voluerit, per
paginam testamenti eam infundat, vt prolixis temporibus secura et quieta
permaneat. Quapropter, ego Willelmus comes, inclytus marchio, & uxor
mea nomine Adalaix comitissa, hanc autoritatem secuti, donamus monasterio Sancti Andreae, abbati et monachis praesentibus et futuris, in
comitatu Auenionense, videlicet terram piscatorum et [2] quantum infra
decimationem ecclesia habere videtur, in vineis et campis cultis et incultis, garricis et eremis ; & donamus lacum Bulbonum et brachium Mairanicarum, vt ipsi monachi, de ipsa piscatione et de terra et de aqua, quidquid voluerint, faciant ad opus sui monasterii. Habet vero ipse lacus
Bulbonus ab occidente viam publicam, ab aquilone vergente ad austrum
paludem usque in fluvium Rodani [3] : brachium vero Mairanicarum ab
oriente sicut terrae dependent a terris villae Mairanicarum ; ab aquilone,
verneda, ab occidente terras fiscales et piscatorias. a meridie fluvium
Rodani. Si autem hoc donum inquietare aliqua persona voluerit, non
valeat, sed componat in vinculo tantum et aliud tantum et postea hæc
donatio maneat inconuulsa.

Signum Willelmi inclyti marchionis et uxoris suae Adalaix comitis-
sae, qui hanc donationem fecerunt et testibus firmari rogauerunt, manus
illorum firmant. Isnardus de Regentizine [4] firmauit. Heldebertus judex

---

1. Polycarpe met en marge : « Ex eodem Cartular., p. 34 ».
2. Le mot *et* ajouté en interligne.
3. Après avoir écrit « Rhodani », Polycarpe a biffé la lettre *h*.
4. *Sic*. Peut-être faut-il rétablir : *de Regen testis*.

firmauit. Gombertus. Isiliarius. Rostagnus. Vgo. Adalardus. Agarnus firmauerunt.

Actum publice in manus domni Gisonis abbatis, apud Auennicam ciuitatem, anno Dominicae incarnationis nongentesimo octogesimo sexto, indictione decima quarta.

LXXX

Avril [985-987].

Don par Dominica *à Montmajour d'une* semodiata *de vigne cultivée, qu'elle a acquise par achat dans le pays d'Avignon, au lieu dit* Lanairatas, *avec réserve d'usufruit, sous le cens annuel d'une charge de vendanges.*

> *A*. Original : Arch. départ. des Bouches-du-Rhône, H, Montmajour, carton 900-1200. Parchemin : 336ᵐᵐ de large ✕ 226ᵐᵐ de haut. Lignes à 8ᵐᵐ non tracées. A dextre, marge de 22ᵐᵐ tracée par un pli ; à senestre, pas de marge. Lettres de 2ᵐᵐ. Initiale de 3ᵐᵐ. Seing de 20ᵐᵐ de long ✕ 15ᵐᵐ de haut. Encre pâle. Les souscriptions de *Durandus* et *Dura* plus foncées. Au dos (xᵉ siècle) : « Carta DOMINICA IN Pago auennico in loco ubi uocaNT | La N a I Ratas. » | Autres cotes : « Nᵒ 205 | n. 16 | nᵒ 1018. » Parfaite conservation.
>
> *a*. Du Roure, p. 55.

Autoritas &enim iub& ecclesiastica & lex consistid romana ut, quicumque rem suam in qualicumque potesta | te transfundere uoluerit, per paginem testamenti eam fundat, ut prolixis temporibus secura & quieta permaneat. | Quaproter, ego Dominica, autoritate secuta, dono ad monasterium, qui est edificatus in onore sancta Maria | & sancti P&ri qui est in comitatu Aralatense in monte que nominant Maiore, de res propias meas, qui mihi | ex conparacione legibus ouenit, pro remedium & liberacione anime meae uel ut mihi pius Dominus, per intercessionibus | sanctorum uel oraciones monacorum ueniam prestare dignetur & pro eo quod beatus Petrus absoluat anima mea de potesta | te diaboli & colloc& eam in synu Abraç ubi epulantur iusti, qui est in pago Auenico ubi dicitur Lanairates, | in illo clauso, ibique dono ad ipsum monasterium semodiata una de uinea culta. Consortes de uno latus Ga | iraldo, de alio latus Teuderico, de uno fronte Sigoino ¹, de alio fronte eredes meos uel si quis

---

1. Ce nom est récrit sur une rature.

alii *sunt* consortes. | & faciant ipsi monachi, qui in ipso monasterio deser-
uiunt, teneant & posideant & in illor*um* permaneat | potestate omn*ique*
tempore; Sane, si quis ego aut ullus omo de p*ro*pinquis parentib*us* meis,
qui co*n*tra ipso monaste | rio ire inquietare uoluerit, co*n*ponat auri
huncia I & inantea *presens* donacionea omn*ique tempore* firma estabi | lis
p*er*maneat p*ro* omne firmitate subnexa; Facta donacione ista in m*en*se
aprile, anno XLVI regna*n*te Conra | do rege, indicione I. Signu*m* Domi-
nica qui hanc donacione ista fiere & t*estes* firmare rogaui manu sua |
firma.   Signu*m* Cristopharo t*este*.   Sigoino t*este*.   Alio Cris-
tophoro t*este*. Martino t*este*. | Alio Martino t*este*   . In ea uero
racione, hunde uiuo, usu*m* & fructu*m* m*ihi* reseruo & p*er* unu*m*quem*que*
an | nu*m* saumata I de fructo in uestitura;

         Durandus p*resbiter* firmauit
         Dura femina firmauit

   Lanbertus p*resbiter* scripsit   

LXXXI

Avignon, 987.

Échange entre Garnier, évêque d'Avignon, du consentement des cha-
noines de l'église d'Avignon, d'une part, et le juge Eldebert, son frère
Adalelme, Pons, son frère Gombert, le prêtre Bérenger, d'autre part, par
lequel l'évêque leur donne le mont Andeonem, *où sont fondées trois*
églises en l'honneur de saint Michel, de saint André et de saint Martin,
et en revanche il reçoit d'Eldebert, de sa femme Teucinde, d'Adalelme,
de sa femme Beliilde, pour l'église Notre-Dame et Saint-Étienne du
siège d'Avignon, dans le pays d'Avignon, au lieu dit Gigognan, divers
biens, notamment un champ de terre arable.

> *A.* Original perdu. — *B.* Copie du XIIe siècle perdue : Cartulaire de Saint-André,
> fol. 22 et fol. 43. — *C.* Copie du XVIIe siècle, incomplète : Polycarpe de la Rivière,
> *Annales,* p. 595-596.

Mos [1] legis et juris decreuit auctoritas qualis est emptio, talis est commutatio. Vt emptio, ergo, et commutatio simul habeant firmitatem, in

---

1. Polycarpe met en marge : « Ex eod. Chartar. S. Andr., fol. 22 et iterum fol. 43 ».

nomine Dei summi, ego Warnerius, gratia Dei Auenionensis ecclesiae humilis praesul, omnibus notum facio praesentibus et futuris quod quidam homines, Eldebertus judex et Adalelmus frater ejus, Pontius et Gombertus frater ejus, Berengarius presbyter &c, ... nostram adeuntes praesentiam, humiliter flagitarunt quod sibi per commutationis testamentum aliquid ex terra nostrae ecclesiae, id est montem Andeonem, qui est super fluvium Rodani, concederemus. Quorum petitionibus adquiescentes, cum consilio canonicorum nostrorum seu caeterorum fidelium, iuxta illorum petitionis modum, commutando concessimus eis suprascriptum montem in quo sunt fundatae tres ecclesiae, una in honorem Sancti Michaelis, altera in honorem Sancti Andreae, tertia in honorem sancti Martini. Qui terminatur, ab oriente, suprascripto fluvio Rhodano, ab occidente semita decurrente, a septentrione lacu Burbone, a meridie terra Sancti Petri. Nos quoque, ab eis recipientes commutationem, in hoc testamento adsignari volumus | quid vnusquisque illorum, caussa commutationis nostrae, donat ecclesiae. Igitur, Aldebertus et eius uxor Teucennis, Adalelmus et uxor eius Belillis, donant nobis ad opus Sanctae Mariae et Sancti Stephani nostrae sedis in commutationem, in pago Auennico, in loco qui dicitur Iugugnanicus [1], campum terrae arabilis &c [2] . . . .
. . . . Quibus, a nobis per testamentum conscriptionis, ab eis perceptis sub omni integritate, donamus illis commutatoribus seu emploribus suprascriptum montem, cum ecclesiis in ipso fundatis, dantes eis potestatem ex eo tenendi et possidendi, donandi et commutandi, seu quidquid voluerint faciendi. Si quis autem hoc testamentum futuris inquietare aggressus fuerit temporibus, sentiat se duodecim libris auri damnandum fore et insuper sit nostra excommunicatus ex parte et cum illis qui dixerunt Domino : « recede a nobis », in profundo inferni sit in perpetuum damnatus anathemate et hoc testamentum perpetuum atque inconvulsum obtineat vigorem. Actum Auenione publice, anno Incarnationis Dominicae nongentesimo octogesimo septimo, indictione decima quinta.

Signum Warnerii, sanctae sedis Auenionensis humilis episcopi, qui hoc testamentum scribi et manibus canonicorum suorum insigniri jussit. Signum Warnerii presbyteri. Signum Durandi| presbyteri, qui hoc testa-

---

1. Polycarpe transcrit : *Ingugnanicus*.
2. Il ajoute : « &c. quae fuse ibi describuntur vt et similiter declarantur ea quae Pontius et uxor ejus Adalinnis, caussa ejusdem permutationis reddebat in villa Joncherias & quae alii tradebant in villa Biturrita ejusdem pagi Avennicensis. »

mentum relegens asseruit. Signum Martini presbyteri. Signum Sanctoni, Pontii, Bosoni presbiterorum. Signum Ranulfi leuitae. Signum Warnerii Aldebranni &c........

Aimo presbyter rogatus scripsit.

LXXXII

[987].

Don par Eldebert et Adalelme à l'abbaye de Saint-André du mont Andaonem. *Confirmation de ce don par Rostaing, Pierre, Heldebert et Benoît, évêques d'Avignon.*

> *A.* Original perdu. — *B.* Copie du XIIᵉ siècle perdue : Cartulaire de Saint-André, fol. 23 et 43 vᵒ. — *C.* Copie du XVIIᵉ siècle, incomplète : Polycarpe de la Rivière, *Annales*, fol. 596-597.

Summus[1] arbiter, cum in omnibus suis mirabilis constet operibus, miram rem mortalibus concessit, videlicet vt de temporalibus atque caducis aeterna atque perpetua mereari praemia possint. Quod euidenter &c[2]... |

Warneri, Aldebranni, Frodonis &c........

Aimo presbyter rogatus scripsit[3].

LXXXIII

5 février 987/8.

Don par Garnier, évêque d'Avignon, à l'abbaye Saint-André, de l'église Saint-Pierre sise près le mont Andaonem, *avec ses dîmes, son cimetière, ses terres cultes et incultes.*

---

1. Polycarpe dit : « Per eam quae mox sequitur donationem a novis emptoribus et optimis proprietariis eidem caenobio factam deinceps illi omnia tutius et absque vlla inquietudine et calumnia forent acquisita. » Et en marge : « Ex eodem Cartar., fol. 23 et iterum fol. 43. »

2. Il ajoute : « Qu'il faut descrire dudit cartulaire fol. 43ᵇ jusques à ces mots inçluz. »

3. Il poursuit : « Atque hanc novam donationem subdunt Archiuaᵃ eiusdem monasterii confirmatam fuisse a consequentibus Auenionensis ecclesiae praesulibus Rostagno, Petro, Eldeberto, Benedicto, etc. ». A la note ᵃ correspond en marge : « ᵃ fol. 24. Cum

A. Original perdu. — *B*. Copie du xiie siècle perdue : Cartulaire de Saint-André, fol. 24 et 44.

IND. Polycarpe de la Rivière, *Annales*, p. 597, note additionnelle en marge de la note *a*.

LXXXIV

Avignon, février [989-991].

Don par Pierre, à Montmajour, d'une modiata *de vigne cultivée, qu'il tient par héritage de ses parents, dans le pays d'Avignon, sur le village de Graveson, avec réserve d'usufruit pour lui, et de la moitié pour sa sœur Hélène, après la mort de son fils Bonfils, sans aucun cens.*

A. Original : Arch. d'Arles, chartrier Véran, n° 2 *bis*. Parchemin : 300^{mm} de large $\times$ 216^{mm} de haut. Lignes à 7^{mm}. Pas de marges. Lettres de 3^{mm}. Au dos : « CARTA P&RI IN PAGO AUENNICO | super GRAVESONS. »

 Auctoritas &enim iub& ecclestastica & lex consistit romana ut, quicumque suam in | qualicumque potestate transfundere uoluerit, per paginem testamenti eam infundat, ut prolixis | temporibus secura & quieta permaneat. Quapropter, ego P&rus, autoritate secutus, dona | ad monasterium, qui est aetificatus in onore sancti P&ri in comitatu Aralatense in monte | que nominant Maiore, de res propias meas, qui mihi proienie parentorum, meorum legibus ouenit, | pro remedio & liberacione animae meae uel ut mihi pius Deus, per intercessionibus sanctorum uel ora | ciones monacorum, ueniam prestare dignetur, qui est in pago Auenico, super uilla Grauesonnes, | in illo clauso, ibique dono ad ipsum monasterium modiata una de uinea culta. Consortes de uno | latus Cristiano, de alio latus erades meos, de uno fronte Leotardo, de alio uero terra fiscale uel | si quis alii sunt consortes; & faciat ipse monasterius uel ipsi monachi, qui ibidem Deo seruiunt, | teneant & posideant & in illorum permaneat potestate omnique tempore. Illa uero racione, un[de] | ierma mea Elna, post obito filio meo Bonfilio, uiuit, teneat & posideat in locum medieta[te]

---

neque tot beneficiis in idem sanctum coenobium collatis adhuc contentus Warnerius, antistes piissimus, datis aliis codicillis, nonis februarii eiusdem anni nongentesimi octogesimi septimi eisdem subscriptis nominibus^b, ecclesiam sancti Petri ipsum prope montem Andeonensem constructam eidem insuper largitur cum decimis et coemeterio, terris cultis et incultis et omnibus ad eam spectantibus. » Et en marge : « ^b refertur in eodem cartario, fol. 44. »

sine ullo seruicio; & post obitu eor*um* ad eredes eor*um*; Sane, si quis ego aut ullus omo de[propin] | quis parentibus meis qui co*n*tra hanc donacionem ista*m* ire inquietare uoluerit, co[mpo] | nat auri huncias II & in antea *presens* donacio mea om*n*ique *tempore* firma estalis *permaneat*, c[um esti] | pulacione i*n*terposita pro omne firmitate subnexa. Facta donacione ista in Adu[enio] | ne ciuitate, in m*en*se fibroario, anno L*mo* [1], regnante Conrado rege, indicione X [2]. Sign[um] | P&rus qui hanc donacione ista firma & ea*m* firmare rogaui man*us* sua firma. | Signu*m* Arnulfus *presens*. Po*n*cione *teste*. Costancio *teste*. Ioanne *teste*. Cristophoro [teste]. | Sperand*eo* teste. | Vrsione *teste*. Rainaldo *teste*. |

 Lanbertus *presbiter* rogatus scripsit. 

LXXXV

Apt, 4 août 991.

Constitution par Thierry, évêque d'Apt, dans l'église cathédrale Notre-Dame, Saint-Pierre et Saint-Castor du siège d'Apt, d'accord avec Guillaume, prince de toute la Provence, Annon archevêque d'Arles, Amalric archevêque d'Aix, Ingilran évêque de Cavaillon, d'un chapitre de douze chanoines vivant en communauté dont il constitue la mense. Souscription approbative de Garnier, évêque d'Avignon.

A. Original perdu. — B. Copie du XIIe siècle, perdue : *Cartulaire d'Apt*, p. 7-13, n° III. — C. Copie transcrite à Apt, le 7 octobre 1665, par Grossy, prieur de Lioux, sur le Cartulaire d'Apt : Bibl. de Lyon, ms. 193, fol. 26 r°-29 r°. — D. Copie du XVIIe siècle : Bibl. de Manteyer : Grossy, *Mémoires historiques*, t. I, fol. 106 r°-108 r° [Le t. II de ce recueil forme le ms. n° 4488 de la Bibl. de Carpentras]. — E. Copie du 9 février 1703, sur une copie de Grossy : Bibl. nat., ms. lat. 17778, fol. 4 v°-8 r°, Cartulaire d'Apt. — F. Copie du XVIIIe siècle : Archives de la Fabrique de l'église d'Apt : ms. intitulé *Collectanea variorum diplomatum ecclesiae Aptensis notis illustrata*, de 563 feuillets, in-fol., au livre II, n° XXXIV. — G. Copie du XVIIIe siècle : Bibl. de Manteyer : Fr. de Remerville, *Recueil de chartes servant à l'histoire et à l'intelligence des anciennes formules*, ms. de 704 p., aux p. 183-187. [L'histoire d'Apt de cet auteur, qui forme le Ier vol. de ce recueil, est à la Bibl. de Carpentras.]
a. *Gallia christiana*, t. I, *Instr.*, p. 74.

---

1. Ou XL*mo*?
2. Ou V ?

In nomine Dei æterni et Saluatoris nostri Iesu Christi et in caritatis dilectione, Patris scilicet ac Filii et Spiritus Sancti et in honore sanctæ Dei genitricis Mariæ et præcipue sancti Petri apostolorum principis, cunctorumque electorum Dei veneratione, Teudericus sedis Aptensis humillimus in Christo episcopus. Si circa sanctae religionis cultum munificos nos esse exhibemus, superna nos gratia muniri non dubitemus. Quamobrem, comperiat omnium Christi fidelium tam praesentium quam et futurorum solertia, quia praedictus venerabilis episcopus, cogitans qualiter in ecclesia Sanctae Mariae sedis Aptensium clericos canonico more constitueret, qui in eadem ecclesia oficia diuina Deo rite persoluerent, atque ex rebus eiusdem ecclesiae in comunia concederet, per quam chotidianum victum sumentes facilius cœlesti mereantur cybo perfrui, quod est verbum Dei, vt carnalis homo cybo reficiatur terreno et spiritalis pascatur diuino alloquio. Memorans illut Apostoli dictum : « qui altario deseruiunt et altario participentur » nichil enim nequius quam possesiones et dona a Christi fidelibus accipere et pro animabus fidelium non laborare et, quia vix nemo sibi soli sufficit, ideo chanonicorum solatium adibendum est, vt magis hac magis apud Deum valeat deprecatio quam vnius oratio. Quapropter, ego in Christi nomine, Teudericus iamdictus episcopus, diuina fauente clementia, cum consilio et volumptate Wilelmi totius Prouinciae principis, insuper etiam domni Annoni Arelatensis archiepiscopi necne domni Amalrici Aquensis archiepiscopi, Ingilranni Cabellicensis episcopi, pro voto et auxilio constituimus atque ordinamus in praefata sede Aptense omnipotenti Deo sanctaeque Mariae Virginis sanctique Petri Apostoli atque sancti Castori eximii confessoris, ob eorum omnium onore hac veneratione, chanonicos XII quibus concedimus atque condonamus, ex rebus nostrae ecclesiae, illorum victui chotidiano in communia, iuxta chanonicam auctoritatem, ex decimis de villa quae vocatur Vallis vna medietatem et, de riuo Remmis vsque in riuo Margaritae, omnem decimum de campis siue de vineis et, de riuo Margaritae vsque in riuum Mauraniae, omnem decimum extra vineis. Donamus etiam omnem decimum de vineis qui est de Arculas vsque ad balmam Tropini et vsque ad ipsam ciuitatem, de campis siue de vineis, quae hibi aedificatae sunt vel in antea aedificatae erint, et, quantum infra ipsa terminia aedificare potueritis in communia, in campis siue in vineis, totum vobis cedimus atque condonamus. Donamus etiam, in villa quae nominant Celariana, campos cultos et, in villa Antinianicus, donamus vinea cum campis ; addimus etiam in comunia de synodo cum ipsa parata et, de pœnitentes quae nobis pertinent, in omnibus tertiam partem concedi-

mus ad ipsos chanonicos omnes ecclesiis nostris quae sunt in Aptae ciuitate vel in circuitu eius et, quiquid in possessionibus tam vineis quam
campis cultis et incultis auri et argenti et omnibus rebus tam mobilibus
quam et immobilibus siue in cymeteriis vel in nomine chanonicorum
conlatum est vel donatum, Deo propitio, in antea fuerit, totum et ab integrum tradimus atque transfundimus perpetualiter ad possidendum, pulsa
omni contradictione. Hoc autem ante omnia et super omnia statuentes
atque ex auctoritate Dei patris et Filii et Spiritus Sancti praecipue promul-
gantes deuitamus, ut nulli liceat successorum nostrorum tam episcoporum
quam principum vel cuius ordinis aut dignitatis sit, siue ecclesiastica siue
laycalis potestas, magna et parue que fuerit persona, qui in supradicto chanonicorum numero XII^{cim} quemquam addere nec minuare praesummat,
obnixe deuitantes excommunicamus. Idipsum autem censuimus vt, si quis
in hac communia largire siue haccomodare amplius voluerit, hoc Dei remu-
nerationi hac suae benificientiae liberam tribuimus facultatem certissime cre-
dentes a retributore bonorum omnium illam recompensationem mercedis
recipit, quam nec hoculus vidit nec auris audiuit, nec in cor hominis
ascendit, quam praeparauit Deus his qui diligunt eum. Quicunque autem
ex hac nostra statuta uel suprascripta communia quiquam adminuare vel
inrumpere chonauerit, non obtineat quod neciter agi voluerit, sed primitus iram omnipotentis Dei incurrat sanctaeque Dei genitricis Mariae
omnique coelestium virtutum, necne beati Petri apostoli regni coelorum
clauigeri, sanctique Castori Christi confessoris omniumque sanctorum
maledictionibus subiaceant, sitque pars eorum cum Iuda Domini proditore,
cum his quoque qui dixerunt Domino Deo : « recede a nobis et scientiam
viarum tuarum nolumus. » Fiat eis sicut Zeb et Zebeae et Salmana
et omnibus principibus eorum qui dixerunt : « aereditatem possideamus
sanctuarium Dei », Deus meus pone illos ut rotam et sicut stipulam ante
faciem venti, sicut ignis qui comburit siluam et sicut flama comburens
montes, ita persequeris illos in tempestate tua et in ira tua conturbes eos.
Dentur etiam vltione et submergantur in inferni baratro, sicut demersit
Pharao cum exercitu suo in mari rubro, sintque anathematis vinculo con-
ligati atque percussi a Deo patre et Domino Jesu Christo filio eius et
Spiritu Sancto et nostra a Deo collata potestate et omnium episcoporum,
clericorum quoque interdictione quorum nomina subtus scribere et
manibus firmare curauimus pro omni firmitate atque stabilitate haec
conscriptio subnexa. Hacta haec carta apud sedem Aptensem anno incarnationis dominicae DCCCC^{mo} XCI^{mo}, indictione IIII^a, II° nonas augusti,
regnante Chuonrado rege Alamannorum siue Prouinciarum, in Christo

feliciter. Signum Teuderici episcopi qui hoc conscriptum scribere et firmare rogauit manu sua roborata atque confirmata. Warnerius Auenionensis episcopus firmauit. Pontius presbyter firmauit. Warnerius presbyter firmauit. Durantes presbyter firmauit. Barangarius presbyter firmauit. Raifredus presbyter firmauit. Santo presbyter firmauit. Julianus presbyter firmauit. Aimo presbyter firmauit. Boso presbyter firmauit. Alius Pontius firmauit. Vuarnaldus presbyter firmauit. Rostagnus leuita firmauit. Ranulfus leuita firmauit. Boso leuita firmauit. Vuarnerius leuita. Freddo leuita. Siluius leuita. Petrus subdiaconus. Dodo presbyter. Boso presbyter. Albaricus presbyter. Iohannes presbyter. Rodoinus presbyter. Dominicus presbyter. Gerunclus presbyter. Teudericus presbyter. Poncius presbyter. Alius Teudericus presbyter. Apollonius presbyter. Daiterius presbyter. Scriptum per manu Haeliae presbyteri.

LXXXVI

Lundi [2, 9, 16, 23, 30] janvier, 992/3.

Don par Constans et sa femme Teucia, à son fidèle Ogier et à Plectrude, femme de celui-ci, de biens qu'ils tiennent par héritage de leurs parents au comté de Vaison dans le district du village de Mollans.

A. Original perdu. — *B.* Copie du xiie siècle : Arch. départ. de Vaucluse. G, chapitre métropolitain, 27 provisoire, cartulaire d'Avignon, fol. 40, § 83, cap. 64, *Carta de Mollanis.*

Auctoritas etenim jubet ęcclesiastica et lex precepit romana ut, quicumque rem suam in qualicumque potestate transfundere voluerit, per paginam testamenti eam infundat, ut prolixis temporibus secura et quieta permaneat. Quapropter, ego Constantius et uxor mea Teucia, auctoritate secuti, donamus a fidele nostro nomine Othgerio et uxore sua Plectrude et infantes illorum, qui de Othgerio et Plectrude procreati sint vel procreati fuerint, aliquid de hereditate nostra, qui mihi ex projenię parentorum legibus obvenit. Sunt ipsas res in comitatu Vasionense, in agice de villa Mollanis, prope ecclesia Sancti Marcelli, hoc est petia de terra culta. Habet ipse campus fines vel terminationes de uno latus, de vers [1] cercio, dextros xlviii, de uno fronte a meridie dextros xxviii et medium, et de alio

---

1. *Sic.*

latus dextros xxviii et de alio fronte dextros xxxiiii et via pu | blica. Et
sunt consortes de totas partes nos donatores vel heredes nostri. Et habeatis de ipsas res potestatem ad faciendum quicquid facere volueritis, id est
habendi, vendendi, cedendi, dandi vel comutandi heredibus vestris derelinquendi liberam hanc firmissimam in omnibus in Dei nomen habeatis
potestatem ad faciendum tantum. Sane, si nos ipsi aut ullus homo aut
ullus de propinquis parentibus nostris, qui carta donatione ista inquietare
aut inrumpere vel calumniare voluerit, non valeat vindicare quod reppe-
tit, sed componat in vinculo auri obtimi libram I et insuper donatio
nostra firma et stabilis permaneat cum stipulatione interposita pro omni
firmitate subnixa. Facta carta donatio ista, sub die lunis in mense januarii,
anno ab incarnationis dominice dccccxcii, indicione vi^a, regnante
Chuonrado rege in Galliis. *Signum* [1] Constantius et uxor sua Theucia,
qui carta donatione ista scribere et firmare rogaverunt, manus illorum
firma. *Signum* Pontius testis. *Signum* Folcoaldus testis. *Signum* Stephanus
testis. *Signum* Vidales testis. *Signum* Bonusfilius testis. *Signum* alius Pontius testis. Aldemarus presbiter rogatus scripsit.

LXXXVII

[Avignon,] 28 août [993].

*Restitution, par Guillaume comte de Provence, au monastère de
Cluny, sous réserve d'usufruit, de la moitié indivise du domaine de
Valensole, au pays de Riez, dans le canton de* Variacum, *que l'abbé
Maïeul lui a concédé, à lui et à son frère, à titre viager, comprenant,
soit les biens fiscaux, soit les alleux, soit ses propres acquêts, sauf l'église
Saint-Maxime que l'abbaye s'était réservée.*

> *A*. Original perdu, mesurant 11 pouces de haut sur 21 1/2 de largeur coté : « Grand
> Trésor, Layette Valensolles 1re, 1re liasse, cotte 2. » avec, au dos, la rubrique : Uui-
> lelmi de Ualenciola in pago Regense. — *B*. Transcription du 7 avril 1779 par

---

1. Le mot *Signum* est abrégé ⳨ pour toutes les souscriptions.

Lambert de Barive : Bibl. nat., coll. Moreau, t. 10, fol. 194-195. — *C.* Transcription du xiᵉ siècle : Bibl. nat., ms. lat., nouv. acq. nᵒ 1497, fol. 164 rᵒ-vᵒ.

a. Al. Bruel, *Recueil des chartes de l'abbaye de Cluny*, t. III (Paris, 1884), p. 80-81, nᵒ 1837.

Auctoritas enim iubet eclesiastica et lex consistit romana ut, quicumque rem suam in qualicumque potestate transfundere uoluerit, per paginem testamenti eam infundat ut, permultis temporibus, soluta et quieta permaneat. Quapropter ego Wilelmus inclitus comes cogito de Dei misericordia et recognosco fragilitatis mee et timeo penas inferni et tremesco diem iudicii et ut me sanctus Petrus, qui habet potestatem animas ligandi atque soluendi, absoluat ab omni vinculo peccatorum meorum et ut merear audire uocem quam Dominus dicturus est : « venite, benedicti patris mei, percipite regnum quod uobis paratum est ab origine mundi. » Et iterum per prophetam Dominus dicit : « date helemosinam et ecce omnia munda sunt uobis ». Et, pro ipso amore Dei, dono sancto Petro Cluniensis monasterii, ubi domnus Maiolus abbas preesse uidetur, aliquid de rebus meis que mihi ipse abbas Maiolus donauit in uita mea et ceteris fratribus. Sunt itaque ipsas res site in pago Regense, in agro Variacense, hoc est uilla que nominant Valenciola, cum omnibus appendiciis et adiacenciis suis. Et habet ipsa uilla fines et terminationes siue consortes : de uno latus, descendit terminus per ualle que nominant Sigomagna et pergit usque in ualle longa et usque ad finem que nominant Marginis. In parte oriente, usque in ualle que dicitur Albidro et pergit usque in uia publica qui descendit in uilla nomine Brunito. De uno fronte in meridie, ipsa ualle Albidro sicut superius diximus et descendit in ipso terminio Marginis. De alio fronte in parte occidentali, valle Sigomagna et pergit usque in uia publica de Brunito vel si quis aliis consortes. Quantum infra istas fines concludit aut de fisco aut de alode aut de qualicumque conquisto qui mihi Vuilelmo obuenire debet, totum dono sancto Petro donatumque in perpetuum esse uolo. Ecclesia uero que in ipsa uilla Valentiola constructa est in honore sancti Maximi ad me non pertinet quia ipse domnus Maiolus in suos usus seu fratrum suorum retinuit. Et facio firmationem et donationem de illa mea medietate ea uero ratione ut, quamdiu ego Vuilelmus uiuo, usum mihi reseruo ; post discessum quoque meum, sine ulla tarditate sancto Petro reuertat. Si quis ego aut ullus homo aut ulla persona contra carta ista refragationem ullam uel calumniam mittere uoluerit, iram Dei omnipotentis incurrat et de beata uirgine Maria simulque de omnium sanctorum et componat tantum et alium tantum et, postea, carta ista mihi Vvilelmo libenti animo facta omnique tempore firma

permaneat. Facta carta ista v kalendas septembris regnante Quonrado
rege. Rodbaldus comes firmauit. Adalaix comitissa firmauit. Vvilelmus
comes firmauit et filius eius Vvilelmus firmauit.

Poncius scripsit [1].

LXXXVIII

[Avignon,] 29 août [993].

*Don, par Guillaume conte de Provence, sa femme Alix, son frère
Roubaud, son fils Guillaume, au monastère de Psalmody et à l'abbé Garnier des deux églises des saints Côme et Damien et de Notre-Dame de
Candillargue au terroir de la cité de Maguelone dans la banlieue du
château de Sustanson.*

> *A*. Original perdu. — *B*. Transcription du xviiᵉ siècle : Cartulaire de Psalmody aux
> Arch. départ. du Gard, H 106, fol. 15, avec la rubrique : *De ecclesia sancti Cosme et
> sancti Damiani et sanctae Mariae* et, à la fin, *Explicit*.
>
> *a*. Manteyer, *La Provence du Iᵉʳ au XIIᵉ siècle*, p. 517-518, pièce justificative nᵒ VI.

Dum quis consistet homo in hoc seculo, de futuro semper debet tractare
ut, quando ad suum venerit transitum, portæ ei aperiantur justitiæ.
Quamobrem, ego Guillelmus comes et uxor mea Adalaiz et germanus
meus Rodbaldus et filius meus Guillelmus cogitavimus casum humanæ
fragilitatis, Deo propitiante, sana mente integroque consilio, hunc testamentum nostrum brevi annotatione fieri eligimus ut, quando e rebus
humanis discesserimus et debitum compleverimus, quidquid dederimus
vel in hoc testamento nominatim expresserimus, firmum et stabilitum
omni tempore permaneat. Igitur prædictus Guillelmus comes et uxor mea
jam suprascripta et frater meus Rodbaldus et filius meus Willelmus donamus, propter remedium animas nostras et propter æternam bonam retri-
butionem, ad monasterium qui dicitur Psalmodium, qui est situs in pago
Nemausensi ubi Rodanus vel Vitusalus Vesterque [iter] faciunt, quod
constructus in honore sanctae Dei genitricis virginis Mariæ et sancti Petri
principis apostolorum et sancti Johannis et sancti Victoris et sancti Marcelli
vel aliorum sanctorum necnon et sancti Juliani Cornelianicus ubi preest vir.
venerabilis Garnerius abbas preesse videtur, ego jamdictus Guillelmus et

---

1. Cette mention du scribe n'existe pas sur la transcription deBarive.

uxor mea jam suprascripta et germanus meus Rodbaldus et filius meus Willelmus nos pariter donamus, ad ipsas casas Dei suprascriptas, ecclesiam quæ est consecrata in honore sancti Cosmæ et sancti Damiani et alia ecclesia quæ est consecrata in honore sanctæ Mariæ quæ est in ipsa villa cum ipso clauso et cum ipsas mansiones. Et sunt ipsas res in territorio civitatis Magalonensis, in suburbio castri Substantionensis in terminium de villa Calditianicas, cum cellulis vel appendiciis suis et cum appenditiis suis et cum omnibus adjacentiis et quidquid ad ipsas ecclesias pertinet vel ad ipsas res suprascriptas, in tale vero ratione ut ipsi monachi, qui ibidem Deo serviunt, habeant in communia ipsi et successores illorum tam præsentes quam et futures. Et, quis contra hanc cartam donatione ista venerit ad inrumpendum aut nos donatores venerimus vel ulla amissa persona qui contra hanc cartam donatione ista infrangere aut inquietare vel de communia abstrahere voluerit, non vindicet quod repetit sed inprimis iram Dei incurrat et deglutiat eum terra sicut deglutivit Datan et Abiron et habeat lepram sicut Naaman sirus abuit et cum Juda Scarioth partem abeat in infernum. Et, insuper, componat ad Sanctum Petrum ipsas res suprascriptas duples melioratas et inantea firma et stabilia permaneat omnique tempore cum omni stipulatione interposita subnixa. Facta carta donatione ista IIII calendas septembris, anno septimo quod usurpavit Ugo ad Carolum filium Ludovici regem.

Signa Guillelmus comes et uxor mea Adalaiz et frater meus Rodbaldus et filius meus Wilelmus qui hanc carta donatione ista fieri jussimus et manu nostras firmavimus et testes firmare rogavimus.

Signum Gaucelmo. *Signum* alium Gaucelmo. *Signum* Odone. *Signum* Gairan. *Signum* Pontione. *Signum* Alcher. *Signum* Petro. *Signum* Godrannus. *Signum* Bernardus. *Signum* Ugone. *Signum* Rostagno. *Signum* Pontione. *Signum* Bernardus. *Signum* Beraldo. *Signum* Villelmus. *Signum* Gigone. *Signum* Aymarico. *Signum* Pontione vicario. *Signum* Rotfredo vicario. *Signum* Petrone clerico. *Signum* Nartollum. *Signum* Dominicus Pomellum. *Signum* Durantius. *Signum* Stephanus. *Signum* domine Eguarizia.

Ranbertus monacus scripsit.

LXXXIX

Avignon, mars [996].

Don par Lautilde, son [mari et] seigneur Ricard, sa fille Constance et Ricard, à Montmajour, d'une modiata *de vigne cultivée qu'elle tient de la succession de ses parents, dans le pays d'Avignon, à Liago, sous réserve d'usufruit.*

> *A*. L'original, encore existant en 1889, paraît ne plus pouvoir se retrouver : Arch. départ. des Bouches-du-Rhône, H, Montmajour.
>
> *a*. Du Roure, p. 69, « d'après l'original aux Arch. des Bouches-du-Rhône, collationné. »

Auctoritas etenim iubet ecclesiastica [1] [et lex consistit romana ut, quicumque rem suam in qualicumque potestate transfundere uoluerit, per paginem testamenti eam infundat ut prolixis temporibus secura et quieta permaneat]. Igitur, ego Lautilde et senior meus Ricardus et filia nostra Constancia et Ricardus, auctoritate secuti, donamus ad monasterium Sancte Marie uel Sancti Petri monasterii, qui est fundatus in Monte Maiore, aliquit de res proprias nostras, huna pro Dei amore et remedium et liberacione animas nostras, uel ut nobis pius Dominus, per intercessionibus sanctorum uel oraciones monachorum, ueniam largire dignetur et pro eo ud beatus Petrus apostolus animas nostras absoluat et collocet eas ubi epulantur justi. Propterea, donamus ad ipso monasterio modiatam I de vinea culta, qui mihi Lautilde ex proienie parentorum meorum legibus obuenit, qui est in pago Auennico, ubi dicitur a Liago, illo clauso. Consortes, de uno latus de cercio Martinoo, de alio latus de vento Poncione, de oriente Rainaldo, de occasu Guiberto, vel si quis alii sunt consortes. Sane, si quis nos aud ullus homo de propinquis parentibus nostris uel quislibet ulla obposita persona qui contra anc donacione ire, inquietare uel inrumpere uoluerit, non uindicet, set componat in uinculo auri uncias v et in antea presens donacio ista omnique tempore firma et stabilis permanead. Facta donacione ista in Aduenione ciuitate, in mense marcio anno III regnante Rodulfo rege, indiccione VIIII. Signum Lautildes et senior meus Ricardus et filia nostra Constancia qui anc donacione ista fierint et testes firmare rogaverunt, manus illorum firma. Ea vero racione, quamdiu ego Lautildes vivo, teneam et possideam et post hobito meo ad ipso monasterio revertad. Signum Rainaldus presens. Dabertus presens. Ebrardus presens. Geiroinus presens. Autrigus presens. Geirardus presbiter rogitus scripsit.

---

1. M. du Roure ne donne pas le passage suivant.

XC

[996].

Don par la comtesse Alix et son fils Guillaume à l'abbaye de Saint-André.

A. Original perdu. — *B.* Copie du xiiᵉ siècle perdue : Cartulaire de Saint-André, fol. 45. — *C.* Copie du xviiᵉ siècle incomplète : Polycarpe de la Rivière, *Annales,* p. 604.

Praesentis [1] auctoritate testamenti, ego Adalaíx comitissa et filius meus Willelmus, donamus aliquid &c [2] . . . .
. . . .
Signum Rodulphi. Almeradi. Neuolongi. Signum Pontii. Gomberti· Constantii. Agarni. Raynaldi.
Hugo monachus scripsit.

XCI

Janvier [999].

Privilège de Grégoire V, à la demande de Martin, abbé du mona-stère de Saint-André, Saint-Michel et Saint-Martin sur le mont Anda-von, confirmant dans les trois églises l'existence de ce monastère proprié-taire de tout ce qui se trouve sur le mont par échange avec Adelbert, son frère Adalelme et leurs femmes Teucinde et Beliïlde, ainsi que par dons des frères Pons et Gombert, de leurs femmes Adelinde et Unia, de Béren-ger le père, des frères Pierron et Noël, de Sabbatus et de ses trois fils Gaubert, Silvestre, Pons, sans qu'aucun marquis, comte, vicomte, gas-tald, évêque, chanoine, vicomte ou seigneur puisse porter atteinte à ses droits.

A. Original perdu. — *B.* Copie : Bibl. d'Avignon, ms. 2401, fol. 148 vᵒ-149 vᵒ. — *C.* Copie : Bibl. nat., ms. lat. 12762, p. 255-257. — *D.* Copie : *Ibidem,* ms. lat.

---

1. En marge, au bas de la p. 603 : « Ex Cartar. S. Andreae, fol. 45. » Polycarpe place cet acte en 996.
2. Il ajoute : « qu'il faut descrire, jusques à ces mots inclus, dudit Cartulaire fol. 45ᵃ ».

13916, fol. 124-125. — *E*. Copie : Bibl. d'Avignon, ms. 2466, fol. 189 r°, d'après
les « arch. de l'abbaye de Saint-André de Villeneuve d'Avignon, layette 3, liasse 1 ».
a. *Histoire générale du Languedoc*, 2e éd., t. V, p. 335. — *b*. Migne, *Patrologie latine*,
t. CXXXVII, col. 937.
IND. Jaffé, 1re éd., n° 2985 ; 2e éd., n° 3898.

Gregorius [1], episcopus servus servorum Dei, /arissimo filio Martino
reverentissimo abbati monasterii Sancti Andreae apostoli et sancti Michaelis
archangeli et beati Martini confessoris, quod est fundatum in cacumine montis qui nuncupatur Andaone, super fluvium Rodani, tuisque successoribus
abbatibus in perpetuum. Cum summus apostolicae dignitatis apex in hoc
divini certaminis nitore dignoscitur praefulgere ut, in exercendis Dei laudibus, sibi impensius studeat laboris exhibere certamen, et, ob hoc, nos
debita ejusdem apostolicae sollicitudinis [pastoralis compulit] cura quae-
quae, ad stabilitatem piorum pertinere dinoscantur locorum, ubertim,
promulgare et apostolicae institutionis censura confirmare. Igitur, quia
petistis a nobis quatinus concederemus sive confirmaremus tuae religiosi-
tati praedictum monasterium Sancti Andreae apostoli et Sancti Michaelis
et Beati Martini, ut his tribus ecclesiis unum semper persistat monasterium, cum ipso monte in integro in quo adsunt ipsae ecclesiae. cum
omnibus infra se et circa se habitis, cum domibus, villis ibi et ubique,
cum omnibus rebus et substantiis mobilibus et innobilibus [ac sese
moventia, quantumcumque] non solum quecumque a die fundationis
usque nunc ibi concessa vel largita sunt, verum etiam et quae usque in
futurum quovis modo ibi advenerint. Nos, apostolica authoritate, firmiter
et stabiliter in eo monasterio sub protectione abbatis perpetuis temporibus
praecipimus permanere, absque cujuslibet contestationis impedimento.
Denique etiam, confirmamus ut undecumque mortuorum corpora mascu-
lini sexus vel foeminini ibi se sepeliri devotaverint, nullus episcopus aut
canonicus aut canonicorum clericus vel vicecomes aut domini ullam
contrarietatem malitiae contra te vel contra sanctum tuum monasterium
exerceat. Loca etiam alia, quaecumque vel ubicumque vestro monasterio
sunt subjecta, vel quae in futurum jure concedenda sunt, annuatim pen-
sionem persolvendo, liceat vobis possidere et ea omnia sub jurisdictione
karissimae nostrae Romanae ecclesiae, cui Deo auctore deservimus, vobis
tenenda concedimus. Scitote, fratres dilectissimi, ante oculos mentis et cor-

---

1. Après le chrismon, sur l'original, le nom *Gregorius* était ainsi figuré en lettres liées :

poris traditiones regularum paternarum, ut unusquisque praelatus noverit qualiter debeat imperare subjectis, nedum aspera et non unicui-
que fratri aptissima videantur imponi, nusquam [1] ad contemptum
prorumpat de imperantis indiscretione subjectus [2], sit itaque moderata
vivacitas, sit sollicitudinis supereminens in fratribus strenuitas, ut, dum
regulariter omnes, qui se Deo integerrime conferunt, per obedientiae
lineam bene servientes exhibent temporalia, ad gaudia caelestis patriae per-
veniant sempiterna. A presenti duodecima indictione et usque in perpetuum concedimus et confirmamus vobis supradictum monasterium et
montem, sicuti per commutationis seu emptionis cartam vobis evenit de
Adelberto et de ejus fratre Adalelmo, simul cum conjugib*us* suis scilicet
Teucinde nomine et Beliilde, seu Pontio et fratre ejus Gumberto, simul
cum conjugib*us* Adalinde scilicet et Unia, nec non Barangario patre [3]
simul cum fratribus duobus Petrone scilicet et Natale, Sabbato etiam
cum tribus filiis suis his nominibus Gariberto, Sylvestro et Pontione, ita
per nostrae confirmationis privilegium cuncta quae praefata sunt monasterium praedictum inconcussa valeat possidere. Idcirco, constituimus nos,
authoritate Dei et Sancti Petri apostoli et nostra, ut, quando abbas praedicti monasterii inde obierit, nullum ibi liceat ingredi abbas, nisi talis sit qui
Deo et cunctis fratribus placeat, vel maxime parti congregationis placuerit, et quem absque pretio consecrari liceat. Si quis autem, quod non optamus, qualiscumque episcopus, marchio, comes vel vicecomes, gaustaldus
vel quaelibet magna parvaque persona haec, quae pro Dei omnipotentis amore constituimus, refragari aut in quoquam transgredi, sciat
se sub divini judicii obtestatione et anathematis vinculo innodatum et a
regno Dei alienandum et cum diabolo sine fine cruciandum. Qui vero pius
custos et observator hujus nostrae praeceptionis extiterit, benedictioni
gratiam a Christo Domino consequatur et vitae aeternae particeps effici
mereatur.

Scriptum per manum Benedicti scriniarii Sanctae Romanae Ecclesiae
in mense januario et indictione praesenti [4] XII.

---

1. Ou bien : *ne usque*.
2. Ou bien : *subjectionis*.
3. Ce mot est figuré par les lettres *pre* dans le ms. 2401.
4. Ou : *præfata*.

XCII

Avignon, 25 septembre 1000.

*Confirmation, par Amalric archevêque d'Aix, à la demande de la
comtesse Alix, de son fils Guillaume et de l'abbé Archinric, de la donation du village de Pertuis faite à Notre-Dame par le comte Boson,
c'est-à-dire du legs fait ensuite, de ce même village, à Notre-Dame et
Saint-Pierre de Montmajour par le comte Guillaume, y compris l'église
Saint-Pierre que les moines y ont construite.*

> *A.* Original perdu. — *B.* Copie du xviie siècle avec la rubrique « Amalricus archi-
> episcopus Aquensis confirmat villam et ecclesiam Sancti Petri de Pertuso » : Biblio-
> thèque nationale, ms. lat. 13915, fol. 44 ro-vo.
>
> *a.* Chantelou, *Histoire de Montmajour*, éd. du Roure, p. 90-91.

In nomine Dei summi et saluatoris nostri Jesu Christi, notum sit
omnibus fidelibus orthodoxis qualiter, veniens in præsentia domini
Amalrici Aquensis sedis archiepiscopi, domina comitissa Adalax et filius
suus Willelmus et seruus omnium seruorum Dei Archinricus, quamuis
indignus abbas, petentes obnixe ut donationem quam Boso comes fecerat
sanctæ Mariæ de villa que nominant Pertusus firmaret, eleemosynam
quam comes Willelmus sanctæ Mariæ et sancti Petri fecerat monasterio
Montismaioris. Pro petitione itaque iam dictæ dominæ comitissæ et filii
sui Willelmi et abbatis iam dicti et obsecratione fidelium christianorum,
assensum fecit et per hanc chartam donationis, secundum institutum
sanctorum patrum, canonum et suorum canonicorum posteris corrobora-
tam, tradidit, villam scilicet quæ dicitur Pertusus cum omnibus adiacentiis suis, cultis terris et incultis, pratis, garricis, vineis, arboribus, molendinis vel quidquid in ea ædificatum est ab omni fundo possessionis vel
ædificari poterat cum suoque termino et ecclesiam Sancti Petri quam ipsi
monachi ædificauerunt et ecclesiis omnibus ipsius territorio consistentibus,
scilicet pertinentibus sibi, cum primiciis et cimeteriis et oblationibus.
Facta fuit hæc charta donationis in Auenione ciuitate publicæ anno incarnationis dominicæ Mo, indictione xiiii, vii kalendas octobris, data a
domino præsule Amalrico in conspectu principum et canonicorum et
fidelium christianorum Archinrico abbati de monasterio Montismaioris et
monachis ibidem Deo famulantibus, scilicet vt, ab hac die, si quis nos
vel successores nostri non habeant licentiam repetendi, quod, si quis con-

tradictor huic nostræ diffinitioni extiterit, quod omnino non credimus, excommunicatus ex nostra parte et omnium fidelium episcoporum sit et in iram Dei et omnium sanctorum incurrat, nisi resipuerit et laudator nostræ donationis extiterit; omnes vero laudatores nostræ donationis benedicimus.

XCIII

Arles, février 1000/1.

Don. par Ermengarde, à [Saint-Victor-lez-Marseille et à] Saint-Geniès, pour l'âme de son père Pons, de sa mère Belletrude, de son fils Flavy, de six modiatae *de vignes au comté d'Avignon, dans le canton Roubian au terroir de Laurade, soit quatre* modiatae *au lieu dit Basellano et deux* modiatae *au lieu dit* Ludazano, *qu'elle tient en héritage de son père.*

> *A*. Original perdu.— *B*. Copie : Arch. départ. des Bouches-du-Rhône, H, Saint-Victor, Grand Cartulaire, fol. XLVII r⁰ ; *Carta Sancti Genesii*.
>
> *a*. Guérard, *Cartulaire de Saint-Victor de Marseille*, t. I, p. 198-199, n⁰ 169.

Omnibus, in Xpisto lic& fidelibus. Dum canonica & catholica auctoritate persistimus, non hactiua set contemplatiua uita perscrutare debemus ut, dum in hoc seculo uiuimus, unusquisque homo de æterna retributione qualiter recipiat cogitare deb& & ita perfitiamus in hoc seculo ut in futuro cum sanctis mereamur porcionem habere. Quapropter, ego, in Dei nomen, Ermengarda peccatricis, audiens promissa Domini, dono ad opus Dei & ad ecclesiam almi matris[1] Genesii ceterorumque sanctorum & ad monacos ibidem seruientes uel offitiorum ritu Domino famulantibus. Propterea, cedo uel dono, pro anima genitori meo Pontione, & matre mea Bellitrude uel pro anima mea Ermengarda indigna peccatrice & pro anima filio meo Flauio, ut Deus omnipotens dimittat omnia peccata nostra & parentibus nostris & a penis inferni siue de potestate diaboli liberare dignetur, propterea dono aliquid de hereditate mea, qui mihi per donatione de patre meo domno Pontione legibus obuenit, hoc est de uineas cultas modiatas VI, infra dua loca. Est ipsa hereditas in comitatu Auenionense, in agro Rupiano, in terminio de uilla Laurata, in loco que dicunt Basellano, modiatas IIII, simul tenentes ; sunt inter consortes de

---

1. *Sic*, pour *martyris*.

totasque partes me ipsa donatrice. In alio loco, qui dicunt Ludazano,
modiatas II, simul tenentes : consortes, de totas partes, me ipsa dona-
tricę, hac si quis alii sunt cortes[1] & faciant ipsi monachi, de ipsas uineas,
quicquid bene facere uel ministrare uoluerint, id est abendi, tenendi,
comutandi bene eorumque successoribus monachis ibdem[2] seruientibus
derelinquendi, in Dei nomen, habeant integram lincentiam & potestatem.
Sane, si quis ego aut heredes mei uel ullus homo, qui contra donatione ista
ire, agere uel inquietare uoluerit, prius iram Dei omnipotentis & omnium
sanctorum incurrat & induatur maledictionem sicut uestimentum & intr&
sicut aqua in uiscera eius & sicut oleum in ossibus eius & obsorbeat eum
terra uiuum sicut Datan & Abiron fecit & subfocent eum omnes male-
dictiones, que in ueteri & in nouo testamento scripta sunt, & non liceat
ei uenundare quod repetit, set componat auri optimi libras III &, post
ista omnia, donatio ista firma stabilisque permaneat cum stipulatione
interposita pro omni firmitate subnixa. Facta donatione ista, in Are[3]
ciuitate publice, nonos febroarii anno millesimo, regnante Rodulfo rege.
Signum Ermengarda, qui hanc donationem per bonam uoluntatem
scribere & firmare rogauit, manu sua firmat. Poncius iuuenis & filius
suus Iozfredus firmat. Poncius episcopus Massiliensi æcclesię firmat.
Archinricus abbas firmat. Amelius firmat. Vuillemus firmat. Auriolus
firmat. Teutbaldus filius Ermengarda corroborauit & uoluit hac firmauit.
Balda soror sua uoluit & firmauit.

XCIV

Avignon, avril 1002.

*Don, par Eldebert juge de Provence, au monastère de Saint-Andre
Saint-Michel et Saint-Martin du mont « Andavon » sur le Rhône, de
la moitié du village de Tourves au comté d'Aix, sauf le château, qu'il
tient de l'héritage de ses parents, pour le remède de son âme, de celles de
son père, de sa mère et de sa femme Teucinde.*

A. Original perdu. — *B.* Copie perdue : Cartulaire de Saint-André-lez-Avignon,
fol. 35. — *C.* Polycarpe de la Rivière, *Annales*, fol. 607-608, *ex Cartario S. Andreae*, fol. 35.

---

1. *Sic*, pour *consortes*.
2. *Sic*, pour *ibidem*.
3. *Sic*, pour *Arelate*.

Ego[1], in Dei nomine, Heldebertus, tactus amore[2] diuino & accensus charitate paterna, cedo, do et trado monasterio Sancti Andreæ, Sancti Michaelis et Sancti Martini confessoris quod est fundatum in monte Andaone supra fluuium Rhodani vel ipsis monachis, qui modo ibidem famulantur Domino et illic futuris temporibus diuina egerint mysteria, aliqua de rebus propriis, quæ mihi de parte genitorum[3] meorum obuenerunt[4]. Et sunt eæ res in comitatu Aquensi, in villa quæ nominatur Turris, illa medietas quam ego ibidem habeo cum omnibus adjacentiis et pertinentiis suis, excepto castro, quam ego prædicto monasterio dono, pro Dei amore et remedio et liberatione animæ meæ, vel genitoris atque genitricis meæ & vxoris meæ Teucinnis, vt Deus omnipotens animas nostras absoluere dignetur, per intercessiones sanctorum et orationes monachorum. Si quis autem de parentibus meis vel qualibet alia opposita persona istam donationem irritare præsumpserit, iram omnipotentis Dei incurrat et componat in vinculo tantum et aliud tantum et insuper sit anathema, maranatha. Actum publice Auenione cĭvitate, in mense aprili, anno dominicæ incarnationis millesimo secundo, indictione decima quinta. *Signum* Eldeberti, qui istam donationem fecit et testibus firmari rogauit, manu sua firmauit. Heldebertus Auenionensis ecclesiæ humilis episcopus firmauit. *Signum* Adalax comitissæ et filii eius Willelmi comitis. *Signum* Adalelmi, Carbonelli, Laufredi, Rodulfi, Isnardi &c. Vitalis leuita, mandante Aldeberto judice, scripsit.

XCV

Avignon, juin [1002].

Don, par Radburge, à Notre-Dame, Saint-Martin et Saint-Pierre de Montmajour, d'une vigne, qu'elle tient par héritage de ses parents, dans le comté d'Avignon, au lieu dit Vignolas, sous réserve de l'usufruit.

A. Arch. départ. des Bouches-du-Rhône, H, Montmajour. L'original, existant en 1889, parait ne pas pouvoir se retrouver actuellement.

a. Du Roure, p. 76-77, d'après l'original aux Arch. des Bouches-du-Rhône, collationné.

---

1. P. 607.

2. Après *amore*, Polycarpe a écrit le mot *Dei* qu'il a biffé et remplacé par *diuino*.

3. Après *genitorum*, Polycarpe a écrit : *meorum non regibus*, mots qu'il a biffés et remplacés par *meorum*.

4. P. 608.

Auctoritas etenim jubet ecclesiastica [1] [et lex consistit romana ut, qui-cumque rem suam in qualicumque potestate transfundere voluerit, per paginam testamenti eam infundat ut prolixis temporibus secura et quieta permaneat]. Igitur, ego Radburga femina, hauctoritate secuta, dono ad monasterium Sancte Marie vel Sancti Martini et Sancti Petri, que funda-tur in Monte Majore, aliquid de res proprias meas, que mihi ex projenie parentorum meorum legibus obvenit, una pro Dei amore et remedium et liberacione animee [2] vel anime parentum meorum vel ud nobis pius Dominus, per intercessionibus sanctorum vel oraciones monacorum, paradisi gaudia mereamur introire. Est autem ipsa uinea in comitatu Advenionensi, ubi dicitur Vignolas, in illo clauso. Consortes, de totas, me donatrice et eredes meos vel si quis alii sunt consortes. Si autem eve-nerit, quod minime credo, si ego aud ullus homo de propinquis parenti-bus meis vel quislibet ulla obposita persona, qui contra hanc donacionem [istam ire, inquietare vel inrumpere] tentauerit, non uindicet, set componat in uinculo auri uncia I et postea hec donacio firma et stabilis omnique tempore permaneat. Ea vero racione, unde ego vivo, usum et fructum mihi servo et omni anno vestitur[am ; eredes mei (?)] ad ipso monasterium donet et alias vineas in locum medietatis teneant que geni-tor meus ad ipso monasterio donavit, post obito meo, ad ipso monaste-rio revertat. Facta donacione ista in Advenione civitate, in mense junio, anno VIIII. regnante Rodulfo rege, indictione II. Signum Radburga femina, qui anc donacione ista fieri jussit et testes [firmare] rogauit manu sua firma.

XCVI

Aix, 20 octobre 1002.

Don, par Amalric archevêque d'Aix, du conseil de ses chanoines, à Archinric abbé de Montmajour et à ses moines, de l'église rurale de Saint-Pierre et des dîmes du village y attenant.

Souscriptions confirmatives de l'évêque d'Avignon Pierre et de l'é-vêque [de Cavaillon] Engelran, des juges Eldebert et Adalelme.

---

1. L'éditeur ne donne pas le passage suivant.
2. *Sic*; il faut rétablir *anime mee*.

A. Original perdu. — *B.* Copie du xviie siècle avec la rubrique « Donatio Amalrici
Aquensis archiepiscopi » : Bibl. nat., ms. lat. 13915, fol. 48 v°.
a. *Gallia christiana*, t. I, *instr. eccl. Avenionensis*, col. 139, n° VIII. — *b.* Chantelou,
Histoire de Montmajour, éd. du Roure, p. 96.

Statutum est a cunctis patribus præmisvs sit quæque commutentur
quodam modo, vel dentur, firmentur testamento videlicet descripto quo
semper sistant firma, authoritate fixa, ne possint violari vel umquam
minorari. Affectu quidem tali, complacuit notari quod domnus Archinricus omni honore dignus, abbas Montismaioris, cum monachorum cho-
ris, accessit ad Aquensem tunc temporis pollentem antistitem benignum
summumque Amalricum, poscens ab eo donum suorum decimorum necnon ecclesiarum videlicet suarum, ad augmentandam domum cui præest
et locum et gregem conferendum cohabitantem secum hic in Dei timore
cœnobitali more. Tunc pontifex ut pius, prece cuius gauisus, canonicorum
grege subiecto sibi lege constante uniuerso, partim quoque subscripto,
cœpere conclamare sibi libenter dare vt chariori patri et confamiliari.
Tandem, sumpto consultu, magno quidem resultu, prædictus præsul primus ac clericatus cunctus dedere, conlaudantes sibique confirmantes et glo-
riosæ matri factoris regis Christi necnon Symoni Petro apostolorum
primo, Sancti Petri ecclesiam Hermensem et decimum villensem ex
cunctis decimandis substantiis et dandis, vt habeant tenentes futuri
ac præsentes, inhabitantes Monte videlicet Maiore, parentes Trinitati et
Archinrico patri vel omnibus futuris cœnobium recturis. Anno
incarnationis dominicæ MII, indictione i, facta charta donationis est hæc
in Aquis ciuitate publice, xiii kalendas nouembris, data a domno præsule Amalrico, in conspectu canonicorum et fidelium suorum, scilicet
laicorum, Archinrico abbati, monasterio Montismajoris et monachis ibidem Deo famulantibus, ita quidem vt, ab hac die, nemo nostrum vel
successores nostri habeant licentiam vllomodo repetendi vel quodam modo
calumniandi. Signum archiepiscopi domni videlicet Amalrici qui hoc
fecit describi at a canonibus[1] suis corroborari. Petrus episcopus sanctæ
sedis Auenionensis, qui tunc præsens aderat, iussu eius firmauit. Ingilran-
nus episcopus firmauit. Garnerius presbiter firmauit. Durandus presbyter
firmauit. Sancto presbyter firmauit. Barangerius presbyter firmauit. Ratfre-
dus presbyter firmauit. Rannulfus leuita firmauit. Heldebertus judex firma-
uit. Isnardus firmauit. Isnardus filius ejus firmauit. Constantius firmauit.
Gonbertus firmauit. Wilelmus firmauit. Adalelmus judex firmauit.

---

1. *Sic.*

XCVII

[1003.]

Don, [par Pons, Francon, Laugier, Isnard et le clerc Richaud?] à Saint-André du Mont-Andavon, des églises Notre-Dame, Saint-Jean, Saint-Pierre et Saint-Étienne du Bion, avec les droits de ces églises sur les sépultures du pays et les dîmes qui en dépendent.

Ce don est souscrit par les évêques Eldebert d'Avignon, Féraud de Gap, Elmerade de Riez, Étienne de Carpentras, le comte Roubaud, le juge Bonfils.

> *A.* Original perdu. — *B.* Copie du xiie siècle perdue : Cartulaire de Saint-André d'Andavon, fol. 46 vo. — *C.* Copie partielle du xviie siècle : Polycarpe de la Rivière, *Annales*, feuillet additionnel entre les p. 608 et 609, joint au texte relatif à l'an 1003, avec la rubrique : « Donum [1] quarumdam ecclesiarum Cœnobio Sancti Andreæ montis Andaonis concessarum ».

Audiuimus quemdam virum in Ecclesia cæteros &c [2] . . . .
. . . .
Manus illorum firmauit. Signum Eldeberti Auenionensis ecclesiæ humilis episcopi qui firmauit. Faraldus Wapincensis episcopus firmauit. Almeradus Regensis episcopus firmauit. Stephanus Carpentoratensis episcopus firmauit. Robaldus comes firmauit. Signum Pontii, Franconis, Lotgerii, Isnardi, Ricaudi clerici, Bonfilii judicis, &c.

Petrus monachus scripsit [3].

XCVIII

Avignon, 11 janvier 1005.

Restitution à Saint-André du Mont-Andavon par Adalelme, par devant la comtesse Alix et son fils le comte Guillaume, en présence d'Eldebert, évêque d'Avignon, et du vicomte Auphant.

---

1. En marge : *ex Cartar. S. Andr., fol. 46*.

2. Il ajoute : « qu'il faut descrire du Cartulaire Saint-André, fol. 45b, jusques à ces mots incluz ».

3. Il explique : « Breue autem de his omnibus quæ in Albione sunt et erunt est, ut qui ibi obierint, veniant sepulturæ causa ad locum Sanctæ Mariæ et S. Joannis et S. Petri

A. Original perdu. — *B*. Copie du xııe siècle perdue : Cartulaire de Saint-André d'Andavon, fol. 35 v⁰. — *C*. Copie du xvııe siècle incomplète : Polycarpe de la Rivière, *Annales*, p. 609.

Omnis[1] actio, quæ ante principis præsentiam delata in contentionem proruperit, secundum juris statum definiri oportet, ne aliquo succedenti tempore in litem deducatur. Quapropter ego Adalax humilis comitissa et filius meus Willelmus comes &c[2]. . . . .

. . . .

verum esse quod asserebat et noluit eos diutius contristare, sed, accepto pusillo lapide, inde guirpicionem faciens ante præsentiam virorum nobilium, id est domni Heldeberti episcopi, Elefanti vicecomitis, Gausberti, Gomberti, Galafredi, Augerii et aliorum plurimorum virorum nobilium, omnem querelam perdonauit &c. . . . .

Actum Auenione, tertio idus januarii, anno dominicæ incarnationis millesimo quinto, indictione tertia. Signum Adalelmi qui[3] donavit et firmauit. Domnus Heldebertus humilis episcopus firmavit. &c. . . . .

. . . .

XCIX

Avignon, 21 septembre 1006.

Don, par l'évêque d'Avignon Heldebert, du consentement de onze de ses chanoines, par Rostaing, sa femme et ses quatre fils, au monastère Saint-André et Saint-Martin-lez-Avignon, de l'église Saint-Pierre de Lirac au comté d'Avignon.

Confirmation postérieure par le comte Pons, par Rostaing fils d'Éme-non, par Humbert fils de Bertrand, par Raymond et Léautaud.

A. Original perdu : Arch. de Saint-André, layette 1, liasse 1. — *B*. Copie du xvııe siècle : Arch. départ. du Gard, H 261 ; 4 ff. papier, avec la cote ancienne B, layette 2, liasse 1. Charte 1. — *C*. Bibl. d'Avignon, ms. 2466, fol. 190 (sur l'orig. coté layette 1, liasse 1). — *D*. Bibl. nat., ms. 8971, p. 48-49, fol. 29 v⁰-

---

et S. Stephani cum decimis de pane et de vino, de carne et de omnibus rebus de Albione, sine ulla inquietudine. »

1. En marge : *Ex Cartar. S. Andr., fol. 35.*

2. Il ajoute : « qu'il faut descrire dudit Cartulaire, fol. 35ᵇ, jusques à ces mots incluz ».

3. Polycarpe avait écrit *qui notam* ; il a biffé *notam* qu'il a remplacé, en interligne, par *donavit et.*

30 r⁰, d'après l'original en parchemin aux archives du monastère. — *E*. Bibl. nat., ms. lat. 13916, fol. 5-6 r⁰ (sans les notices). — *F*. Bibl. nat., ms. lat. 12762, p. 253. — *G*. Bibl. d'Avignon, ms. 2399, fol. 35, n⁰ 25. — *H*. Bibl. d'Avignon, ms. 2401, fol. 3 v⁰-4 v⁰. — *I. Ibidem*, ms. 2776, fol. 248 v⁰-249 r⁰. — *J*. Bibl. de Carpentras, ms. 503, fol. 610 (d'après le Cart. de Saint-André, fol. 45, *texte écourté*).

a. D'Achery, *Spicilegium*, nov. ed., 1723, in-fol., t. III, p. 384-385.

In nomine Jhesu [1] Christi, veri æterni Dei, Heldebertus, Avenionensis eclesiæ humilis episcopus, ejusdem Jhesu [2] Christi servus et Rostagnus nobilissimus vir, cum uxore sua Belletrude et filiis Petrone clerico et Bertranno et Rostagno seu Emenone. Veteris et [3] novi conclamat series testamenti eos, qui terrena dona pauperibus tribuunt atque de suis opibus in eclesia Domini [4] militantes sustentant, ab eo æterna præmia recepturos, qui in judicium veniens suis electis dicturus erit : « venite, benedicti patris mei, percipite regnum quod vobis paratum est ab origine mundi » ; quod verum esse non ambigit, qui subtili indagatione mente pertractat, quod in Evangelio veritas jubet: « date » inquiens, « eleemosinam [5] et ecce omnia munda sunt vobis » et iterum : « thesaurisate vobis thesauros in coelo ubi nec erugo [6] nec [7] tinea demolitur et ubi fures non effodiunt nec furantur » et quod bonus pater prudenti filio intulit, dicens : « eleemosina [8] a morte liberat et non permittit hominem ire in tenebras » et quod quidam sapiens dicit : « redemptio animæ viri propriæ divitiæ ». His igitur animadversis [9], ut arbiter totius orbis nostris animabus in die tremendi examinis dignetur misereri atque, per intercessionem servorum Dei in illa mansione qua Regis regum conspectu perfruitur, suorum efficiat consortes fidelium, donamus, monachis qui in coenobio Sancti Andreæ et Sancti Martini, quod esse constat infra nostram diocesim in monte Andaone, super flumen Rodani, modo famulantur Deo et futuris temporibus illic divinum egerint ministerium, aliquid ex rebus nobis commissæ ecclesiæ, id est ecclesiam Sancti Petri, quæ est in comitatu Avenionensi, id est [10] in Alieraco minore, cum omnibus quæ ipsi ecclesiæ et ipsi villulæ attinere seu pertinere videntur, damus eis potestatem, semota omni inquietudine, tenendi et possidendi. Præcipio enim ut abbas et monachi, qui sub eo in ipso monasterio manserint, prædictam ecclesiam cum suprascriptis rebus obtineant et, per singulos annos in festivitate sancti Petri, pontifici Avenionensis ecclesiæ tres solidos fideliter in censum persolvant. Si igitur

---

1. Les variantes suivantes sont tirées du ms. lat. 13916, fol. 5-6 r⁰ :

Jesu — 2. Jesu — 3. ac — 4. Dei — 5 Eleemosynam — 6. ærugo — 7. neque — 8. Eleemosyna — 9. animi adversis — 10. Avenionense, in Alieraco.

evenerit ut aliquis ex successoribus nostris seu quislibet homo aut ulla opposita persona hanc donationem nostram surgat ad irrumpendum[11], quod tentaverit non vendicet, sed omnipotentis Dei iram et maledictionem percipiat et cum Juda traditore et Dathan et Abyron[12], quos terra absorbuit, in inferno demergatur et sit anathema, maranatha et[13] insuper sciat se excomunicatum et a liminibus sanctæ Ecclesiæ separatum a beatis apostolis Petro et Paulo et a beato Andrea cujus donationem irritare præsumpserit[14] et, ut hoc testamentum in futuris temporibus inconvulsum obtineat vigorem, manibus canonicorum meorum insigniri jussi. Actum publice Avenione, XI[15] kalendas octobris, anno dominicæ incarnationis millesimo VI[16], indictione quarta.

Signum Heldeberti humilis episcopi et Rostagni qui hoc testamentum scribi et firmari jusserunt.

Signum Durandi presbiteri.	Signum Ranulphi levitæ.	Signum Aimoni presbiteri.
Signum Barangarii presbiteri.	Signum Radfredi presbiteri	Signum Annoni presbiteri.
Signum Pontii presbiteri.	Signum Geronimi presbiteri.	Signum Amblardi presbiteri.
Signum Santoni presbiteri.	Signum Ademari presbiteri.	Signum Danielis[17] presbiteri.
Signum Uuarnerii levitæ.	Signum Aicardi levitæ.	Signum Poncioni levitæ.
Signum Petri clerici.	Signum Bertranni.	Signum Rostagni.
Signum Emenoni.	*Umbertus filius*	*Pontius comes subscripsit.*
Rostagnus filius Emenoni	*Bertranni donavit*	*Raymundus subscripsit.*
donavit atque firmavit.	*atque firmavit[18].*	*Lautaldus subscripsit[19].*

---

11. inrumpendum. — 12. Abiron — 13. maranata — 14. præsumpsit — 15. undecimo kal — 16. sexto — 17. Danieli — 18. La souscription d'Umbert est rejetée sous celles de Rostaing, fils d'Émenon, et de Léautaud ; elle remplit toute une ligne, la dernière. Ces cinq dernières souscriptions, transcrites ici en italiques, sont postérieures. — 19. Polycarpe de la Rivière, d'après le Cartulaire de Saint-André, fol. 45, donne le texte suivant écourté :

« In nomine Jesu Christi veri et æterni Dei, ego Heldebertus Auenionensis ecclesiæ humilis episcopus, eiusdem Jesu Christi seruus, ut meæ peccatricis animæ in die tremendi examinis totius orbis arbiter misereri dignetur, dono monasterio Sancti Andreæ et Sancti Martini, quod esse constat infra nostram diœcesim in monte Andeone, super fluuium Rhodani, aliquid ex rebus mihi commissæ ecclesiæ, hoc est ecclesiam Sancti Petri quæ est in comitatu Auenionensi, in villa Alleraco minore, cum omnibus quæ ipsi capellæ et ipsi villulæ atinere seu pertinere videntur, dans ei potestatem, semota omni inquietudine tenendi et possidendi. Ita tamen ut per singulos annos in festiuitate Sancti Petri, pontifici Auenionensis ecclesiæ tres solidos in censum persoluant. Supplico tandem omnes successores meos ne hoc donum inquietare præsumant sed magis cum charitate affirment &c......

« Factum hoc donum publice Auenione, vndecimo kalendas octobris, anno dominicæ incarnationis millesimo sexto. Indictione quarta.

« S. Eldeberti humilis episcopi qui hoc testamentum scribi et firmari jussit. S. Warnerii Durandi &c. Omnes canonici, presbyteri & leuitæ et clerici firmauerunt. »

Polycarpe dit ensuite : « Quo die, mense et anno, Rostagnus de Sabrano nobilissi-

C

Saint-André-lez-Avignon, novembre 1006.

Don, par Giroin et Constance sa femme, à l'abbaye Saint-André et Saint-Martin, de biens situés à Candau, sur le terroir des Angles, au comté d'Avignon, pour former le patrimoine de leur fils qu'ils offrent au monastère.

A. Original perdu : Arch. de Saint-André, layette 1, liasse 1. — *B*. Bibl. d'Avignon, ms. 2466, fol. 190 r⁰ : « Archiv. de l'abbaye de Villeneuve de Saint-André d'Avignon, layette 1, liasse 1. » — *C*. Bibl. d'Avignon, ms. 2399, fol. 37, n⁰ 26. — *D*. *Ibidem*, ms. 2401, fol. 4 v⁰. — *E*. Bibl. nat., ms. lat. 13916, fol. 6 v⁰.

a. D'Achery, *Spicilegium*, éd. in-fol., t. III, p. 385 (texte incomplet).

Auctoritas [1] etenim jubet ecclesiastica et lex consistit Romana ut, quicumque rem suam in qualicumque potestate transfundere voluerit, per paginam testamenti eam infundat, ut, prolixis temporibus, secura et quieta permaneat. Quapropter, ego Giruinus et uxor mea Constantia quo filio nostro nomine Acardo donamus, ad monasterium constructum in honore sancti Andreæ atque beati Martini in monte Andaone super fluvium Rodani, ubi domnus Martinus abbas præesse videtur, sive ad monachos qui ibi Deo famulantur, omnem hæreditatem nostram quam visi fuimus habere aut possidere in pago Advenico, in villa quæ vocatur Candalis vel in ipsa fine [cum ingr]exis et regressis, omnia et exo................ et quicquid visi sumus habere in villa Marmanicas, in ipsa insula que vocatur Testel........ ballis, hoc [est...] et campi et terris arabiles, cum manso adjacente in jamdictam villam Candalam, omnem partem nostram quam visi fuimus habere in jamdictis villis et locis, pro remedio

---

mus vir cum uxore sua Belletrude et filiis Petro clerico et Bertranno, Rostagno et Emenone similem chartam scribi voluit donationis integræ omnium quæ illi competebant in dicta villula de Alieraco minore ad opus eiusdem monasterii subscribentibus et firmantibus Pontio comite et Raymundo comite, Umberte filio Bertranni et Rostagno filio Emenonis. »

1. Polycarpe, *Annales*, p. 619, dit : « Aliorum etenim qui similibus donis idem monasterium prosecuti sunt, confectis pari stylo chartis, hæc est series sive descriptio nominum : Constantinus et uxor eius Pontia, Martinus et Elena coniux, Felix et Willelmus, Pontius et Adalsenna uxor, Marcellus et Teucinna conjux, Magnifredus, Landricus, Lautardus, Guarnaldus et Joanna vxor illius, a quibus abbas et monachi totam fermè villam de Candals dono datam in anathema perpetuum acceperunt. »

animarum nostrarum sine aliqua contradictione, ita sane de nostro jure vel potestate in arbitrio atque dispositione abbatis prefati loci et omnibus monachis ibi Deo pie famulantibus tradimus, donamus atque concedimus ad abendum, tenendum seu commutandum ab ac die habeant licentiam in Omnipotentis nomine vel quicquid facere voluerint. Sane, si quis nos aut ullus de heredibus nostris, qui contra hanc donationem istam ire, inquietare vel inrumpere voluerit, iram et maledictionem Dei omnipotentis incurrat et non valeat vindicare quod repetit, sed componat in vinculo tantum et alium tantum et inantea donatio ista firma et stabilis permaneat. Facta carta ista in monasterio sancti Andreæ, in mense novembri, die dominico, anno incarnati verbi millesimo sexto, indictione IIII. Signum Giruini, qui hanc donationis cartam fieri et firmari rogavit. Signum Constantiæ uxoris ejus voluit et consensit. Signum Acardo filius ejus firmavit. *Signum* Aycardo *subscripsi.* Isnardus *subscripsi. Signum* Aimo *subscripsi. Signum* Bonfilius *subscripsi. Signum* Constancia *subscripsi. Signum* Pontia *subscripsi. Signum* Ramburga *subscripsi.* Petrus monacus *scripsit*[1].

CI

Arles, 1008.

Don, par Aicard, à Notre-Dame et Saint-Pierre de Montmajour, du quart du village de Saint-Pierre d'Alleins, sur les limites des pays d'Aix, Avignon et Arles, et également de la moitié du village et du château de Belcodène, avec le quart du village d'Ollières, sous réserve de l'usufruit.

> *A.* Original perdu. — *B.* Transcription du XVIIᵉ siècle : Bibl. nat., ms. lat. 13915, fol. 63 rᵒ.
>
> *a.* Chantelou, *Histoire de Montmajour*, éd. du Roure, p. 121-122.

Sacrosanctæ Dei ecclesiæ, quæ constructa esse videtur in loco qui Mons Maior nuncupatur et dicata in honore sanctæ Dei genitricis Mariæ almique Petri apostolorum principis, ego Aycardus dono quartam partem et, in quantum mihi pax obvenit in villa sancti Petri ad Alignis, totum et ab integro in terris cultis et incultis, mansis et cabannariis et in casalibus disruptis, in aquis aquarum et decursibus earum, in pratis, in vineis, in hortis. Quæ res sitæ sunt in terminio Aquensi sive Avenionensi vel Arelatensi et medietatem de villa, quæ dicitur Bolcodena, et in quantum mihi pax

---

1. Les transcriptions portent *Petrus Moneconst...*

obvenit in ipsa villa et in terminiis ipsius, in terris cultis et incultis, in mansis et cabannariis et in casalibus disruptis, in ecclesiis constructis et destructis et, insuper etiam, in castro, si aliquod ibi constructum in antea fuerit, in aquis aquarum et discursibus earum, in pratis et pascuis, exigis et oglatis, in garicis, in campis et vineis atque plantatis et in quantum modo homines ruptum habent et inantea rumpere debent et, in villa de Olerias, quartam partem de ipsa villa cum omnibus pertinentiis suis in vineis, in campis, in terris cultis et incultis, in pratis, in pascuis, in ecclesiis, ea ratione ut, quamdiu ego vixero, teneam, post meum vero decessum, ad jamdictum monasterium revertantur. Facta chartula ista, in Arelate civitate, anno dominicæ incarnationis M. VIII, indictione VI, regnante Rodulfo rege.

Signum Aycardi. *Signum* Leutgardæ eius uxoris. *Signum* Rotbaldi comitis. *Signum* domni Poncii episcopi Massiliensis. *Signum* Willelmi eius fratris vicecomitis. *Signum* Folconis. *Signum* Radaldi. *Signum* Joannis. *Signum* Troctaldi. *Signum* Icterii. *Signum* Bermundi clerici &c.

Aginulfus cernuus scripsit monachus, Aicardo donatore rogante.

CII

[25 décembre 1003–20 juin 1009][1].

Mandement de Jean XVIII, à Inguilran, évêque de Cavaillon, lui ordonnant de soumettre à l'abbaye de Saint-André-lez-Avignon les églises bâties ou à bâtir sur le mont de Thouzon et qui dépendent du Siége apostolique, à condition que cette abbaye paiera chaque année pour ces églises, au palais du Latran, une livre de cire.

CIII

Avignon, 1ᵉʳ octobre 1009.

Notice[2] *de la confirmation, par l'évêque d'Avignon Heldebert, au monastère Saint-André, des biens qui lui ont été concédés par son prédécesseur Garnier.*

A. Original perdu. — *B.* Bibl. de Carpentras : Polycarpe de la Rivière, *Annales,* ms. 503, p. 611 ; mention d'après le Cart. de Saint-André, fol. 46.

---

1. Voir l'acte de 1014, ci-dessous, nᵒ CX.

2. Voici les termes de Polycarpe : « Millesimo nono a Jesu nato, memoratus Avenionensis antistes Heldebertus nouo rescripto concessa a Warnerio prædecessore suo Montis

CIV

Saint-André-lez-Avignon, 29 janvier 1009/1010.

Confirmation, par l'évêque d'Avignon Heldebert, au monastère Saint-André et Saint-Martin-lez-Avignon qui, dépendant de l'église Notre-Dame et Saint-Étienne-d'Avignon et jadis, dit-on, existant, puis détruit, avait été relevé par son prédécesseur Garnier, de l'église Saint-Pierre de Villeneuve, dépendant également de Saint-Étienne, et des biens ecclésiastiques, tenus à Saint-André en fief par des laïcs, que ledit Garnier avait concédés audit monastère, et que ses successeurs Rostaing et Pierre, évêques d'Avignon, lui ont déjà confirmés.

> *A*. Original perdu. — *B*. Copie du XVIIe siècle sans les dernières souscriptions : Bibl.
> de Carpentras, ms. 513, fol. 141 vo-143 ro, no 29. — *C*. Copie incomplète, mais
> avec toutes les souscriptions : Bibl. nat., ms. lat. 8971, fol. 29 ro ; le copiste ajoute :
> in dorso vero autographi in cartophylacio archiepiscopali Avenionensi existentis,
> hoc legitur inscriptum : « De ecclesia Sancti Petri in Villanova 999999. » —
> *D*. Copie plus incomplète : Bibl. nat., ms. lat. 12762, p. 247. — *E*. Bibl. nat.,
> ms. lat. 13916, fol. 1 ro-vo. — *F*. Bibl. d'Avignon, ms. 2399, fol. 35. — *G. Ibi-
> dem*, ms. 2776, fol. 249 ro. — *H. Ibidem*, ms. 2401, fol. 1 ro-vo.

In nomine Dei summi, qui unus in individua trinitate gloriatur, Heldebertus, gratia Dei Avenionensis ecclesiæ humilis episcopus. Virtus et sapientia Dei, dominus Jesus Christus, cum ad prædicandam evangelicam veritatem proprios in orbem terrarum mitteret discipulos, inter cetera ejus sacratissima præcepta, in singulis urbibus construere jussit ecclesias in quibus divina officia agerentur et omnes, credula fide, ad eum confluentes, divini verbi pabulo recrearentur; quod illius sacratissimis obtemperantes jussis agere studuerunt et per quatuor mundi climata sequaces suos id ipsum facere perdocuerunt. Postea vero, christiana religione crescente, sancti viri, non solum in urbibus, verum etiam in suburbiis, eclesias dedicaverunt in quibus aut canonici aut monachi sedulo Christo officia exhiberent, ex quorum numero illum fore credimus qui quondam fide plenus infra nostram dioecesim super ripam Rodani, scilicet in Monte Andaone, qui est in prædio Sanctæ Mariæ et Sancti Stephani, in hono-

---

Andeonis Sancti Andreæ cœnobio prædia, jura, ecclesias, decimas et consuetudines munit
et firmat, publice Auenione dato, calendis octobris, in præsentia Adelax comitissæ et
Willelmi comitis eius filii, Rostagni de Sabrano, Augerii, Leutardi, Poncii, &c. »

rem sancti Andreæ Apostoli et sancti Martini confessoris monasterium construxit atque de nostræ ecclesiæ rebus ditavit. Novimus enim quod concio inibi quondam congregata multos monastica vita duxit per annos sed a quibus postea destructum fuerit penitus ignoramus : hoc tamen scimus quod, ap ipso tempore usque ad domni Warnerii episcopi tempus, fuit destructum, quod ille, divina ut credimus suggestione permotus, reparare acceleravit, ibique monachos adgregavit, ex quibus unum cœterorum electione abbatem instituit. Considerans quoque quod, sine temporali stipendio, vivere nequirent, dedit eis, de propriis rebus Sancti Stephani, ecclesiam Sancti Petri, cum decimis et primiciis et oblationibus sive cum omnibus quæ ei attinere seu pertinere videntur, terras etiam et prædia Sancti Andreæ, quæ seculares viri in beneficio per manus episcoporum tenuerant, ipsi ecclesiæ et monachis ibidem Deo famulantibus sub omni restituit integritate. Quod successores ejus, scilicet domnus Rostagnus et dominus Petrus, laudaverunt et, salva canonica authoritate constare firmum per sæcula mandaverunt. Nos vero, ut eorum participes in compensatione fore queamus, quicquid illi, aut scripto aut verbo, ipsi loco dederunt vel restituerunt, per hujus nostræ assertionis scriptum adfirmamus ac per nostram munificentiam ratum manere inperpetuum censemus. Quod, si quis mortalium a modo infringere molitus fuerit, nisi resipuerit, sentiat se ad sex libras auri damnandum fore et hujus nostræ assertionis testamentum omne per ævum maneat inconvulsum. Actum publice, Avinione, IIII kalendas februarii, anno dominice incarnationis M°VIIII°[1], indictione VIII[2]. *Signum* domni Eldeberti episcopi, qui hanc scedam scribi et firmari jussit. *Signum* Durandi presbiteri, qui hanc scedam relegens firmavit. *Signa* Pontii[2], Berangerii, Geronimi, Santoni, Annoni, Vuarnerii, Danieli, Amblardi, Aycardi, omnes presbiteri. Signum Vuarnerii levitæ, Pontii Aycardi.

CV

[Rome, 16 mai ? 1010.]

Mandement de Serge IV, à Amalric archevêque [d'Aix], à Pons archevêque [d'Arles], à Eldebert évêque [d'Avignon], à Jocelme évêque

---

1. Le copiste du ms. 513 note : *sic legitur in instrumento veteri, melius tamen si :* M° XX°V°.

2. A partir du nom suivant, les dernières souscriptions sont fournies par les ms. de la Bibl. nat., lat. 13916 et 8971.

[de Fréjus ?], à Almerade évêque [de Riez], à Frodon évêque de [Sisteron], sur la demande d'Archinric, abbé [de Montmajour], portée à la curie par le moine Otbert, les prévenant qu'il concède à Étienne, évêque [d'Apt], le pouvoir de consacrer, avec la bénédiction apostolique, l'église de Notre-Dame, Saint-Jean, Saint-Pierre et Saint-Benoît de Correns en remettant le tiers de leur pénitence à tous les fidèles qui y viendront une fois par an à dater de cette consécration, absolvant entièrement les chevaliers Eldebert et Renard, bienfaiteurs de ladite église nouvelle, fils de feu Lambert.

> *A.* Transcription du xviiᵉ siècle : Bibl. nat., ms. lat. 13915, fol. 50 rᵒ-vᵒ. — *B. Ibidem*, ms. lat. 12762, fol. 300, texte incomplet.
>
> *a. Gallia christiana*, t. I, *Instr.*, p. 104. — *b.* Migne, *Patrologie latine*, t. CXXXIX, col. 1520, texte incomplet.
>
> Ind. Jaffé, *Regesta*, 2ᵉ éd., nᵒ 3969 : *faux*. Malgré le sentiment de Jaffé, il n'y a pas de raison de suspecter davantage ce mandement que celui transcrit, au fol. 65 du ms. lat. 13915, au sujet de Pertuis, et mentionné comme authentique par Jaffé sous le nᵒ 3978. Le nᵒ 3968 paraît être un acte remanié.

Sergius episcopus, servus servorum Dei. Notum omnibus, ad quoscumque hæc nostræ constitutionis series cum apostolica benedictione peruenerit, fieri volumus, præcipue Amalrico archiepiscopo Pontionique archiepiscopo, Eldiberto episcopo, Jocelmo [1] episcopo, Almerado episcopo, Frodoni episcopo, cæterisque manentibus quibuscumque omnibus tam clericis quam et laicis, salutem charissimam et benedictionem apostolicam. Mandare studemus quia apostolo Petro, vt fere omnis catholicus orbis agnoscit, potestas cœlitus est collata quatenus soluat a peccatorum vinculis et liget quos vult in cœlo et in terra et cui vult dimittat et quem vult perdat. Nobis ergo, suam vicem gerentibus quamuis immeritis, commissum est vt omnes quos poterimus adiuuemus et apostolica authoritate adiutorium petentibus concedamus. Igitur, sciatis quoniam Archinricus abbas ad nostram apostolicam sedem Otbertum monachum misit, vt nostra benedictione Stephanus episcopus ecclesiam Sanctæ Mariæ Sanctique Johannis et Sancti Petri ac Sancti Benedicti consecret et benedicat. Quod, sciatis, fecimus et in ejus consecratione talem benedictionem et absolutionem concedimus, vt, quicumque pœnitens ad eam in consecratione ipsius aduenerit, tale remedium percipiat ibi. Tertiam partem pœnitentiæ illi dimittimus et ecclesiam vsque ad caput anni ei reddimus et pacem et

---

1. Le manustrit porte : Jocelino.

capillos incidere habeat et, si mors in capite anni euenerit vel infra
annum, ex nostra parte absolutus permaneat et, si desiderans præ infir-
mitate annualiter venire nequiverit et interueniente morte occubuerit,
in ea absolutione permaneat. Aldebertus vero et Rainoardus, qui hanc
causam propter amorem Dei fieri in eorum potestate adiuuando cupiunt,
de pœnitentia, in qua modo suspirant, absoluti sint et habeant integram
licentiam et possibilitatem in quantum voluerint, tam ipsi quam sui,
augendi et crescendi eumdem locum nouiter ædificatum et cœnobium
Montis maioris, quod juris est Romanæ ecclesiæ, Sancti Petri et nostri,
tam in honoribus ecclesiasticis, qui in sui potestate habentur, quam in
cœteris possessionibus iuxta piam petitionem venerabilis abbatis prædicti
loci Archinrici et modo et in futuro, sicut olim Lambertus pater eorumdem militum, conueniendo scribere fecit. Quicumque vero huic loco Correno vel Montimaiori benefecerit, talem benedictionem accipiat, sicut
superius diximus, et, qui ad hanc ecclesiam ierit, securus de omnibus
inimicis suis vadat et, qui ei aliquod impedimentum prestiterit, sciat se
excommunicatum et anathematisatum. Si quis itaque, quod non optamus,
temerario ausu, contra hanc nostram præceptionem ire conatus fuerit et
in villa quæ vulgo Correno dicitur offenderit, si infra quadraginta dies
ad emendationem non venerit, sciat se maledictionibus omnibus maledic-
tum quæ in veteri et in novo continentur testamento, deglutiat eum
abyssus et vorago ignis gehennæ, fiat portio eius cum his qui dixerunt
Domino Deo : « recede a nobis, scientiam viarum tuarum nolumus »,
pereat in secundo examine. Maledicimus eum stantem et sedentem, dor-
mientem et vigilantem, manducantem et bibentem. Maledicimus eum
intus et foris ; sit ei cœlum æreum et terra ferrea ; pereant dies eius et filii
ejus maneant orphani, non recordetur nomen ejus amplius, sed veniat
mors super eum et descendat in infernum vivens.

Sergius, sanctæ catholicæ et apostolicæ ecclesiæ præsul.

Petrus episcopus.   Crescentius episcopus.   Petrus episcopus.
Gregorius episcopus.   Benedictus episcopus.   Stephanus.

CVI

1010.

*Don, par Hugues Blavie, pour sa rédemption, celles de sa femme et
de son fils Nivion, à Saint-Victor de Marseille et à son abbé Guiffrey, de
quatre modiatae de vignes dans le comté d'Avignon, entre Avignon et*

Apiarias, *et de la moitié de son alleu, dans le même comté, au canton*
Roubian, au lieu dit « à la Lône ».

> *A.* Original perdu. — *B.* Copie du XIIe siècle : Arch. départ. des Bouches-du-Rhône,
> H. Saint-Victor, Grand Cartulaire, fol. XLVIII-v° : *Carta Vgoni de Blauie.*
> *a.* Guérard, *Cartulaire de Saint-Victor*, t. I, p. 214-215, n° 186.

In Dei omnipotentis nomine, sanctissime eius dispositionis ordinatione, ego Vgo, quem uocant de Blauia, pro redemptione meę animę vxorisque meę karissime ac fili mei Niuionis simulque pro sanctissima omnipotentis Dei promissione, qua, inter cętera, dulcissimæ suę ammonitionis verba ait : « date et dabitur uobis » et alibi . « date ęlemosinam & ecce omnia munda sunt uobis &, sicut aqua extinguit ignem, ita ęlemosina extinguit peccatum ». Prouidentes siquidem nobis, dum hic satis fragili circundati degemus carne, quod proesse in futuro ac ualere possit nobis, offero atque dono, omnipotenti Deo, qui mihi dedit omnia quę habeo de ipsis suis donis, aliquid in ęlemosina ad proprium alodem Sanctoque Victori eius martyri & abbati presenti Wuifr&o, omnibus monachis tam presentibus quam futuris, qui secundum regulam sancti Benedicti ibidem uiuere studuerint, ut orent omnes pro salute nostra tam corporum quam animarum nostrarum & intercessores iugiter sint apud Deum pro percipiendis omnium peccatorum nostrorum remediis. Est autem predicta donatio in comitatu Auinionense, id est inter Auinionem et Apiarias, modiatas IIII^or de uineis &, in eodem comitatu, in Rubiano, in loco qui dicitur ad Launam, medi&atem de alode meo. Sane, si quis, quod euenire minime credo, contra hanc donationem nostram uenire uel obsistere uoluerit, obtinere non ualeat sed cogatur in uinculo exsoluere auri obtimi libras V. Facta hęc donatione anno incarnationis Domini M. X°. Ego Vgo hanc donationem scribere rogaui et manu mea roborata firmaui. Signum Wuillelmus uice comes firmauit. Fulcho frater eius firmauit. Bernardus Senior&us firmauit. Isnardus Adalras firmauit. Adalras filius Rainaldi firmauit. Bermundus clericus firmauit. Geilinus firmauit. Guidinillis vxor Niuionis firmauit. Filii eius P&rus atque Josfredus siue Vgo firmauerunt.

CVII

Châteaurenard, [dimanche 13 mai 1011 ?].

Don, par Mathilde, pour l'âme de son père et de sa mère illustre, du
conseil de ses fils Dodon, Guillaume, Pons, Arbert et Aimar, au prieuré

admirablement saint de Correns, des églises de Notre-Dame et Saint-Jean, sur le terroir du château de Barayol, sous la réserve de l'usufruit, en faveur de sa fille Balde et entre les mains du moine Imbert.

A. Transcription du XVIIe siècle : Bibl. nat., ms. lat. 13915, fol. 63 v°.

Sanctorum institutionibus statutum est antiquitus vt commutans honores vel agens cambiationes confirmet scriptis testibusque subnixis, vt temporibus futuris sit concessa stabilis talibus testimoniis, ne possint violari nec in æternum deleri. Nunc vero, licet omnia transeant et ad occasum veniant, verbum autem Domini in æternum manet dicentis : « venite benedicti [patris mei, percipite regnum quod vobis paratum est ab origine mundi »][1]. Propterea, Matildis, ego quidem peccatrix, considerans acta criminum exaucta meorum quidem innumera atque pro patris anima necnon et matris inclitæ ac pro parentum agmine, elegi locum vtique sanctitatis mirificæ Corrensem quidem nomine, hunc augens patrimonio ex meo nempe proprio, filiorum consilio, in quo parentes excubant et se jacere extimant, Dodoni scilicet, Willelmi, Pontii atque Arberti necnon Aimari. Estque istud patrimonium in Paracollis castrum, ecclesias scilicet beatæ Mariæ sanctique Joannis et quæ videntur ibi mei esse iuris, in præsentia[2] domni Vmberti monachi recepta chartula, in manu eius dextera, tali vero ratione vt, quamdiu filia mea Balda vixerit, teneat et possideat ; post mortem vero eius, ad Corrensem reuertatur cum hereditate villæ Tauernæ scilicet meæ quidquid mei iuris videtur esse totum et ab integro. Si quis hanc donationem inrumpere [voluerit, non vindicet quod repetit, sed componat tantum et alium tantum et, insuper, donatio ista firma et stabilis permaneat cum stipulatione interposita pro omni firmitate subnixa ?][3]. Facta donatio ista in castello Rainardo, anno DCCCCLXXVIIII a passo Domino, indictione VIII, die sancto Pentecosten cum generaliter solemnitatem celebrabant.

---

1. Dom Chantelou remplace par : &c. la fin de cette citation placée ici entre crochets.

2. Dom Chantelou remplace par : &c. la fin de cette formule placée ici entre crochets.

3. Dom Chantelou annonce qu'il y a une autre charte, présentant la variante suivante : « in præsentia domni Raiamberti abbatis monasterii Montismajoris ac Vmberti rectoris scilicet prædicti loci cœterorumque monachorum et quicquid mihi videtur habere in villa Tabernarum corroborans dono simili modo. Sane si quis hanc donationem inrumpere &c : Ego Matildis autrix huius donationis firmaui. Filii eius supradicti firmaruerunt. Guigo de Rocabruna firmauit. Lambertus et Amelius de Jocar firmauerunt. Bonefacius de Nemar firmauit. Rainaldus de Bersa firmauit. Poncius Heldebrannus firmauit. Garanto de Argintilio firmauit. Aicardus c. d. m. firmauit. » Cette variante représente donc une rédaction plus récente que la première, faite non plus à Châteaurenard, mais à Correns.

CVIII

Saint-André, mars 1014.

Analyse de la donation faite par Constance et sa femme Teucia, *Isnard et sa femme Béatrix, au monastère Saint-André, de l'église Saint-Pierre dans le château de Mollans sur l'Ouvèze, au comté de Vaison, avec un mas au château de Sainte-Colombe : Heldebert, évêque d'Avignon, confirme ce don* [1].

A. Original perdu. — *B.* Copie du XIIe siècle perdue : *Cartarium Sancti Andreae,* fol. 46. — *C.* Analyse du XVIIe siècle : Polycarpe de la Rivière, *Annales,* p. 611.

CIX

[21 septembre 1006-1014 (?).]

Notice de la concession faite par l'abbé Martin et le monastère de Saint-André-lez-Avignon, à Sauveur, de la moitié que celui-ci tenait de Lirac dont le domaine avait été donné par son seigneur Rostaing au monastère, sauf la mense de l'église locale ; Sauveur, ayant eu peu après un fils, l'offrit aux religieux pour le baptiser et le recevoir plus tard comme moine, leur rétrocédant la concession reçue d'eux, sous réserve de son seul usufruit ; finalement, Sauveur étant mort la même année, sa veuve voulut sans droit retenir pour elle et son fils la concession de Lirac faite à son mari. Sur le conseil de Jaubert et de Bompart, les moines laissèrent le quart de Lirac à la veuve, sa vie durant, et lui confièrent l'autre quart tant qu'elle garderait près d'elle son fils en bas âge,

---

1. « Eo, sane tempore, quo, privata donatione, Constantius et Teucia uxor eius, Isnardus et coniux eius Beatrix, monasterium Sancti Andreæ dioecesis Auenionensis piè et munificè prosequentes, ei largiuntur ecclesiam Sancti Petri de castro Molanis super Obuesæ fluvium comitatus Vasionensis cum manso quem habebant in castro Sanctæ Columbæ. Acta publice charta in eodem monasterio, mense martio, anno Dominicæ incarnationis millesimo decimo quarto, indictione duodecima, Heldeberto Avenionensi episcopo confirmante eorum rogatu et Petro monacho scribente, coram Pontio, Vmberto, Wichiranno, Laufredo, Folcaldo &c. testibus. »

En marge, Polycarpe a écrit : « habetur in Cartario S. Andreæ, fol. 46. »

*c'est-à-dire pendant quatre ans à dater de la Saint-Michel, après quoi ce
quart reviendrait au monastère en même temps que l'enfant.*

> *A.* Original perdu : Arch. de Saint-André, layette 1, liasse 1. — *B.* Copie du
> XVIIe siècle : Arch. départ. du Gard, H 261, 4 feuillets papier, tirée de la « layette 2,
> liasse 1, charte 1 ». — *C.* Bibl. d'Avignon, ms. 2466, fol. 190, sur l'original :
> « layette 1, liasse 1 ». — *D.* Bibl. nat., ms. lat. 8971, p. 48-49 = fol. 29 vo-30 ro ;
> d'après les archives du monastère : cette notice était transcrite sur un original en
> parchemin, à la suite de la pièce XCIX : « Sequentia ipsi authographo subscripta
> sunt ». — *E. Ibidem*, ms. lat., 12659, fol. 313 vo-314 ro.

Quidam vir clarissimus, nomine Rostagnus, dedit, ob amorem Dei,
quemdam locellum qui vocitatur de Alieraco, ad monasterium Sancti
Andreæ, quem Salvator tenebat ; quod, cum Salvator audisset, venit ad
domnum abbatem Martinum et cœpit rogare ut ei partem redderet et, cum
suprataxatus abbas vidisset ejus humilitatem et benevolentiam, consens-
sit et dedit ei medietatem ex supradictis rebus, exeptis ecclesia et hoc quod
præsbiter tenebat, propter servitium, ut ei impenderet, et insuper fecit ei
brevem memorationis. Postea autem dedit ei filius[1] Deus et rogavit
supradictum abbatem et subditos[2] sibi monachos ut baptizarent eum et
locum monachi reciperent et reddidit ei brevem et terram funditus guuir-
pivit, tali quippe ratione ut nemo, filius vel parens, post ejus obitum
querelam haberet, sed tantummodo rogavit ut, si cuilibet dari vellent,
antedarent filiis suis quam aliis et quod rogavit fecerunt. It*em*, hoc
facto, monachi dederunt ei et uxori suæ medietatem quam ante tenebant
loco servitii, tali ratione ut, quamdiu viverent, tenerent et quis prior illorum ad supradictum locum reverteret, loco cimeterii, et insuper filium
illorum reciperent. Eodem igitur anno, mortuus est Salvator et supradictus abbas voluit recipere suam partem ; uxor vero illius Salvatoris dixit
non fuisse illius talem conventionem, quod monachi veram esse probave-
runt, cum splendida et honesta testimonia illic adfuerunt. Interea, surrexe-
runt duo Josbertus et Bompars, qui consilium abbati et monachis dederunt
ut consentirent ei ipsum quartonem, quamdiu teneret ipsum infantem,
id est a missa Sancti Michaelis et quatuor annos et, completis quatuor
annis, cum infante ad monasterium reverteret ; ipsa vero mortua, eius
pars ad monasterium sine ulla tarditate rediret et ex hoc assensum dederunt, tali ratione et, quamdiu viveret, cum nullo homine vel fœmina

---

1. *Sic* pour *filium.*
2. p. 49 = fol. 30 [ro].

quæreret ut beatus Andreas et ejus habitatores perderent ; ex hoc ergo
fidem fecerunt Pontius de Monte ilice et duo filii ejus Petrus et Tetbaldus,
quod, si fecerit, ipsi emendent C solidos et insuper terram sancto et
monachis restituant, quod, si in supradicto termino infans obierit, haec
pars ad monasterium revertatur.

CX

1014.

*Confirmation, par l'évêque de Cavaillon Inguilran, sur l'ordre du
pape Jean XVIII et sur la supplique de l'abbé Martin, au monastère de
Saint-André-lez-Avignon, des églises données par ce pape sur le mont
de Thouzon.*

A. Original perdu. — *B.* Copie du xviie siècle : Bibl. nat., ms. 13916, fol. 8 ro. —
    C. Copie du xviiie siècle : Bibl. d'Avignon, ms. 2399, fol. 40 ro-vo, no 28.— *D.* Copie
    du xviiie siècle : Bibl. d'Avignon, ms. 2401, fol. 5 ro-vo.
    a. Gallia christ., t. I, Instr. eccl. Cavallic., no II, p. 155.

In nomine Domini nostri Jhesu Xpisti, ego Inguilrannus, dispositione
Dei Cavallicensis ecclesiæ humilis episcopus, monitus litteris domini papæ
Johannis sacræ Romanæ ecclesiæ et supplicante confratre nostro domno
abbate Martino, laudo atque confirmo, ad monasterium Sancti Andreæ
Andaonensis montis, ecclesias datas a prætextato Johanne papa, quæ sunt
ædificatæ vel erunt in Monte Tozonis, cum adquisitis circa se decimis
vel adquirendis et primitiis et oblationibus et cimiterio et omnibus eisdem ecclesiis pertinentibus, ea vero ratione ut sacræ Romanæ ecclesiæ
annuatim libra una persolvatur ceræ. Rogo itaque obnixè omnes successores meos ut hanc donationem domini papæ vel ammonitionem nullo
modo inquietent, sed magis cum obedientia et caritate libenter augeant et
auctam confirment et corroborent et integram omni tempore custodiant
et, ut firmius permaneat, canonicorum meorum manibus firmari jubeo.
Johannes levita firmat. Gerunculus firmat. Theodericus presbiter firmat.
Bertrannus presbiter firmat. Rodoinus presbiter firmat. Eudo presbiter
firmat. Stephanus presbiter firmat. Heldebertus presbiter firmat. Pontius
presbiter firmat. Apollonius presbiter firmat. Albaricus presbiter firmat.
Odillus levita firmat. Si quis autem hanc donationem domini papæ vel
nostram confirmationem irrumpere voluerit cujuscumque dignitatis vel
ordinis sit dignitate et ordine et sacri corporis et sanguinis communione

privetur domini nostri Jesu Xpisti. Facta donatio ista anno dominicæ incarnationis millesimo XIIII°, indictione XIIIª (?).

CXI

[Rome], 1ᵉʳ avril [1016].

Mandement de Benoît VIII aux évêques de Bourgogne, Guyenne et Provence, c'est-à-dire à Brochard de Lyon, Brochard de Vienne, Gautier de Besançon, Gautier d'Autun, Étienne d'Auvergne, Fredolin du Puy, Geoffroy de Châlon, Lambert de Langres, Goslin de Mâcon, Guigues de Valence, Armand de Viviers, Pons d'Arles, Arbaud d'Uzès, Ulric de Trois-Châteaux, Féraud de Gap, Pierre de Vaison, Eldebert d'Avignon, Étienne de Carpentras, Almeras de Riez, leur notifiant les réclamations d'Odilon, abbé de Cluny, parvenues au Siège apostolique en présence du roi de France Robert, des princes et des grands de son royaume qui se trouvent à Rome, menaçant de l'excommunication les détenteurs de biens appartenant à l'abbaye qui refuseraient, plus longtemps, de les lui rendre, envoyant la bénédiction apostolique et concédant une part dans tous les mérites spirituels du Saint-Siège aux princes de Bourgogne, Guyenne et Provence, qui peuvent prêter leur appui à Cluny, notamment aux comtes Guillaume de Mâcon, Hugues de Chalon, Renaud et Otton de Mâcon, à la comtesse Alix de Provence, surnommée Blanche, digne de toute vénération, et à sa belle-fille Gerberge, au vicomte Guigues et à son frère Guillaume, à Ulric et à Ansedée.

A. Original perdu. — B. Transcription du XIIᵉ siècle : Bibl. nat., nouv. acq. lat. 2262, fol. XIV rº-XV rº, sous la rubrique : Preceptum Benedicti papę ad episcopos Galliarum de libertate Cluniaci.

a. *Bullarium Cluniacense*, p. 6, col. 1, nº 2. — b. Duchesne, *Historiae Francorum scriptores*, t. IV, p. 169-171. — c. *Historiens de France*, t. X, p. 432. — d. Cocqueline, t. I, p. 332. — e. Mansi, *Concilia*, t. XIX, p. 324. — f. Migne, *Patrologie latine*, t. 139, col. 1601-1604.

Ind. Jaffé, *Regesta Pontificum Romanorum*, nº 3064 ; 2ᵉ éd., nº 4013.— Bruel, *Chartes de Cluny*, t. III, p. 727, nº 2703. — *Gallia christiana novissima* : *Arles*, nº 313.

BENEDICTUS, SERUUS SERUORUM Dei, PER DIUINAM GRAtiAM SANctÆ ROMANAE ÆCCLeSIÆ PRESUL ET EPiscopus, omnibus fratribus et coepiscopis per Burgundiam, Aquitaniam et Prouintiam constitutis, Burchardo scilic&

archiepiscopo Lugdunensi, eiusdem nominis archiepiscopo Uienensi, Uualterio archiepiscopo Besonsiensi, Uualterio summe religionis episcopo Augustudunensi, Stephano episcopo Aruernensi, Fredolino episcopo Aniciensi, Gausfredo episcopo Cabilonensi, Lantberto episcopo Lingonensi, Gauslino episcopo Matisconensi, Uuigoni episcopo Ualentinensi, Armanno episcopo Uiuariensi, Pontio archiepiscopo Arelatensi, Aribaldo episcopo Uzeticensi, Odulrico episcopo ¹ Tricassinensi, Feraldo episcopo Uapicensi, Petro episcopo Uasionensi, Eldeberto episcopo Auinionensi, Stephano episcopo Carpentoratensi, Almerado episcopo Regensi, salutationem et benedictionem, ex parte Dei omnipotentis & beati Petri apostolorum principis & mea, qui presulatum lic& indignus tenere uideor apostolicę sedis. Liquidum est Cluniacense monasterium, olim a Uuilelmo nobilissimo Aquitanorum principe in pago Matisconensi constructum, ipso agente cum apostolicę sedis pontifice et Romanorum imperatore, regibus quoque Francorum & Burgundionum, quod ita sit ab omni subiectione cuiuslibet persone, siue regis, siue episcopi, siue comitis liberrimum, ut aliquid debeat nulli nisi Deo et sancto Petro et sedis apostolice summo presuli. Que libertas a cunctis antecessoribus nostris, qui a conditione ipsius loci in hac sancta Romana aecclesia fuerunt usque ad nos, scriptis priuilegiis et a prelibatis principibus datis preceptis, tam de ipso loco quam de omnibus ad se pertinentibus in Burgundia, Aquitania, Prouintia constitutis, uidelicet monasteriis, cellis, uillis, terris cultis & incultis, corroborata et confirmata est, eo uoto & desiderio ut seculum deserentes et in eodem loco sub regulari disciplina Xpisti seruitio ex toto semet mancipantes, absque ullius inpedimento, licentius Deo adhererent & de ibidem Deo et sancto Petro a fidelibus oblatis hospitalitati et aegenorum curę inseruirent. Quod actenus, Deo propitiante & apostolica auctoritate suffragante, bonitate insuper se circummanentium aminiculante, in quantum potuerunt deuote fecerunt. Nunc uero, sicut in presentia Deo deuoti domni Rodberti regis Francorum principumque eius et obtimatum, qui cum eo uenerunt ad limina apostolorum, ex reclamatoria legatione dilectissimi filii nostri Odilonis eiusdem loci abbatis, percepimus, ita malorum contra eos exardescens insurrexit et conualuit cupiditas et insania, scilic& terras ipsorum inuadendo & substantias tam ipsorum quam pauperum sibi comissorum depredando, ut, multiplicibus angustiis et afflictionibus tribulati, nullo modo sicut nunc usque fecerunt conuenienter Deo debitum obsequium ualeant soluere nec solitam curam superuenientium hospi-

---

1. Fol. xiv recto, 2ᵉ colonne.

tum et pauperum possint exercere. Igitur, quia in eodem loco iuges orationes et missarum caelebrationes et elemosiné fiunt, protestatus sanctæ
Dei æcclesiæ & omnium fidelium uiuorum et defunc[1] torum salute et
requie ipsius dispendium commune omnium nostrum est detrimentum.
Et, licet omnes boni fideles de eorum angustia et perturbatione debeant
conpassionem habere et summo cum studio seruos Xpisti iuuare, ut absque
ullo impedimento queant in sancto proposito persistere, ego, tamen, ad
quem, post Deum & sanctum Petrum, cura et prouidentia sępedicti loci
specialiter pertinet, iuuamen et solatium auctoritatis apostolicę non desis-
tam ministrare. Sunt autem crudeliores sepe nominati loci habitatorum
persecutores Hildinus, omnis bonitatis inimicus, qui non solum illos in
hoc irritat, quod sua suorumque eis tollit, sed etiam quod, suam nequi-
tiam in illos retorquere cupiens, facit circum se manentibus intelligere
omnem iustitiam de male a se commissis eis se uelle facere. Et, ita eos
in ipso placito et concordatione semper fallit et inludit, ut pro iustitia
deteriorem ab eo iniuriam suscipiant. Est & Uuichardus de Belioco, qui
eis tollit æcclesiam de Tresdo cum omnibus appenditiis suis; Berardus
quoque de Retorterio; Ugo de Monte pauonis et uxor eius Azilina,
qui eis tollunt potestatem de Lasiaco cum omnibus ad se pertinentibus,
sicut diue memorię comes Leotaldus primum, deinde Milo religiosus
miles per testamentum litterarum olim contulerunt sancto Petro et pre-
fato loco; Falco, nepos Iterii clerici, et fratres eius omnesque consortes
illorum, qui eis tollunt potestatem de Oiadellis cum omnibus appenditiis
suis; Uuarulfus de Branceduno et frater eius Uualterius, Maticensis prepo
situs, qui eis contrarii sunt de precaria quam tenebat de sancto Petro
beate recordationis Leobaldus episcopus, eorum uidelic& auunculus, et de
alia terra quam idem presul, ante mortem suam ipsam precariam resti-
tuens, ex sua parte donauerat sancto Petro; Durandus de Candiaco, Aimi-
nus de Candiaco, Gerardus de Centarpennis, qui eis contrarius est de uilla
Fontanedo; Rotbertus de Islense, qui tollit eis plantas quas Bernardus
olim interfectus dederat sancto Petro; sed et illi, qui eis contrarii sunt de
potestate Sarrianis, necnon et illi qui depredationes et iniustas consuetudines faciunt et requirunt in potestate Ualentiola et in potestate Tude-
letta et in Podio Odolenis et in ceteris potestatibus, uillulis et terris ad
prefatum locum pertinentibus. Sunt &iam alii quam innumerabiles quorum nomina longissimum est huic[2] scedulę inseri. Hos supra nominatos

---

1. Fol. XIV verso, 1re colonne.
2. Fol. XIV vo, 2e colonne.

& omnes alios persecutores, depredatores, inuasores terrarum et substantiarum ad sepedictum locum pertinentium, more antecessorum nostrorum, prefati loci ad nos specialiter pertinentis curam et prouidentiam habentes, ex parte Dei et sancti Petri et nostra, uocamus ad resipiscendum et monenus ut contrarietates et iniustas querelas, quibus seruos Dei inquietant et conturbant, quamcitius deponant, terras etiam iniuste peruasas et substantias depredatas cum omni integritate, iuxta rationem quam cum eis inuenire potuerint, restituant. Sed et de iniuria, quam sine causa illis intulerunt, congrue satisfaciant infra spatium quod est ab hinc usque in festiuitatem sancti Michahelis. Quod, si fecerint, gratiam habeant et benedictionem & absolutionem et sancti Petri et nostram. Si autem, infra prefixum a nobis terminum, monitioni et uocationi nostrę non adsenserint, sed contentores et inoboedientes extiterint, in sua malitia perseuerantes, cauterio æcclesiastici examinis, quasi putrida membra a corpore Xpisti, precidantur sintque a liminibus sanctæ Dei æcclesię procul repulsi et a consortio fidelium alienati et excommunicati. Sint maledicti stantes et ambulantes, uigilantes et dormientes, ingredientes, et egredientes ; sint maledicti manducantes et bibentes ; sit maledictus cybus eorum et potus ; sit maledictus fructus uentris eorum fructusque terrę eorum, sustineantque plagas Herodianas, quousque disrumpantur uiscera eorum, et, cum Datan et Abiron, de terra uiuentium perditi, cum diabolo et angelis eius perp&ualiter dampnati, maneant in poenis infernalibus sine fine crutiandi. Fiant &iam. filii eorum orphani et uxores eorum uiduę. Nutantes transferantur filii eorum et mendicent, eitiantur de habitationibus suis, omnibusque maledictionibus, quę in ueteri uel nouo testamento continere uidentur, maledicti et anathematizati subiaceant, quousque resipiscant et nostrae uocationi et monitioni congrue satisfatiant. Uobis &iam fratribus meis et coepiscopis supranominatis mando et precipio, auctoritate apostolica, ut hanc meam confirm&is sententiam et similiter illos [1] excommunicetis omnibusque presbiteris et ceteris sacri ordinis ministris uobis commissis excommunicare precipiatis. Si quis autem uestrum, quod minime credo futurum, non oboedierit huic iussioni nostrae, de contentu inobedientie nouerit se habiturum rationem ante tribunal Xpisti. Ipse nempe dixit : « Qui uos audit, me audit et qui uos spernit, me spernit ». Sed et seniori, quamplurimum reuerendo, domno Uuilelmo comiti, necnon precipue bonitatis et dulcedinis domno Hugoni comiti, domnoque Rainaldo comiti supranominati domni Uuilalmi filio, bone quoque indo-

---

1. Fol. xv recto, 1re colonne.

lis ac totius affectu dilectionis amplectendo domno Ottoni comiti, omni
&iam reuerentia et ueneracione dignissimę domnę Adelaidi comitisse,
cognomento Blanche, nuruique eius domne Girberge comitissę, sed et
inlustribus uiris domno Uuigoni uicecomiti et fratri eius domno Uuilelmo,
domno quoque Odulrico et domno Ansedeo et c&eris principibus et opti-
matibus totius Burgundiae, Aquitaniae et Prouintiae, qui auxilio esse
possunt habitatoribus sepius nominati loci, apostolicę benedictionis et
absolutionis munus mittimus, ipsisque, omnium suorum peccaminum
ueniam implorantes, in cunctis benefactis quę a nobis et a ceteris fidelibus
in hac sancta Romana aecclesia cotidie fiunt, ex parte Dei sanctique
Petri et nostra, partem et sotietatem damus, eo obtentu ut semper adiu-
tores et defensores predicti loci omniumque ad se pertinentium de omnibus sibi contrariis existant. Quod, si neglexerint, non solum tanto beneficio priuabuntur, sed insuper de potestate ob defensionem fidelium a Deo
sibi data in die ultimi examinis sine dubio rationem reddent. DATA Kalendis APRILIS[1].

CXII

1016.

*Notice de la cession, par Renard de Pujaut, du consentement de
l'évêque Heldebert, au monastère de Saint-André, de tout ce qu'il possédait dans le pays de Lers, au comté d'Avignon, et à Sainte-Euphémie
dans celui de Venasque[2].*

A. Original perdu. — B. Transcription perdue du XIIe siècle : Cartulaire de Saint-
André, fol. 14 et 45. — C. Notice du XVIIe siècle : Polycarpe de la Rivière,
Annales, p. 611.

CXIII

1017.

*Donation, par Heldebert, évêque d'Avignon, au monastère de Saint-
André, de l'église Sainte-Victoire sise sur un sommet, dans le comté
d'Avignon, au terroir du village dit* Privataria.

A. Original disparu. — B. Transcription du XVIIe siècle : Polycarpe de la Rivière,
Annales, p. 409.

---

1. Fol. xv r⁰, 1ʳᵉ colonne.

2. Voici les termes de Polycarpe : « Decimo sexto supra millesimum, Raynoardus de
Pojalto, simili ductus pietate in idem cœnobium, omnia quæ ipsi competebant in agro

Anno[1] dominicæ incarnationis millesimo decimo septimo, indictione decima quinta, ego Heldebertus, episcopus Auenionensis, dono monasterio Sancti Andreæ ecclesiam Sanctæ Victoriæ, quæ est sita in cacumine montis, in comitatu Avenionense, in territorio de villa Priuataria, cum omnibus quæ ipsi ecclesiæ attinere seu pertinere videntur. Signum Danielis presbyteri, Amblardi presbyteri, Poncioni presbyteri, Berangarii, Annoni presbyteri, Raynaldi presbyteri, Poncioni diaconi, Petroni diaconi, Teubaldi diaconi.

CXIV

Avignon, 1017.

Don, par le prêtre Garnier, à Dieu, à Notre-Dame et à Saint-Pierre de Montmajour, d'une part de ses biens, hérités de son père Espérandieu, de sa mère Sabine, de son frère Raffrey, prêtre, sous réserve d'usufruit sa vie durant, à charge, pour les moines, de tenir ces biens dans leur mense commune et de prier pour le donateur : 1° dans la cité d'Avignon, à la citadelle supérieure, un mas avec sa cour et ses dépendances, entouré à l'est et à l'ouest par les voies publiques, au midi par la juiverie, au nord par Raymond et les héritiers d'Ingomar ; 2° entre les rues Mediane et Soubeyrane, sept modiatae *de vignes entourées, de deux côtés, par les voies publiques, et des deux autres, par Pons, ainsi que par la terre de Saint-Thiers ; 3° au quartier dit « à la Monnaie », deux* modiatae *de vignes entourées de trois côtés par les héritiers du donateur, du quatrième par la voie publique ; 4° au quar-*

Lerensi comitatus Avenionensis & in villa Sanctæ Eufemiæ Vendacensis pagi, eidem legali traditione consignat, laudante et approbante Heldeberto Avenionensi episcopo, quem jâm supra monuimus insequenti decimo septimo, ecclesiam Sanctæ Victoriæ eidem pariter monasterio Sancti Andræ cessisse et suâ et canonicorum suorum beneficentissima voluntate. » Polycarpe ajoute, comme référence : « Cartar. S. Andreæ, pag. 14 et 45. »

1. Polycarpe dit : « *ex archivis ejusdem cœnobii, fideliter descripta* » et, en marge : « *accepta feratur R R. dominis Petro d'Aimar, decano, sacristæ et cæteris monachis eiusdem cœnobii qui copiam exscribendi fecerunt anno 1631.* » Il ajoute plus bas : « Eam ipsam esse audio Sanctæ Victoriæ ædiculam haud longe a Rupeforti, diœcesis Avenionensis oppidulo, cui nuper, id est anno millesimo sexcentesimo trigesimo quinto, Nostræ Dominæ de Gratia nomen inditum propter fluentia in mortales beneficia, quæ miris se prudentibus rebus diva Virgo Mater cœli terraeque regina Maria ibi elargiri et depluere cœpit... »

tier dit « ad Feniles », *une* modiata *de vigne, entourée de deux côtés par ses héritiers, du troisième par ceux de Constantin, du quatrième par la voie publique; 5° au quartier dit* « aux Ormes », *une* modiata *de vigne, entourée par les héritiers d'Anastase, par le donateur et par les terres vicinales ; 6° au village du Frène, près l'église Saint-Pierre, douze* modiatae *de terre arable ; 7° au Mont de Vergues, quatre* modiatae *de terre arable; soit, au total, un mas, onze* modiatae *de vignes, seize* modiatae *de terre arable.*

> *A.* Original : Arch. dép. des Bouches-du-Rhône, H. Montmajour, carton 200-1200. Parchemin : 390ᵐ de haut $\times$ 325ᵐ de large. Lignes tracées au dos à 10ᵐᵐ. A dextre, marge de 25ᵐᵐ non tracée : à senestre, marge de 10ᵐᵐ irrégulière. Lettres de 4ᵐᵐ. Initiale de 20ᵐᵐ. L'acte est tout entier de la même main. Au dos : EARTAWARFERI PRBRI. Cotes successives : « Nᵒ 171 », « nᵒ 1004 », « n. 2 ».
>
> *a.* Du Roure, p. 103-105.

Sacrosanctę Dei ęcclesię, quę constructa esse uidetur in honore sanctae Dei genitricis semperque uirginis MARIAE Sanctique | P&ri apostolorum principis, cui tradita est potestas ligandi soluendique, ego igitur Vuarnerius, divina annuente | gratia, dono ad monasterium iam supradictum, de res proprias meas, quę mihi pax obuenit ex progenitori meo | Sprandeo & genitrici meę Sabinę necnon & germano meo Radfredo presbitero, ut Deus omnipotens eripere dignetur animas | eorum ab gehennalibus flammis & de manu tartari. & non audiant illam uocem, quam dicturus erit iudex ad illum diem | extremum, qua d[icet i]mpiis : « Ite, maledicti, in ignem &ernum, qui paratus est diabolo & angelis eius », sed habeant | participationem cum angelis, consortium cum sanctis & electis Dei & audiant illam uocem quam dicturus erit | iustis : « Uenite, benedicti patris mei, percipite regnum quod uobis paratum est ab origine mundi. » Propterea, cedo | ego Vuarnerius presbiter, ad iamdictum locum & ad monachos ibidem seruientibus die noctuque, ut ipsi fundant pro me | preces ad Dominum, id est in uigiliis, in orationibus, in missis seu uidelic& in omnibus[meritis] & in omni benefactu | quod est factum in omnibus apenditiis¹ suis foris monasterii Mont[is Maioris, hoc est] in Auenionense ciuitate | , in arcę superiore, mansum unum cum curte & exagis suis seu cum omnibus quic[umque perti]nere uidentur. Qui uidé | lic& mansus hab& consortes : a parte orientis & occidentis, uias publicas; a meridie, mansiones hebreorum; | a septentrione, Rigomundo & heredes Ingoma-

---

1. Le scribe avait d'abord écrit : *apendentiis.* Il a remplacé *e* par *i* et exponctué l'*n*.

ris, qui fuit conda*m*. &, int*er* illas ruptas, int*er* mediana & subte-
*r*ana, | dono modiatas .VII. simul tenentes de uineis cultis. Suntq*ue*
consortes : de duab*us* partib*us*, uias publicas ; ex uno la | tere, Poncione,
&, ex alio latere, t*erra*m S*anc*ti Tirsi. & dono, ad illa*m* Moneta*m*, modia-
tas .II. de uineis cultis & s*unt* consortes : | de trib*us* partib*us*, heredes
meos ; de quarta parte, uia publica. & dono, ad Feniles, modiata .I. de
uinea culta ; c*on*sortes | : de uno lat*us* & uno fronte, heredes meos ; de
alio lat*us*, heredes Constantini, qui fuit conda*m* ; in alio fronte, uia
publica. | & dono, ad Ulmos, modiata .I. de uinea culta ; c*on*sortes : de
uno lat*us*, heredes Anestasii, qui fuit conda*m* ; de alio lat*us*, me do | na-
tore ; de alios lat*us*, t*erra*s uicinabiles. & dono, ad uilla qu*ę* nominant
Fráxino, *pr*ope *ę*cc*le*sia S*anc*ti P&ri, modiatas .XII. | de t*erra* arabile ad
tritic*um* seminandu*m*. C*on*sortes : de uno lat*us* & uno fronte, uias
publicas ; de alio lat*us*, heredes meos & t*erra*s | uicinabiles ; de uno
lat*us*, Durante & Ursone & Sperandeo u*e*l si quis alii s*unt* c*on*sortes.
&, ad monte Leuenico, modiatas .IIII. | de t*erra* arabile ; c*on*sor[tes : de]
trib*us* partib*us*, heredes meos ; de quarta parte, semitario decurren[ti].
Tali uero ratione ut, quan | diu uixero, usu*m* & fructum. H*ę*c
om*n*ia suprascripta dono D*e*o & S*an*C*t*E MARIE S*an*c*t*oq*ue* P&ri apostolo-
rum principis & fra*tr*ib*us* meis | monachis ; confero, ea ratione ut in
co*m*mune teneant & posideant, ta*m* ipsi qua*m* successores illor*um*. Si
aut*em*, ab hodierna die | & deinceps, aliquis mortaliu*m* aut heres aut *pro*-
heres hanc donatione*m* infringere te*m*ptauerit, sentiat se .X. librar*um*
auri | dampnandu*m* fore, &, nisi resipuerit, anatematis mucrone confos-
sum & insup*er* auctoritate D*e*o & omnium s*an*c*t*or*um*] | excomunicatu*m*,
huius n*ost*r*ę* oblationis dono inconuulso manente. Actum publice Aue-
nione, anno dominic*ę* | incarnationis millesimo XVII, indictione XV.
Signu*m* Vvarnerii *pre*sbit*er*i qui huius oblationis donu*m* scribi & | fir-
mari rogauit.

Autric*us* firmauit. Martin*us*. Poncius. Bricius. Bonifilius. Anric*us*. |
Augerius. |

    Martinus monac*us* manu sua *pr*opria scripsit. |

CXV

[993-mai 1018]

*Donation, par Heldebert de Châteaurenard, à Dieu, Notre-Dame et
Saint-Pierre de Montmajour, de tout ce qu'il possède dans le terroir du
village de Lagoy, entre Saint-Remy, Eyragues et les Paluds.*

A. Original perdu. — *B.* Transcription du xviiie siècle : Bibl. d'Arles, fonds Bonnemant, ms. 163, p. 1-2 : avec la mention suivante : « L'original de cette donation
est conservé dans les Archives de la ville de Saint-Remi, cotte *Exultet cœlum*,
num. 1, rouleau 1. Et c'est sur cette copie, faite sur l'original par M. Bouquier,
que j'ai fait moi-même celle-ci. »

In nomine Domini nostri Jesu Christi, ego, in Dei nomine, Eldebertus,
conscius malorum meorum magnum peccaminum que in hoc seculo
perpetratus sum, ut Deus omnipotens dimittere dignetur omnia peccata
mea, quæ in hoc seculo miserrimo et caduco infeliciter gessi, quatinus
omnipotens Deus qui me et omne genus redemit humanum de suo sanguine pretioso Averni ignibus me liberare dignetur et de amara illa
tormenta que christianis negantibus preparata sunt me liberare dignetur,
dono aliquid de proprietate mea, in villa que dicitur Lagodanis, quantum
mihi pax obuenit vel obvenire debet, dono Deo et Sancte Marie Matris
Domini sanctique Apostolorum principis Petri de Montemaiore et ad
monachos ibidem servientibus, in campis, in vineis, in ortis, in ocglatis,
pomiferis seu inpomiferis, terra culta et inculta, ut faciant monachi
supradicti quïdquid voluerint, id est abendi, vendendi, commuttandi,
sedendi atque liberam donationem. Et sunt consortes : de uno latus,
villa Sancti Remigii ; de alio latus, Ayraca ; de alio latus, Palude vel si quid
alii sunt consortes. Sane, si quis ego aut aliquis de heredibus meis seu ex
propinquis aut ulla apposita persona qui hanc donationem inquietare
voluerit, primitus in iram Dei omnipotentis incurrat et sit excommunicatus a Deo vivo et vero et particeps fiat Jude traditoris, demergat illum
Deus in infernum sicut demersit Pharaonem in medio mari, terra vivum
illum absorbeat, sicut Datan et Abiron, et abeat participationem cum
Leviatan[1], serpente antiquo, qui peccare fecit Adam in Paradiso, et componat in vinculo auri optimi libras xxxta et, in antea, donatio firma et
stabilis permaneat omnique tempore sub stipulatione connexa. Signum
Heldebertus, qui hanc donacionem fieri jussit. † Rainoardus frater suus
firmauit. Matildis uxor sua firmauit. Willelmus firmauit. Dodonus
firmauit. Poncius firmauit. Folco firmauit. Ranoardus firmauit. Arbertus
firmauit. Wolveradus firmauit. Casto firmauit. Teudoricus firmauit.
Teutbertus firmauit. Poncius firmauit. Alius Poncius firmauit. Anno
presbiter firmauit. Aicardus firmauit.

  † Willelmus comes firmauit. Girberga vxor ejus firmauit.
  Poncius presbiter(?)[2] scripsit :

---

1. Le scribe a écrit : Leviatant.
2. Le scribe a écrit : fir 9.

CXVI

Saint-André, [25 mars-30 mai] 1018.

*Don, par Guillaume, comte de Provence-Avignon, et sa femme Ger-
berge, au monastère Saint-André, Saint-Martin et Saint-Michel sur
le Rhône, de la localité de Saint-Donat, au comté de Sisteron, entre
Augès et la montagne de Lure.*

*Confirmation postérieure de ce don par Geoffroy I, comte de Pro-
vence-Arles, Foulques-Bertrand, comte de Provence-Avignon, fils de feu
Guillaume, et par Amalric, archevêque d'Aix.*

> *A.* Original perdu. — *B.* Copie du XIIe siècle perdue : Cartulaire de Saint-André,
> fol. 41. — *C.* Copie du XVIIe siècle : Polycarpe de la Rivière, *Annales* (Bibl. de
> Carpentras, ms. 503), p. 612-613.
>
> *a.* Ruffi, *Dissertations historiques et critiques sur l'origine des comtes de Provence*, 1712,
> p. 20.
>
> *Ind.* P.-J. de Haitze, *Épiscopat métropolitain d'Aix* (1685), éd. 1863, p. 28 ;— Alba-
> nès, *Gallia christiana novissima : Aix*, col. 45.

Insertum [1] in Romanis inuenitur legibus ut quicumque suam rem alterius tradiderit potestati, per scripturam transfundat, vt omni tempore
maneat inconuulsa. Quapropter, ego, Willelmus comes, et uxor mea,
Gisberga, donamus monasterio Sancti Andreæ et Sancti Martini atque
Sancti Michaelis quod est fundatum super fluuium Rhodani, hoc est in
comitatu Sisterico, in monte qui dicitur Lura, locum Sancti Donati,
præcingente ipso riuulo monticulum ex tribus partibus, oriente, occidente
atque meridie. Fines et terminationes hæ sunt : de oriente, ipse
riuulus qui est ad radicem montis Augiontis vsque ad ipsum Cor-
nerium. De ipso Cornerio, usque in summa Luræ. De occidente, a
dicto riuulo decurrente ad fontem qui vocatur ad *fau.* &c. Tribuens ei
potestatem [2] possidendi, semota omni inquietudine. Si autem euenerit vt
aliquis, ex propinquis nostris aut alius quilibet homo, hoc irrumpere
nisus fuerit, nisi ad emendationem venerit, maledictus permaneat et Dei
omnipotentis iram incurrat et cum Juda damnetur et sit anathema et
deglutiat eum terra sicut Dathan et Abiron et in vinculo duodecim libras

---

1. Polycarpe ajoute, en marge : « Ex Cartar. S. Andr., fol. 41. »
2. P. 613.

auri componat. Facta est præsens donatio in monasterio Sancti Andreæ, anno dominicæ incarnationis millesimo decimo octauo, indictione prima.

Signum Willelmi comitis et uxoris suæ Gisbergæ, manus illorum firmauit.

Josfredus comes firmauit. Bertrannus comes firmauit [1].

Signum Arberti, Dodonis, Mironis, Pandulfi.

Amalricus, Archiepiscopus Aquensis ecclesiæ, firmauit [2].

Signum Willelmi, Raynaldi, Laufredi, Bruningi, Ingilberti, Ricaudi, &c. Arnulfus scripsit.

CXVII

Août 1018.

Notice de la donation faite, par Frodon, évêque de Sisteron, au monastère de Saint-André-lez-Avignon, de l'église de Saint-Donat avec ses prémices, ses oblations et ses dîmes, que confirment Geoffroy et Foulques-Bertrand, comtes de Provence, ainsi que Pierre, successeur désigné de l'évêque.

> *A.* Original perdu. — *B.* Copie du XIIe siècle perdue : Cartulaire de Saint-André, fol. 42. — *C.* Notice du XVIIe siècle : Polycarpe de la Rivière, *Annales* (Bibl. de Carpentras, ms. 503), p. 613 [3].

CXVIII

Saint-André, [janvier-septembre] 1019.

Don, par la reine de Bourgogne Ermengarde [veuve du marquis de Provence Roubaud] et leurs deux fils, Hugues [futur évêque de Lausanne], Guillaume [marquis de Provence], au monastère de Saint-André

---

1. Ces deux subscriptions ont été ajoutées après la mort du donateur, à titre confirmatif, sans doute au mois d'août 1018.

2. Cette souscription a dû être ajoutée en même temps que celle des deux fils du donateur.

3. Polycarpe dit :

« Cui munificæ largitioni haud defuit par pietas Frodonis Sistericensis episcopi, continuò eidem monasterio cedens ecclesiam ejusdem loci Sancti Donati, cum primiciis et oblatio-

de la terre des pêcheurs, dans la limite des dîmes de ladite église, en vignes, champs et garrigues, avec le consentement de la comtesse Alix, sa belle-sœur, veuve du comte de Provence, Guillaume II.

A. Original perdu. — *B*. Copie du xiie siècle perdue : Cartulaire de Saint-André, fol. 30. — *C*. Copie du xviie siècle : Polycarpe de la Rivière, *Annales* (Bibl. de Carpentras, ms. 503), p. 614.

Omnibus [1] notum sit præsentibus et futuris quoniam ego, Ermengarda regina et filii quoque [2] mei Vgo [3] et Willelmus, per paginam testamenti, sicut jura testantur Romanorum, vt ab ingruentibus turbinibus sit libera, donamus, monasterio Sancti Andreae apostoli, abbati et monachis tam præsentibus quam futuris, aliquid nostræ terræ quæ est in comitatu Auenionensi, videlicet terram piscatorum, quantum infra decimationem suæ ecclesiæ habere consuecuerant, in vineis et campis, cultis et incultis et garricis et præbemus eis potestatem explendi voluntatem suam in omnibus ad opus sui monasterii. Igitur, si quis nostrorum hæredum vel quilibet consanguineus seu aliqua persona hanc donationem aliquo modo rumpere nisus fuerit, iram omnipotentis Dei incurrat, nisi resipuerit et deinceps hæc donatio maneat inconvulsa. Acta donatio est ista in monasterio supradicto publice a domna regina Ermengarda et filiis suis Vgone et Willelmo, anno dominicæ incarnationis millesimo decimo nono, indictione secunda. Arnulphus monachus scripsit. Adalais comitissa propriis suis manibus gaudens dedit et firmauit. Barangerius firmauit et Laugerius, Amicus, Raynaldus, Isnardus, Wigo, Truannus, &c [4].

---

nibus et decimis, iisque omnibus ad eam pertinentibus, scripta* charta quam integram Annales Sistaricenses referent in eodem cœnobio sancti Andreæ secus Auenionem eisdem anno et indictione, mense augusto, firmantibus predictis comitibus ac testibus et domno Petro episcopo, Frodonis successore designato ».

* Il ajoute en marge : « eodem ex Cartario, fol. 42. »

1. En marge : « fol. 30 eiusd. Cartarii ».

2. Le mot *quoque* a été biffé.

3. L'auteur avait d'abord écrit *Fulco*. Il a effacé au canif la première syllabe et a écrit *VGO*.

4. Polycarpe cite, p. 615, le texte de Ditmar : « Et quia Rudolfus, Burgundionum Rex,... huc venire non potuit... fit eorumdem conuentio in vrbe Argentina... Fuit quoque ibidem Rudolphi regis inclyta conjux quæ familiaritatis huius adjutrix filios suimet duos, seniores autem sui privignos Cæsari commendavit. »

Polycarpe, p. 615, pense que le premier mari de Hermengarde avait été Roubaud, comte de Forcalquier, et que son fils Hugues devint archevêque d'Arles vers 1031.

CXIX

[Arles, 1019 (?)].

*Serment de fidélité prêté par Pierre, élu évêque d'Avignon, à l'arche-
vêque d'Arles, son métropolitain.*

    A. Arch. dép. des Bouches-du-Rhône, G, archevéché d'Arles : Livre noir, fol. 16 r⁰,
    avec la rubrique « Sacramentale episcoporum de Prouincia ». — *B.* Transcription
    du xviie siècle : Bibl. nat., ms. Baluze, n⁰ 276, p. 52.

Ego Petrus, ecclesię Auinione uocatus episcopus, profiteor me deinceps sub ditione Arelatensis metropolite consistere et eius iussionibus
obtemperare.

CXX

1019.

*Don, par la comtesse Gerberge, veuve du comte de Provence-Avi-
gnon Guillaume IV, et par ses trois fils Guillaume, Foulques-Bertrand,
Geoffroy, au monastère de Saint-André, de leur part de domaine sur la
plaine possédée depuis longtemps par quelques pêcheurs, avec les prés,
les vignes et les champs qui en dépendent, le tout au pied des hauteurs où
se trouve le monastère et descendant jusqu'à la rive du Rhône, en tant
que ces terres sont comprises dans les limites du terroir soumis aux
dimes dudit monastère.*

*Souscriptions approbatives de Pierre, évêque d'Avignon, et d'Udalric,
évêque d'Orange.*

    A. Original perdu. — *B.* Copie du xiie siècle perdue : Cartulaire de Saint-André,
    fol. 32. — *C.* Copie du xviie siècle : Polycarpe de la Rivière, *Annales* (Bibl. de
    Carpentras, ms. 503), p. 613-614.
    a. Ruffi, *Dissertations historiques et critiques sur l'origine des comtes de Provence*, 1712,
    p. 21.

Anno [1] ab incarnatione Domini nostri Jesu Christi millesimo decimo
nono, indictione secunda, ego Gisberga, comitissa, vna cum filiis meis
Willelmo, Fulcone Bertranno, Gaufredo, donamus monasterio Sancti
Andreæ montis Andeonis, abbati et monachis, quamdam planiciem terri-

---

    1. En marge : « ex eodem Cartario sancti Andreæ, fol. 32. »

torii, multis annis possessam a quibusdam nostro sub jugo degentibus piscatoribus, cum pratis et vineis, campisque omnibus. Est autem illud territorium ad radices montium ipsius monasterii, dependens vsque ad ripam Rodani et, quidquid sancti Petri præcingitur decimatione, vniversa hæc monachis tribuimus [1], vt salvificemur ipsorum interventione atque nostris propriis manibus firmamus et vt firment alii optamus.

Petrus humilis Avenionensis episcopus firmauit.

Vdolricus humilis Arausicensis episcopus firmauit.

Signum Isnardi, Guiraldi, Annonis, Faraldi, Rodulphi, Ascherii et Willelmi qui firmauerunt.

CXXI

1020.

Notice des dons faits par Pons, Dominique, Roncarel (?) et d'autres, au monastère du mont d'Andavon, principalement à Arzeliers. Souscription approbative de Pierre, évêque d'Avignon.

> *A.* Original perdu. — *B.* Transcription du xiie siècle perdue : Cartulaire de Saint-André, fol. 33. — *C.* Notice du xviie siècle : Polycarpe de la Rivière, *Annales* (Bibl. de Carpentras, ms. 503), p. 615 [2].

CXXII

Saint-André-lez-Avignon, novembre 1024.

Don par la comtesse de Provence Emme et son fils Pons, à l'église Saint-Martin du monastère de Saint-André, le jour de sa dédicace, d'un manse sis à Avignon, que tient Pierre, fils de Brisson.

Don par Étienne, sa femme Garsinde, ses quatre fils, Rostaing, Ber-

---

1. Page 614.

2. Voici le texte de cette analyse :

« Millesimo vigesimo multifariis muneribus donisque idem cœnobium Montis Andeonis a Pontio, Dominico, Roncarello et aliis honestis et nobilibus viris locupletatur quorum omnium chartis subscribit, confirmationis ergo, Petrus venerabilis Avenionensium antistes. Donationes vero illæ maxime sunt in Argileriis. »

Polycarpe ajoute, en marge, comme référence, au mot *sunt* : « Cartarium eiusdem Cœnobii, fol. 33. »

*trand, Béraud, Étienne, pour l'âme de Thibaud et d'Ermengarde, à la
même église Saint-Martin, d'un alleu, dans le comté de Nimes, en Vau-
nage, au village de* Cavairaco, *c'est-à-dire du mas que tient Guibaud.*

> *A*. Original perdu : Archives de l'abbaye de Saint-André, layette 1, liasse 1. —
> *B*. Copie du xviiie siècle : Bibliothèque d'Avignon, ms. 2466, fol. 191 ro. —
> *C*. Copie du xviiie siècle : *Ibidem*, ms. 2401, fol. 5 vo-6 vo. — *D*. Copie du
> xviiie siècle : *Ibidem*, ms. 2776, fol. 246 ro. -- *E*. Copie du xviie siècle : Bibl.
> nationale, ms. lat. 13916, fol. 9 ro-vo. — *F*. Copie du xviiie siècle : *Ibidem*, ms.
> lat. 12762, p. 254. — *G*. Copie incomplète du xviiie siècle : *Ibidem*, ms. lat. 8971,
> fol. 30 ro, p. 49.
>
> *a*. D'Achery, *Spicilegium*, Paris, 1723, t. III, p. 388-389. — *b*. Ruffi, *Dissertations*,
> p. 46, édition partielle.

Almiflui architecti sapiencia cuncta adinvenit suâ prudenciâ, cum, primum, caduci orbis poneret fundamenta, creans omnia diversibiliter in
speciebus suis subsistentia, ut, condito homine, ei traderet dominanda,
quem rectitudine sui moderaminis arbitrioque suo construens, ut amœna
paradisi novus habitator possidens perpetue inviolabileque beatitudinis jura
teneret, si preceptis sui conditoris obediret. At, contra, Adversarius preceptis Dei semper inimicus contrarius, ob invidiam, homini sui loco positi
jussis rectoris parere cupienti, per college virulentum consensum delecta-
bili pomi dulcedine transgredi suasit omnipotentis preceptum. Quia ergo
mors dominanda erat, surdâ aure transgressus est qui jam perierat atque,
ut meruerat, expulsus est extra januas Paradisi et cepit possidere tribula-
tiones et erumnas hujus regni. Mors namque que jam ceperat dominari
in eum retorsa et in suis sequacibus amplificauit sua jura supra cunctis
mortalibus atque dominata per longa tempora boni malive rapiebantur
ad poenam. Omnipotens autem, cujus creatura depererat et sponte se
morti tradiderat, adinvenit quâ arte recuperaret ut, non jam mors, sed
vita que est Christo dominaret, in similitudine sui plasme factus est
verus homo ut pereuntes animas redderet Deo patri suo, multa passus
redemit omnes a jugo Diaboli et, qui ante filii inimici, nunc vocarentur
filii Dei, regrediens vero ad supera regna misit suos doctores in univer-
sam terram ut cunctis annunciarent remissionem veram et, qui primo
parenti dedit legem, ipse per ora docet predicatorum qualiter recuperari
debeat amissa delectatio regni. Abeuntes ergo per cuncta loca, predica-
tionis inpenderunt doctrinam cum virtute signorum atque cum verbis
operæ miscentes, idola diabolica destruentes atque, ut dignum erat, loco
illorum ecclesias hedificantes, quia necesse erat ut, expulsis demonibus,
Dominus inibi habitator haberetur, per auditores vero et sequaces apos-

tolorum doctrina hedificandarum ecclesiarum replevit mundum. Igitur, quia imitatio eorum docuit nos construere ecclesias et constructas necesse est benedici; utique nos, in consecratione sanctissimi confessoris Martini ecclesie fundata in monte Andaone in monasterio Sancti Andree, sicuti mos est in consecrandis ecclesiis, ego Ema commitissa et filius meus Pontius, pro amore et timore Dei et remedio anime mee, dono in dotali ejus ad ecclesiam Sancti Martini, mansum unum in Advenione civitate, quem tenet Petrus filius Briccionis. Signum Emma commitissa subscripsi [1]. Signum Poncii. Signum Bertranni. Signum Berangerius subscripsi. Signum Amicus subscripsi. Et ego Stephanus et uxor mea Garsinnis et filii mei Rostagnus, Bertrannus, Beraldus, Stephanus, pro amore Dei et dilectione Dei omnipotentis et remedium anime mee et animarum Tetbaldi et Ermengarde, ut Deus omnipotens, per intercessionem sanctorum, dignetur misereri, dono in dotem, ad ecclesiam Sancti Martini que est fundata in monte Andaone super fluvium Rodani, aliquid de alode meo quod est in comitatu Nemosense, in valle Anaga, in villa que vocant Cavairaco, mansum unum, quem tenet Guitbaldus, cum curte et exago suo et cum ipsas arbores et cum omnibus que ipsi manso pertinent vel pertinere debent et faciant ipsi monachi vel advocarii suprataxatorum sanctorum liberam ac firmam in omnibus habentes potestatem. Si vero, quod absit, evenerit ut ego aut quilibet mea progenie seu cujuscumque dignitatis homo hoc donum molestare quolibet modo presumpserit, quod petit non sue potestati subjiciat, sed iram Omnipotentis incurrat, anatematizetur a beato Martino cui hoc donum confertur, nisi ad emendationem venerit; insuper vero, componat in vinculo tantum et alium tantum et deincebs hec donatio valeat. Factum hoc dotalicium in mense november, anno dominice incarnationis millesimo vicesimo quarto, indictione septima. Signum ego Stephanus et uxoris sue Garsinnis et filii sui Rostagnus, Bertrannus, Beraldus, Stephanus qui facientes hoc donum testibus firmare fecerunt firmum illorum manu. Signum Emenone subscripsi. Signum Emenone rursus subscripsi. Signum Gonterius subscripsi.

---

1. Le mot *signum* est exprimé par le sigle *s*. Le mot *subscripsi* est exprimé par : *ss*.

CXXIII

Avril [997, 1012, 1027].

Don d'Amalric, à Saint-Pierre de Montmajour, d'une pièce de terre arable patrimoniale sise dans le pays d'Avignon, au lieu dit Monte-strico.

A. Original : Arch. départ. des Bouches-du-Rhône, H, Montmajour, carton 900-1200. Parchemin, 214ᵐᵐ de large × 188ᵐᵐ de haut. Lignes écrites à 8ᵐᵐ, non tracées, pas de marges. Lettres de 2ᵐᵐ. Tout de la même main. Au dos : « Carta Almarici ». Cotes successives : « Nᵒ 204 », « nᵒ 1003 », « nᵒ 18 ».

a. Du Roure, p. 69-70.

✠ Auctoritas &enim iub& ecclesiastica & lex precipit romana ut, quicumque uel quiquumque rem suam in alicum | que potestate eam transfundere uoluerit, per paginem testamenti eam infundat vt, prolixis temporibus, secura & | qui&a permaneat. Igitur ego, in Dei nomen, Almaricus auctoritate secutus dono, ad Sanctum P&rum, aliquit de res proprias | meas qui mihi ex proienie parentorum meorum legibus obuenit, qui est in pago Auennico, in loco ubi dicitur Montestrico,| ibique dono p&ia de terra arabile, pro remedium anime meae & omnium parentorum meorum, ad Sanctum P&rum | & ad monachos qui hibidem seruiunt, aut aduenire debent in Monte Maiore. Consortes, de uno | latus, nos ipsos monacos &, de alio, me ipso donatore ; de uno fronte, via plubica &, de alio, Amal | rico vel si quis alii sunt consortes. & faciatis uos monachi quicquid facere uolueritis, | id est habendi, uindendi, cedendi uel commutandi, liberam hac firmissimam in omnibus abea | tis potestatem ad faciendum tantum. Sane, si quis ego aut ullus homo de propinquis paren | tibus meis qui contra uos ire inqui&are uoluerit, non uindic& s& componat in uinculo auri | vntia .I. &, inantea, presens donatio ista omnique tempore firma & stabilis permaneat cum istipu | latione interposita pro omne firmitate subnexa. Facta donatio ista mense aprile, | regnante Rodulfo rege, indictione .X.

Signum Amalricus qui hac donatio | ne ista fieri iussit & testes firmare rogauit manus sua firma.

Signum Rainardus firmauit.   Dominico teste.

Durante   teste. |

Pontione *teste.*   Jerico *teste.*
Rataldo *teste.*   Martise *teste.* Maurinco *teste.*

Godalmannus   rogitus   scrip sit

CXXIV

Avignon, 1027.

Don, par le chanoine Randulphe, fils de Rifred et d'Ugusinna, frère de Roubaud, Leutard, Asquier, Guillaume et Galtier, à ses confrères les chanoines de Notre-Dame et de Saint-Étienne, du siége d'Avignon, et à l'église de Notre-Dame, Saint-Jean, Saint-Étienne : 1° de quatre mas avec dix modiatæ et demie, dont cinq patrimoniales, cinq et demie acquises par lui, dans le comté d'Avignon, au village dit Apiarias, *2° de tout ce qu'il possède dans le comté d'Aix, près de l'Eze et de Garambois, au lieu dit* Pomairols, *3° du quart de ce qu'il possède, dans le comté d'Arles, au village de* Cadarosco, *en champs, vignes, jardins et salines, à condition que les chanoines tiennent tous ces biens en commun, que le vin récolté soit mis dans un cellier commun et qu'ils vivent dans une maison commune.*

> *A.* Original perdu.— *B.* Transcription du XIIe siècle : Arch. départ. de Vaucluse, G, chapitre métropolitain, n° 27 provisoire, Cartulaire, fol. 16 v°-17 r° (n° 31), cap. 27, avec la rubrique : « Carta canonicalis Apiarias ».

Dilectissimis in Xpisto fratribus meis canonicis, videlicet Sanctę Marię et Sancti Stephani Auennionensis sedis, ego Randulfus, levita, diuina annuente gratia ex eorum numero unus, ut omnipotens Deus per eorum preces et genitori michi meo Rifredo et genitrici meę Ugusinne necnon et germanos meos videlicet Rodbaldo, Leutardo, Ascherio, Wilelmo et Galterio misericorditer subueniat et nos cęlestis regni consortes et coheredes eficiat, dono in comitatu Auenionensi, in villa quę nominant Apiarias, mansos .IIII. ab ipso orto et dono, ibidem adherente, modiatas .X. et media simul tenentes qui habent consortes, in orientali latere, viam publicam, in occidentali quoque, Rostagnum et Johannem presbiterum, a circio, Aicardum et terram Sancti Petri et via publica, a meridie, ipsos mansos suprascriptos. Et habent ipsi mansi exsavos et exagos proprios.

Quas vineas jamdictas ex genitori meo vel genitrice meę quinque modiate ex meis per meliorationem legibus obuenit. Alię vero quinque et media, per comparationem. Et dono illis, in comitatu Aquense, in loco que nominant [1] | Pomariolos, ad ęcclesiam Sancti Petri, de ipsa terra et de ipsis vineis et de ipsa ęcclesia vel de ipso territorio quantum michi pax obuenit vel obuenire debet. Consortes, de uno latus, riuum quę nominant Eza et terra de Garambodane ; de oriente, Nemaisa ; de duabus partibus, heredes meos. Et dono illis, in comitatu Araletense, in villa quę nominant Cadarosco, de illa mea portione, in villa, in campis cultis et incultis, in vineis et in ortis et in salinis et in omnibus quę ipsi villę attinere seu pertinere videtur, ubicumque michi pax obuenit vel obuenire debet, unam quartam partem. Hęc omnia ęcclesię Sanctę Marię et Sancti Johannis seu Sancti Stephani atque predictis fratribus meis confero, ea ratione ut tam ipsi quam successores illorum ea in comune teneant et possideant et eorum fructus in communi cellario recondant eosque cum karitate percipiant, illi tantum qui in commune domo canonice vixerint. Si autem, ab hodierna die et deinceps, aliquis mortalium aut heres aut proheres hanc donationem infringere temptauerit, sentiat se .XII. librarum auri dampnandum fore et, nisi resipuerit, ana[te]matis muchrone confossum et insuper auctoritate omnium sanctorum excomunicatum hujus nostrę oblationis dono inconuulso manente. Actum publice Auenione, anno dominice incarnationis .m. xx. vii. indictione .x. Signum Randulfi qui hujus oblationis donum scribi et firmari rogauit. Wichirannus voluit et consensit et firmauit.

CXXV

Saint-André, 1027.

Don par Pons Aldin, au monastère Saint-André du Mont-Andavon.

A. Original perdu. — *B.* Copie du xiie siècle perdue : Cartulaire de Saint-André-d'Andavon, fol. 9 et fol. 16. — *C.* Copie du xviie siècle comprenant l'*incipit* et l'*explicit* : Polycarpe de la Rivière, *Annales*, p. 619.

Anno dominicæ incarnationis millesimo vigesimo septimo [2], indictione

---

1. Ces quatre derniers mots sont répétés au début de la page qui suit.
2. Polycarpe ajoute en marge : *Ex cartario Sancti Andreæ, fol. 9 & 16.*

decima, ego Pontius Aldini &c [1]. . . . .

. . . .

Aialburgæ, Francoare et cæterorum.

CXXVI

Saint-André, 1030.

Confirmation, par Bérenger, au monastère de Saint-André, Saint-Michel et Saint-Martin du Mont-Andaon, de ce qu'il peut prétendre sur la moitié du village de Tours, jadis donnée à ce monastère par son oncle Aldebert. Seing approbatif d'Aldebert, évêque d'Avignon.

> *A.* Original perdu. — *B.* Copie du XIIᵉ siècle perdue : Cartulaire de Saint-André, fol. 36. — *C.* Copie partielle du XVIIᵉ siècle : Polycarpe de la Rivière, *Annales*, p. 619-620.

. . . .

Quapropter [2], ego Barangarius dono, firmo, relinquo, reddo et transfundo illam meam partem quam habui de medietate villæ quæ vocatur Turris, quam Aldebertus avunculus meus monasterio Sancti Andreæ, Sancti Michaelis et Sancti Martini dedit, pro remedio animæ meæ et parentum meorum, vt Dominus nostri misereri dignetur. Et habeant potestatem monachi ipsius monasterii in omnibus et firmissimam libertatem. Sane, si quis ego aut de parentibus meis inquietare voluerit, non vindicet sed iram et maledictionem Omnipotentis incurrat et anathematisetur a sanctis quibus hoc confertur donum et sit anathema, maranatha ; insuper, in vinculo componat auri libras quinque et hæc donatio omni tempore valeat. Facta carta in monasterio Sancti Andreæ, anno dominicæ incarnationis millesimo trigesimo, indictione decima tertia.

Signum Barangerii, qui hoc fecit donum et testibus fir [3] | mari rogauit, manu sua firmavit.

Signum Aldeberti, humilis Auenionensis episcopi.

Signum Rannulfi, Wichiranni, Matfredi, Ingilberti, Otberti, Belloni, &c.

---

1. Il ajoute : « qu'il faut descrire du cartulaire fol. 16, jusques à ces mots incluz. »
2. Polycarpe ajoute en marge : « *Ex cartario fol. 36* ».
3. P. 620.

CXXVII

4 avril [1001, 1016, 1031].

Don, par Étienne et sa femme Dominique, au monastère de Mont-majour, dédié à Dieu, à Notre-Dame et à Saint-Pierre, d'une pièce de vigne cultivée, dans le comté d'Avignon, au terroir du village de Laurade, au lieu dit G[.....(?)].

A. Original : Arch. départ. des Bouches-du-Rhône, H, Montmajour, carton 900-1200. Parchemin de 300ᵐᵐ de large ✕95ᵐᵐ de haut. Lignes tracées à 7ᵐᵐ. A dextre, 10ᵐᵐ (?) de marge. Lettres de 2ᵐᵐ. Ce parchemin se trouve collé sur un papier.

[Auctoritas &enim jubet] ecclesiastica & lex [consistit] romana ut quicumque [rem suam] in qualicumque [potestate] transfundere uoluerit, | [per paginam] testamenti eam [infundat ut], prolixis temporibus, secura & quieta permaneat. Igitur ego, in Dei nomen, Stephanus [et uxor mea Dominica] donamus, ad monasterium Montis Maioris, locum Deo Sanctę Mariae & Sancti P&ri & ad monachos ibidem Deo seruientibus | [una petia] de uinea culta qui est in comitatu Auenionensi, in terminio de uilla Laureata, in loco que nominant G[........ vt] D[eus nos] | [dignetur li]berare a poenis inferni. Consortes, de uno latus, terra Sancti Georgii; de alio latus, Ran[.........; de uno fronte............] bo[.......; de alio fronte] | [........ Sane, si quis] nos uel ullus de heredibus nostris uel ullus homo qui hanc donationem[1] inrumpere uoluerit, non [vindicet quod repetit] | [, sed sanctorum omnium] merita incurrat & particeps sit cum Iuda traditore & insuper componat in uinculo [tantum et aliud] tantum. Facta carta ista | [........, in mense] aprilis, regnante Rodulfo rege Alamannorum, indicione XIIII. Signum Stephan[us] & uxor mea Dominica qui[hac donatione | ista ambo] scribere & firmare rogauerunt, manus illorum firma.

Misuago teste. Samuelus teste. P&rus teste. P&rus [teste. A]lbarigus teste. Danielus teste. Guinimannus [teste]. |

VM ber tus scripsit |

---

1. Le scribe a d'abord écrit : *danationem*.

CXXVIII

Avignon, mars [1032 (?)].

Contrat entre Archintrude, ses fils Rostaing, Matfred, Hugues, d'une part, et leur fermier Pons, d'autre part, par lequel ces propriétaires cèdent à celui-ci, en pleine propriété, la moitié de la pêcherie nommée Ausonis *qu'il a construite avec ses meubles.*

A. Original perdu. — *B.* Copie du XIIᵉ siècle : Arch. départ. de Vaucluse, G, chapitre métropolitain, nᵒ 27 provisoire, fol. 11 rᵒ-vᵒ (nᵒ 21), cap. 19. En tête, rubrique : « *Carta Faraldi de piscatoria de Betorrita*[1] ».

Dilecto adquę amabile fidelem meum nomen Pontione, ego | , in Dei nomen, Archintrudis fęmina et filiis ejus Rostagno et Matfredis et Ugo, tibi ced[ul]i[2] sumus. Est quidem consuetudo vetusta legum, sa*n*cxi*t*, auctoritas ut in cessionibus vere debeat sufficere voluntas bona. Hanc nos auctoritate secutus, pro amore et dulcitudine vel beneuolentię tuę et pro eo quod ipsa piscatoria quę nominant Ausonis bene hedificatis et nos tibi donamus totum fustis, propterea cedimus tibi de ipsa piscatoria una medietatem ; tibi donamus et facias tu de ipsa piscatoria de ipsa medietatem quicquid facere volueris, id est habendi, v[end]endi[3], sedendi, dandi vel commutandi libera hanc firmissimam, in Dei nomen, in omnibus habeas potestatem ad faciendum tantum. Sane, si quis nos aut ullus homo de propinquis parentibus nostris qui contra te vel heredes tuos inquietare vel inrumpere voluerit, componat in vinculo auri uncias. II. et in antea presens donatio ista omniquę tempore firma estabilis permaneat. Facta donatione ista in Auenione ciuitate, in mense martii, anno. XXXVIIII regnante Rodulfo rege, indicione X. Signum Rostagnus et Matfredis et Ugo qui hanc donatione ista scribere fecerunt et testes firmare rogauerunt, manus illorum firma. *Signum* Auenionis qui est auocarius firmauit. Ratrannus presens, Pontius presens.

---

1. Voir plus bas, le nᵒ CLXXI (1032-24 septembre 1047) dont le texte complète celui-ci.

2. Le copiste, ne comprenant pas ce mot, a écrit *cedrili*.

3. Le copiste, par erreur, a écrit *vivendi*.

CXXIX

Montmajour, 6 mai [994-1032].

Donation, par Leutoin, au monastère de Notre-Dame et Saint-Pierre de Montmajour, de ce qu'il possède dans le comté d'Avignon, soit 1° une terre au terroir du village de Gigognan, 2° au lieu dit Entraigues, 3° un verger dont les confins ne sont pas exprimés, au lieu dit Ciciliano. Les souscriptions des témoins et du scribe manquent.

A. Original : Arch. départ. des Bouches-du-Rhône, H, Montmajour, carton 900-1200. Parchemin, 324ᵐᵐ de large × 188ᵐᵐ de haut. Lignes non tracées, écrites à 8ᵐᵐ. A dextre : marge de 15ᵐᵐ. A senestre, pas de marge. Lettres de 2ᵐᵐ. Au dos : cote du XIᵉ siècle « CARTA | Lautuini | in comita | tu Auen | nico. » Autre cote, également du XIᵉ siècle : « Carta Jucundiani ». Dernière cote : « Montmajor. Entraigues. Nᵒ I. Livre troisième..... Titre second, diocèse d'Avignon, chapitre quatrième. Titre unique. »

a. Du Roure, p. 97.

✠ Actoritas &enim iub& ecclesiastica & lex precipit romana ut, quicumque rem suam in qualicumque potestate transfun | dere eam uoluerit, per paginem testamenti eam infundat ut, ipsis temporibus, secura & qui&a permaneat. Quaproter ego, in Dei | nomen, Leutuinus, diuino tactus amore Dei & pro remedium anime meç & animam genitore meo uel genetrice mea, | ut Deus omnipotens eripere nos dign&ur a uinculo peccati, hoc est¹ terra in comitatu Auenionensç, in uilla que uocant Iogun | diano, quantum mihi pax obuenit uel obuenire deb&, totum & ab integro dono ad monasterio Sancta Maria uel Sancti | P&ri Monte Maiori &, in alio loco quod uocant Inter aquas, quantum mihi pax obuenit uel obuenire deb&, totum | & ab integrum dono &, in alio loco que uocant Ciciliano, uiridicarium unum que hab& |
² quantum mihi pax obu[enit uel obuenire de]b&, totum & abintegrum dono ad monasterium | prescriptum cum omnibus fundis possessionis. & fac[iant monachi, qui Deo seruiunt in subscripto mo]nasterio, quicquid [face] | [re uoluerint, id est] abendi, cedendi, dandi u[el commutandi liberam ac firmissimam in omnibus habe-

---

1. Ce mot est abrégé ⸰ᵔ.
2. La fin de cette ligne et le début de la suivante sont restés en blanc.

ant] potestatem. | [Sane, si qui]s ego aut ullus homo uel de eredib*us* meis qui co*n*tra hanc donatio[nem nostram i]re u*el* inqui&are uoluerit, | no*n* ualeat uindicare quod rep&it, sed ira*m* Dei omnipotentis & om*nium* sa*n*ctoru*m* merita incurra*nt* & cum Iuda traditore particeps | sit & insup*er* tantu*m* &aliu*m* tantu*m* in uinculo componat & postea cartula ista firma & stabilis p*er*maneat p*ro* om*n*em | firmitate subnexa. Facta cartula ista in monasterio Monte Maiore, regnante Rodulfo rege Alamannor*um* siue P*ro*uincie, pridi*ę* nonos[1] madii, indicione   [2]. Sig*num* Leutuin*us* q*ui* cartula ista scribere iussit & testes firmare rogauit | manu sua firma[3].

CXXX

[1032].

Notice de la confirmation faite, par Heldebert II, évêque d'Avignon, à l'abbé et aux moines de Saint-André-lez-Avignon, des dons de terres, prés, pâturages, pêcheries, moulins et cours d'eau obtenus par eux, d'Etienne, Aicard et Pons, à Jonquières dans le pays d'Avignon.

 A. Original perdu. — *B.* Notice du XVIIe siècle[4] : Bibl. de Carpentras, ms. 503, Polycarpe de la Rivière, *Annales*, p. 620-621.

CXXXI

Arles, 18 février [1033]

Don par Richard, à Dieu, Saint-Pierre et Saint-Victor pour le monastère de Marseille, d'une part de son alleu, dans le comté d'Avignon, au village de Laurade, c'est-à-dire d'un mas que tient Aicard en propre alleu avec une terre arable.

---

1. *Sic.*
2. En blanc.
3. Il n'y a ni noms de témoins ni de scribe. L'acte est donc inachevé.
4. Voici le texte de cette analyse :

« Quo anno et indictione decima quinta, Heldebertus secundus, | Auenionensis antistes, ratas statuit donationes factas de terris cultis et incultis, pratis, pascuis, piscatoriis, molendinis, aquis, aquarum decursibus et cæteris juribus ville Ioncariarum, in Avennico pago, abbati et monachis Sancti Andreæ a Stephano, Aicardo et Pontio, subsignantibus testibus Christophoro, Bellono, Aldebranno, Isarno, &c. »

A. Original perdu. — *B.* Transcription du xɪᵉ siècle : Arch. départ. des Bouches-du-Rhône H, Saint-Victor 629 provisoire, Grand Cartulaire, fol. xLvɪ vᵒ–xLvɪɪ rᵒ, avec la rubrique : « *De manso de Laurata* ».
a. Guérard, *Cartulaire de Saint-Victor*, t. I, p. 206-207, nᵒ 176.

Ante tempus legi istius, donationis ȩtiam sine gestorum testificatione ualebant. Nunc uero, post hanc legem, nec nuptiali ne [1] qualib& inter quascumque donatio ualere potest si gestibus non fuiss& alligata. Quapropter ego, in Dei nomine, Richardus | auctoritate secutus dono, opus Dei & Sancti Petri necnon & Sancti Victoris monasterii Massiliensis, pro remedium animas nostras & de genitore nostro uel genitrice uel omnium parentum nostrorum, ut animȩ nostrȩ in inferno non sint deductȩ sed ad paradisi gaudia mereamur peruenire. Propterea, dono aliquid de alode meo, qui est in commitatu Aduenionense, infra uilla que uocant Laureata, hoc est maso vno, ipso maso suprascripto quȩ Aycardus ten& ap proprium alode, cum curte & exago & quantum ad ipso maso pertin&. Et, super ipsa uilla, donamus, de terra arabile   [2]. Hab& consortes : ex una parte, terra Sancti Martini &, ex alia parte, via publica &, de duobus partibus, nos ipsos heredes uel alii sunt consortes. Eo actenus tenore ut ego nec heredes mei uel ullus homo a [3] ulla [4] opposita uel amissa persona, qui contra donatine [5] uel helmosina ista ullumque tempore ire, agere uel inquietare aut inrumpere uoluerit, primis ira Dei omnipotentis & omnium sanctorum incurrat & cum Anna & Caypha & sociis eius Barrabba & sit maranatha & Holoferno & Iuda traditore in baratro perditionis. Non sit illi Deus atiutor, ne sit qui misereantur pupillis eius. Fiant filii sui orphani & uxor sua uidua & postea sit excommunicatus ex parte Dei & omnibus sanctis &, postea, componat in uinculum a potestate auri obtimi libras. V. & inantea donatio ista firma permaneat omnique tempore cum stipulatione interposita pro omni firmitate subnixa. Facta donatio ista in Arela ciuitate publice, .xɪɪ. kalendas martii, anno primo quod Odo rex cȩpit regnare. Signum Richardus qui donatione uel helemosina îsta scribere fecit, manus illius firmat & alius rogant ut firment.

---

1. *Sic.*
2. Le chiffre n'a pas été exprimé.
3. *Sic.*
4. *Sic.*

CXXXII

Arles, 1ᵉʳ mars [1033].

Don, par Hugues Adalras, sa femme Dumidie, le diacre Pelet, dame Bellidrude et Rigaud, à Dieu et Saint-Victor pour le monastère de Marseille, d'une part de leur alleu, au comté d'Avignon, dans le canton Roubian, au-dessus du village de Laurade, dans le clos de Pierre-Monge, soit de huit modiatae *de terres arables, jadis plantées en vigne, plus deux autres* modiatae *sur Saint-Clément.*

A. Original perdu. — *B*. Transcription du XIᵉ siècle : Arch. depart. des Bouches-du-
  Rhône, H, Saint-Victor 629 provisoire, Grand Cartulaire, fol. XLVIII rº.
 a. Guérard, t. I, p. 212-213, nº 183.

Auctoritas &enim iub& ęclesiastica et lex precepit romana ut, quicunque rem suam in qualicunque parte transfundere uoluerit, per paginem testamenti eam infundat vt, prolixis temporibus, secura & qui&a permaneat. Hanc ego ¹ Vgo Adalras et uxor mea & Pelitus, diaconus, et domna Billidrus & Rigualdus auctoritate secuti, donamus, opus Dei & Sancti Victoris monasterio Massiliensis, pro remedium animas nostras, ut Deus omnipotens dimittat nobis omnia peccata nostra & de genitoribus nostris uel genitrices atque omnium parentum nostrorum, aliquid ex alode nostro, quę est in comitatu Aduenionense, in agro Rupiano, super uilla que nuncupant Laurata, in cluso quę uocant P&ra Monica, modiatas VIII· de terra arabiles que fuerunt uineas. Sunt inter consortes, de uno latus, via puplica &, de alio latere, stantem P&ra Monica et inclusunt, super Sancto Clemente, modiatas IIᵃˢ. Si quis, nos aut successores nostri uel ullus homo aut ulla opposita uel amissa persona, qui contra donatione uel helemosina ista ullumque tempore ire agere uel inqui&are aut inrumpere uoluerit, iram Dei omnipotentis & omnium sanctorum incurrat & cum Anna & Caypha & Iuda traditore in báratro perdicionis et, in antea, donatio uel ęlemosina ista firma & stabilis permaneat omníque tempore. Facta donatione ista, in Arela ciuitate, puplice, kalendis martii, anno primo quod Odo rex regnare cepit. Signum Adalras et uxor mea Dumidia & domna Bellidrus & Pelitus, diaconus, & Rigualdus qui donatione ista scribere

---

 1. Ce mot est abrégé : gº et cette abréviation devrait, paléographiquement, se lire plutôt *ergo*.

fecerunt & manus proprias firmaverunt. Signum Hysnardus Adalras testis. Signum Bernardus Senior&us firmauit. Signum Bermundus clericus firmauit. Signum Teudebertus de Romanino firmauit. Signum Vgo filius eius firmauit. Signum Rainaldo teste. Signum Sancia firmauit.

CXXXIII

[999-1033].

Don, par Richaud, son frère Hugues, sa femme Aimerude, ses fils Pierre et Guillaume, du conseil de leur fidèle Archimbert, au monastère de Saint-André, de l'église Saint-Barthélemy de Lorgues, avec une part de leur héritage voisin.

A. Original disparu. — B. Transcription du XVIIe siècle : Bibl. nat., ms. lat. 13916, fol. 8 (cote noire), 7 (cote rouge).

Auctoritas etenim iubet ecclesiastica et lex consistit romana vt quisquis rem suam in qualicumque potestate transfundere voluerit per paginem testamenti eam infundat vt prolixis temporibus quieta et secura permaneat. Quapropter, ego Ricaus et frater meus Vgo et vxor mea Amerudis et filii mei Petrus et Wilelmus, pro amore Dei et redemptione animarum nostrarum, donamus ecclesiam Sancti Bartolomei cum aliquid de heredidate nostra sitam in territorio de Lonegos, cum terris cultis et incultis, cum omnibus quæ sunt infra terminationibus istis, scilicet ab oriente sicut descendit riuulus quem nominant Forera, a capite superiori gurgo de roca et a molendino antiquo et sicut ascendit fossatus et stat Petra redunda et ascendit in capite montis ad ilicem et descendit iuxta terram quæ fuit de Caucio. In fronte occidentali, ascendit vero vltra per alium montis verticem ad arborem gibosum et vertitur vsque in viam Forojuliensis et protenditur vsque ad pontem fractum. Hæc omnia suprascripta donamus atque transfundimus cœnobio sancti Andreæ, abbatibus et monachis tam præsentibus quam futuris cum consilio Archimberti fidelis nostri vt pius Dominus per intercessiones sanctorum et orationes monachorum nobis et parentibus nostris subuenire dignetur. Si quis igitur cuiuscumque dignitatis homo nostræ progenie vel alius hoc donum rumpere nisus fuerit, non valeat vendicare quod male petit, sed incurrat ira Dei super eum, anathematizetur a sanctis quibus hoc confertur donum nisi ad emendationem venerit. Insuper quoque in vinculo tantum et aliud tantum componat et deinceps hæc donatio valeat. Signum Ricau et vxoris suæ Amerudis et filiorum suorum Petri et Wilelmi. Signum Vgoni fratri sui. Signum Archimberto. Bonus homo firmat. Aicardus firmat.

CXXXIV

[1001-1033][1].

Don, par Thibert et Eldebert, à Dieu, à Notre-Dame et à Saint-Pierre de Montmajour, pour le remède de l'âme de leur père, de leur mère, de leurs frères Guillaume Merle, Rodolphe, des terres et des vignes qu'ils ont dans le terroir d'Avignon et d'un mas dans la cité d'Avignon.

A. Original : Arch. départ. des Bouches-du-Rhône, H, **Montmajour**, carton 900-1200. Parchemin, 271^{mm} de large × 193^{mm} de haut. Lignes tracées à 8^{mm} *au verso*. Marge de 15^{mm} à dextre non réglée ; de 13 ^{mm} à senestre. Lettres de 3^{mm}. Initiale de 13^{mm}. Tout est écrit de la même main, d'un seul trait. Au dos, la rubrique : *Carta uuilelmi merlli.* | & *fratris eius Rodulfi.* Les cotes successives. « N⁰ 440 | n° 1006 | n° 17. »

a. Du Roure, p. 68.

Auctoritas &enim iub& ecclesiastica & lex precipit romana ut quicumque rem suam in alterius transfundere | uoluerit potestatem per paginam testamenti eam infundat quatenus futuris temporibus incolumis permaneat. | Quapropter, ego Teutbertus & frater meus Eldebertus, donamus aliquid de propri&ate nostra Deo & sancte Marie & sancto P&ro | de Monte maiore & monachis ibidem Deo seruientibus pro remedio animarum nostrarum. & pro remedio anime patris | nostri & animę matris nostre, & pro remedio animarum fratrum nostrorum Uuilelmo Merllo, Rodulfo, ut Deus omnipotens eripere | nos dign&ur ab auerni ignibus & coniungere supernorum ciuibus per intercessionem alme uirginis Marię | sanctique P&ri apostolorum principis, cui dominus dedit potestatem animas ligandi & soluendi. Suntque ipse res in terri | torio Auenionense, quantum nobis ibi pax obuenit uel obuenire deb&, in uineis cultis & incultis, terris cultis | incultis, totum & ab integro donamus Deo & ad monasterium iam supradictum & faciant ipsi mo | nachi quiquid uoluerit. Et, infra ciuitate Auenionense, donamus unum mansum totum & ab integro | & nichil nobis obseruamus[2]. |

---

1. Cf. *Cartulaire de Saint-Victor*, n⁰ 666 (1018-1038).
2. *Sic.*

Sane, si quis nos aut heredes nostri aut ullus ex propinquis nostris uel
aliquis homo aut femina qui hanc cartam | inrumpere uoluerit aut delere,
non ualeat uindicare quod rep&it, sed componat in uinculo potestati |
qui illo in tempore regnauerit unciam auri dimidiam et sint male-
dicti & excommunicati a Deo uiuo | & uero & ex parte sancte Mariç
matris domini & beati P&ri apostolorum principis & ex parte omnium
sanctorum | & habeat participationem cum Iuda traditore qui dominum
tradidit & cum ipsis qui domino dixerunt : « recede a nobis ». | Sint male-
dicti & excommunicati manducando, bibendo, dormiendo, uigilando,
stando, iacendo, | ambulando. Sint maledicti & excommunicati uiui &
mortui, nisi ad emendationem congruam uenerint. | Signum Teutberti &
Heldeberti qui hanc cartam scribere fecerunt & testibus firmare rogauer-
unt. Ricaudus filius Teode | rici firmauit. Rodulfus firmauit. |

CXXXV

Avignon, 1033.

Don, par les comtes [de Provence] Geoffroy et Bertrand, son frère,
aux églises du Saint-Siège de la cité d'Avignon dédiées à Notre-Dame,
à saint Jean-Baptiste, à saint Étienne, à la petite phalange de chanoines
qui y servent Dieu et qui doivent y demeurer nuit et jour dans une
maison commune, de leur domaine du quart de l'ile de Meynargue, dans
le comté d'Avignon, au milieu du Rhône, quart que Rainulfe [Asquier]
tient dès dits comtes en fief, avec le village et le terroir qui en dépend,
prés et champs, dont les revenus devront être appliqués à la mense com-
mune desdits chanoines. Souscription de l'évêque d'Avignon Heldebert
et du juge Bérenger.

Confirmation postérieure de ce don par Pons Asquier et sa famille;
par Ranulfe Asquier et sa famille.

A. Original perdu. — *B.* Transcription du xiie siècle : Arch. départ. de Vaucluse, G,
chapitre métropolitain, no 27 provisoire, Cartulaire, fol. 21 vo-22 vo, no 40, cap.
35, avec la rubrique : « Carta de Mairanigas ». — *C.* Transcription du xviie siècle :
Bibl. nat., ms. lat. 8971, p. 49-50, fol. 30 ro-vo. — *D.* Bibl. d'Avignon, ms.
2851, fol. 101 ro-102 vo. — *E. Ibidem*, ms. 2399, fol. 41, no 29. — *F. Ibidem*,
ms. 2776, fol. 248 ro-vo. — *G.* Bibl. de Carpentras, ms. 503, Polycarpe de la
Rivière, *Annales*, p. 622.
a. Nouguier, p. 37-39. — *b.* Ruffi, *Dissertations*, p. 24.
IND. : Bouche, t. II, p. 63.

Auctoritas etenim jubet ęcclesiastica et lex precipit romana vt, quicumque rem suam in qualicumque transfundere voluerit potestatem, per paginem testamenti eam infundat quatinus, prolixis temporibus, secura et quieta permaneat. Quapropter ego, Gaufredus scilicet, et germanus meus Bertrannus, diuina fauente gratia commites, superno tacti amore, in nostra recta memoria vltroneo velle donamus aliquid de possessione nostra omnipotenti Deo et ęcclesiis sanctę sedis Auenionensis ciuitatis dicatis in honore almę Dei genetricis Marię atque gloriosissimi precursoris Johannis necnon et beatissimi protomartyris Xpisti Stephani atque falangule canonicorum ibidem omnipotenti Deo famulantium, eorum scilicet quorum conuersatio in domo communi simul extiterit, pro remedio animarum nostrarum ut Deus omnipotens animas nostras seu genitoris nostri liberare dignetur a penis Auerni et per intercessionem ac merita prelibatorum sanctorum conjungi faciat supernis ciuibus et ut grex jamdictę ęcclesię pro nostris reatibus preces omnipotenti Deo creberrime fundant. Nominatim autem exprimimus nostrę largitionis | elemosinam, hoc est quartam partem de insula Mairanicas cum ipsa villa et cum ipso territorio qui pertinet ad ipsam villam, cum pratis, cum insulis, cum campis et cum omnia quę ipsi ville attinere seu pertinere videtur. Est autem predicta insula cum villa in comitatu Advenionensie [1]. Consortes, ex omnibus partibus, fluuium Rodani. Hęc omnia predicta cedimus omnipotenti Deo et ęcclesiis prelibatis necnon et canonicis ipsius ęcclesię tam presentibus quam futuris, jure perpetuo, ut teneant prescripte sedis canonici suprascriptam quartam partem insule et ville Mairanicas cum omnibus adjacenciis siue apertinenciis suis et totam seruiminis copiam in comunia expendant : illi tantum qui in comuni domo, ut diximus, die noctuque pro omnipotentis Dei amore conuersaverint. Sane, si quis nos aut aliquis de heredibus sive propinquis nostris aut aliqua opposita persona siue aliquis homo hanc quartam nostrę largitionis contrariare aut inrumpere voluerit, non valeat vindicare quod injustę reppetit, sed in primis iram Dei omnipotentis et omnium sanctorum incurrat et a liminibus sancte ęcclesię fiat et ita demergatur in baratrum profundi inferni quemadmodum demersit Deus pharaonem cum suo exercitu in medio mari atque dampnatus et excomunicatus, nisi resipuerit, particeps fiat Iudę proditori et postea, penitentię ductus, sciat se quinque librarum auri fore dampnandum. Et, in antea, hęc dos cum stipulatione supposita tempora per cuncta maneat incon-

---

1. *Sic.*

uulsa. Facta est hęc carta in Auenione ciuitate, anno incarnationis domi-
nice, m̊. xxx. ᵒiii. Indicione .i. | Signum Jaufredi hac Bertranni qui
hanc cartam donationis fieri mandauerunt atque testes firmare rogauerunt manuque propria roborauerunt : illam videlicet quartam partem quam Rannulfus per comites in benefacito tenet. *Signum* Heldeber_
tus ejusdem ęcclesię antistis *subscripsit*. Barangerius judex *firmauit*. Pontius clericus *firmauit*; frater ejus Dodonus *firmauit*. Iaucilinus
firmauit. Cristofolus *firmauit*. Petrus filius ejus *firmauit*. Heldebrannus *firmauit*. Rostagnus *firmauit*. Item Rostagnus *firmauit*. Pontius
Danihelus *firmauit*. Guilelmus *firmauit* Leutoardus *firmauit* Rostagnus
de Luberas *firmauit*. Rostagnus de Propriaco *firmauit*. Otgerius *firmauit*.
Umbertus Teodericus *firmauit*. Petrus de Sancto Laurentio *firmauit*.

Petrus Ascherius reliquit et donauit et *firmauit* in presentia Rainaldi
et Guilelmi filii sui et Aldoardi et Mataroni Adalaldi et Petri Xpistofori et
Pontii Ratranni et Pontii Radaldi et Galterii ipsique firmauerunt.

Pontius decanus mandante Gaufredo seu Bertranno comitibus scripsit.

Rannulfus Ascherius et Pontius frater ejus mulieresque eorum cum
omnibus filiis suis reliquerunt super sacrum et sanctum altare beatę genitricis Dei Marię et firmauerunt. Mataronus Adalaldus firmauit. Robaldus
firmauit.

CXXXVI

1033.

*Don, par Pons et Rostaing frères, leurs neveux Pierre, Rostaing et
Aldebert, au monastère de Saint-André fondé sur le mont Andavon, de
l'église Saint-Vérédème, sise sur le terroir de Pujaut, et de la terre qui
l'entoure, mesurant 146 dextres à l'est, 140 à l'ouest, 43 au nord, 69
au midi.*

> *A*. Original perdu. — *B*. Transcription du xviiᵉ siècle : Bibl. de Carpentras ms.
> 503, Polycarpe de la Rivière, *Annales*, p. 429, avec l'annotation suivante :
> « Sanct Andreani cœnobii Avennicensis diœcesis ex cuius… archario haec brevia
> habuimus instrumenta ».

Anno dominicæ incarnationis millesimo trigesimo tertio, indictione
prima, ego Pontius et Rostagnus, frater meus, et nepotes nostri Petrus,
Rostagnus et Aldebertus, donamus, monasterio Sancti Andreæ quod est
fundatum in monte Andaone, ecclesiam Sancti Veredimii quæ est in terri-

torio Poialti, cum ipsa terra in qua videtur esse ecclesia fundata : ex oriente, dextros centum quadraginta sex ; ab occidente, dextros centum quadraginta ; a septentrione, dextros quadraginta tres et, a meridie, dextros sexaginta novem. Et habet consortes : ex vno latere et vna fronte, terram sancti Theodorici ; in alia vero, nos ipsos donatores. Tali vero ratione ut, si quæ opposita persona hoc donum quolibet modo in alterius voluerit tradere potestatem, ad ipsos donatores vel hæredes eorum revertatur. Signum Pontii. Signum Rostagni Petri, Rostagni et Aldeberti qui hoc donum fecerunt. Petrus Aldoinus firmavit Barangerius firmavit.

<h1 style="text-align:center">CXXXVII</h1>

1033.

Notice du don fait par Eimin, au monastère de Saint-André d'Andavon, de la part qu'il possède dans l'église Saint-Jacques et Saint-Vérédème de Pujaut avec l'usage du bois qui en relève.

> *A.* Original perdu. — *B.* Notice du xviie siècle : Bibl. de Carpentras, ms. 503, Polycarpe de la Rivière, *Annales*, p. 429-430 [1].

<h1 style="text-align:center">CXXXVIII</h1>

Avignon, 1033.

Échange, entre Heldebert, évêque d'Avignon, et Renard, abbé de Saint-André d'Andavon.

> *A.* Original perdu. — *B.* Copie du xiie siècle perdue : Cartulaire de Saint-André d'Andavon, fol. 6. — *C.* Copie partielle du xviie siècle : Bibl. de Carpentras, ms. 503, Polycarpe de la Rivière, *Annales*, p. 622 [2].

Formula permutationis inter Heldebertum Avenionensem antistitem et Rainoardum abbatem Sancti Andreæ.

Commutationis facimus mentionem qualiter complacuit &c. [3] . . . .

---

1. Voici le texte de cette analyse :

« Alterum est Emini eidem monasterio, eadem quoque anno millesimo trigesimo tertio, concedentis partem omnem quam habebat in eadem ecclesia Sancti Jacobi et Sancti Veredimii cum silvæ usu, Raynerio, Aeldeberto et Rostagno firmantibus. »

2. Polycarpe ajoute : « *Ex Cartario sancti Andreæ,* » folio 6.

3. Il ajoute : « *qu'il faut descrire du cartulairé, fol. 6, jusques à ces mots.* »

. . . .

Facta publice concommutatio ista in ciuitate Auennica, anno dominicæ incarnationis millesimo trigesimo tertio, indictione prima.

CXXXIX

[1033 ?]

Notice de la concession faite, par l'abbé Renard et les moines de Saint-André, à Thibaud, fils de Teucinde, en fief, d'une moitié du village de Lirac, jadis donné à l'abbaye par Rostaing, sauf la mense de l'église paroissiale; prestation du serment de fidélité dû, en raison de cette inféodation, par Thibaud, à l'abbé et au monastère.

> *A*. Original perdu : Archives de Saint-André, « layette 2, liasse 1, charte 1 ». — *B*. Transcription du xviie siècle : Arch. départ. du Gard, H 261. — *C*. Bibl. d'Avignon, ms. 2466, fol. 190 ; sur l'original aux arch. de l'abbaye. — *D*. Bibl. nat., ms. lat. 8971, p. 49, fol. 30 rº.
>
> *a*. D'Achery, *Spicilegium*, nov. ed. in-folio, t. III, p. 385.

Breve de guirpitione vel deffinitione quæ fuit facta inter domnum abbatem Rainoardum et monachos Sancti Andreæ de villa quam vocant Alieraco quæ Rostagnus donavit Sancto Andreæ; donavit domnus abbas Rainoardus et cœteri fratres ad Tetbaldum, de ipsa villa, unam medietatem, exeptis quantum ad ecclesiam pertinet et presbiter comparavit a Barreire per nom de feu per so que Tetbaldus la servia Sancto Andre abbati et monachis ut nullus post suum discessum aliquam interpellationem faciat : Aus tu, abbas Rainoard, eu Tetbaldus, filius Taucenne, de ista hora a denant, fidels serai al monasterio de Sancto Andrea et abbati et monachis per drectum me ne seient. Si Deus m'aiud et isti sant.

CXL

1034.

Don par Renard, fils d'Archimbert et de Mainburge, pour le cas où il viendrait à mourir sans enfant légitime, à Dieu, à saint Victor très glorieux martyr et à son monastère de Marseille, de quelques fiefs patrimoniaux qu'il possède, c'est-à-dire [dans le pays d'Aix] du tiers du château et du village de Bouc, du château et du village de Gardanne, du château et du village de Collongue (?) ; dans le cas où le donateur viendrait à avoir des enfants d'une femme légitime, le monastère ne recevra que la moitié de ce tiers qui lui est donné. Le donateur donne, au surplus, au même monastère, sous les mêmes clauses, le tiers de tout l'alleu qu'il a, dans le pays d'Arles, au village de Maillane et en Argence ; dans le pays d'Avignon, au village de Cabannes et, enfin, dans le château de Fos.

> *A*. Original : Arch. départ. des Bouches-du-Rhône, H, Saint-Victor, 14. Parchemin : 463ᵐᵐ de large × 150ᵐᵐ de haut. Lignes à 12ᵐᵐ, puis à 8ᵐᵐ de distance. A dextre, 20ᵐᵐ de marge ; aucune à senestre. Lettres de 2ᵐᵐ ; initiale, 11ᵐᵐ de haut ; chrismon, 14ᵐᵐ de haut ; seing, 23ᵐᵐ de haut × 24ᵐᵐ de large. Au dos, cotes successives : 1º du XIᵉ siècle, « Carta Rainoardi de Bucco » ; 2º du XVIᵉ siècle, « Aix, nº 91 » ; 3º du XIXᵉ siècle, « Archives de Saint-Victor, nº 64 » ; 4º cote actuelle : « 59 ». — *B*. Autre transcription du XIᵉ siècle : *Ibidem*, H, Saint-Victor, 15. Parchemin mesurant 257ᵐᵐ de large × 142ᵐᵐ de haut. Sans seing ni chrismon. Lignes à 5ᵐᵐ tracées au dos. Cotes : « Aix, nº 167 » et actuellement « 61 ». — *C*. Copie du XIᵉ siècle : *Ibidem*, H, Saint-Victor, 629 provisoire, Grand Cartulaire, fol. 63 vº-64 rº, avec la rubrique « Carta Rainoardi de Bucco ».
>
> *a*. Guérard, *Cartulaire de Saint-Victor*, t. I, p. 278-279, nº 255.

Dum cuncta temporalia certum sit transitura, post mortem sunt utilia si his adquirantur cęlestia. Idcirco hęc mecum pertractans & de salute anime meę & genitoris ac genitricis parentumque meorum sollicitus, ego Rainoardus, | ARchimberti & Maiamburgis filius, Deo omnipotenti Sanctoque Victori gloriosissimo martyri eiusque monasterio apud Massiliam fundato, facio donationem quarundam mearum possessionum quę michi prouenerunt iure meorum | parentum, omnem uidelic& terciam partem de castello uel uilla quę dicitur Buccus necnon de castello uel uilla quę uocatur Guardana, siue &iam de castello uel uilla que nominatur Cauda longa & de omnibus omnino rebus | ad supradicta castella uel uillas pertinentibus. Et hoc, tali tenore : si qualicumque morte defunctus fuero sine legali herede. Si autem habuero filios aut filias de legali uxore, omnis medi&as ipsius tercię partis de supradic | tis castellis uel uillis sint omnipotentis Dei & sancti Victoris [1] gloriosissimi martyris ipsiusque monasterii congregationis. Dono &iam, de omni alode quod habeo in Arelatense, in uilla Medianas & in Argentia | siue &iam in Auenionense, in uilla

---

1. D'abord *victiris*.

quę dicit*ur* Cab*a*nnas, ut superius diximus & eodem tenore. Similiter[1]
quoq*ue* de om*n*i alode quod habeo in castello Fosses in eius uidelic& territorio ; de substantia uero mea, omnem parte*m* quę michi pertinuerit om-
*n*iu*m* mobilium cu*m* ad die*m* peruenero extremu*m*. | Si quis uero, ego
aut aliquis heredum meoru*m* uel aliqua opposita p*er*sona, hanc donationem annullare aut minuere temptauerit, om*n*ipotentis D*e*i om*n*iumque
s*a*nct*o*ru*m* iram incurrat & a soci&ate totius ecclesię | alienus existat. &
cu*m* Iuda Scarihot Caifanq*ue*, Arrio atq*ue* Sabellio, in p*er*p&uu*m* in inferno
inferiori dampnatus p*er*maneat ; insup*er* &ia*m* auri optimi in uinculo C.
libras excommunicatus soluat. &, de c&ero, hęc | donatio in p*er*&uo firma
p*er*maneat.　Facta donatio hęc anno incarnationis d*omi*nicę millesimo.
XXXIIII, indicione IIIᵃ.　　　　　　　　　　　　　　　　　　|

　Ego Rainoardus firmaui & firmare rogaui. Archimb*er*tus, pat*er* Rai-
noardi, fir*m*auit. Maia*m*burgis mat*er* fir*m*auit.　　　　　　　　　|

　Domnus Pontius ep*iscopu*s firm*auit* ; Aicard*us*, Fulco Gauzfredus fra-
*t*res ep*iscop*i firmauer*unt*. Fulco de Guardana fir*m*auit. Fulco Aguarnus
fir*m*auit. | Guichirannus, Stephanus, Lamb*er*tus, Cleofas, canonici, firma-
u.*runt*.

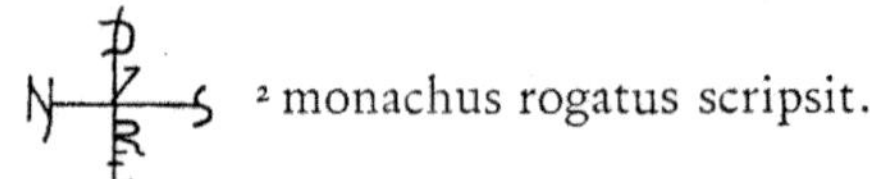

　　　　　　[2] monachus rogatus scripsit.

CXLI

Avignon, janvier [1035 ?]

*Don, par Renard et sa femme Belielde, à leur fidèle Pons Mairastra,
dans le pays de Fréjus, au village de Salernes, du mas qui fut à Gontard.
Don successif, par Pons Mairastra et son fils Bertrand, sous réserve
d'usufruit, de ce mas à Notre-Dame et Saint-Victor, dans les mains du
prieur Guillaume : les moines possèderont le champ sis à Pont-Fract
qui en dépend. Le susdit Bertrand se donne lui-même à Saint-Victor.*

　　A. Original perdu. — *B*. Transcription du xiᵉ siècle : Arch. départ. des Bouches-du-
　　　　Rhône, H, Saint-Victor, 629 provisoire, Grand Cartulaire, fol. 118 rᵒ, avec la
　　　　rubrique « *alia* ».
　　a. Guérard, t. I, p. 514-515, nᵒ 521.

---

　　1. Les mots *similiter... uidelicet territorio* ajoutés en interligne.
　　2. Ce seing en monogramme est celui de *Durannus*.

Dilecto atque amabile fidelem nostrum nomine Poncius Mairastra, ego, in Dei nomine, Rainoardus & uxor mea Beliildis cum filiis nostris tibi cedimus. Est quidem consuetudo uetusta, legum sancxit auctoritas ut intercessionibus uere debeat sufficere uoluntas bona. Hanc nos auctoritatem secuti, pro amore & dulcitudine uel beniuolencię tuę & per tuum seruicium quod tu nobis bene fecisti, propterea cędimus tibi, de rebus propriis nostris qui est in pago Frigiolense, in uilla quę nominant Salernas, ibique donamus tibi manso qui fuit Gontardo cum omnibus apenniciis et aperti, nenciis suis. Consortes, de totis partibus, nos donatores & heredes nostros, uel si quis alii sunt consortes. Et facias tu, fidelis noster, de ipsis rebus quicquid facere uolueris, id est habendi, uendendi, cedendi, dandi uel comutandi liberam hanc firmissimam, in Dei nomine, in omnibus habeas potestatem, ad faciendum quecunque uolueris. Sane, si quis, nos aut ullus homo de propinquis parentibus nostris, qui contra te uel heredes tuos inquietare uel irrumpere uoluerit, componat in uinculo auri uncias v. et, in antea, ista donatio omnique tempore firma & stabilis permaneat. Facta donatione ista in Aduenione ciuitate, in mense IANUARIO, anno Domini nostri Ihesu Christi   [1], indicione IIII. Signum Rainoardus & uxor sua Beliildis, qui hanc donationem scribere fecerunt & testes firmare rogauerunt, manus illorum firmant. Petrus qui est auocarius firmat. Christofalus firmat. Lautardus qui est auocarius firmat. Eldeberto atque Willelmo seu Atanulfo firmant.

Ego Poncius Mairastra et ego Bertrannus filius eius donamus, pro redemptione animarum nostrarum, istam cartam cum quantum in ipsa scriptum est ad sanctam Mariam & ad sanctum Victorem, in manu Willelmo priore & fratribus eius, tantum ut in uita nostra teneamus & qualiscunque prior finierit; postea, campum ad Pontum Fractum possideant monachi. Et ego Bertrannus supradictus dono anima mea & corpus meum Domino Deo et sanctę Marię sanctoque Victori martiri in manu supradicti prioris.

CXLII

[1030-1035 (?)].

Notice de la confirmation, par le comte Guillaume, fils de Roubaud, et par sa femme Lucie, du don fait par la comtesse de Provence Alix, du

---

1. La date n'a pas été exprimée.

domaine des pêcheurs au monastère de Saint-André d'Andavon. Sous-cription de l'évêque d'Avignon Heldebert.

> *A.* Original perdu. — *B.* Transcription du XIIᵉ siècle perdue : Cartulaire de Saint-André d'Andavon, fol. 30. — *C.* Notice, avec quelques détails inexacts, du XVIIᵉ siècle : Bibl. de Carpentras, ms. 503, Polycarpe de la Rivière, *Annales*, p. 617[1].

CXLIII

[1030-1035].

Don, par Ranulfe de Sénas, sa femme Laujarde, ses fils Imbert, Gantelme, Hugues, à Saint-Victor de Marseille, de l'église Notre-Dame de Maillane, avec cinq modiatae *de terre à Cadarache qu'ils ont don-nées à cette église lors de sa dédicace, plus le tiers de toute la dîme de Maillane. Pons Blanc, de Sénas, donne à Saint-Victor le tiers de la tâche sur tous les champs que les moines travailleront à Maillane. Gol-fard et Pons Blanc leur donnent de même le droit de garde de leurs vignes. Aldebert, évêque d'Avignon, donne à Saint-Victor l'autel de ladite église.*

> *A.* Arch. départ. des Bouches-du-Rhône, H, Saint-Victor, liasse 72, nᵒ 347. Parche-min, 387ᵐᵐ de large et 133ᵐᵐ de haut. Lignes à environ 10ᵐᵐ non tracées. Lettres de 3ᵐᵐ. Initiale de 10ᵐᵐ. Marge d'environ 10ᵐᵐ non tracée. Au dos, rubrique : « *Carta de Senatio in comitatu Avinionensi* ». Cote du XVIᵉ siècle : « Avignon nᵒ 10 ». — *B.* Copie du XIᵉ siècle : *Ibidem*, H 629, Grand Cartulaire de Saint-Victor, fol. 104 rᵒ-vᵒ, avec la rubrique : « *Carta de Senatio* ».
>
> *a.* Guérard, t. I, p. 4, nᵒ 444.

In *sanctę* & *indiuiduę* Trinitatis nomine, ego Rannulfus de Senatio et mulier mea nomine Lauiarda filii*que* mei Himbertus, Gantelmus, Vgo*que* illam D*omi*ni | uoce*m* audientes qua dicit : « facite uob*is* amicos de mammona iniquitatis ut recipiant uos in &*er*na tabernacula » et alibi :

---

1. Voici le texte de cette analyse :

« Quo tempore, Willelmus comes, filius Rotbaldi *Forcalcariensis* comitis, ratum sancit honorem piscatorum datum ab *Adalaide matre sua* monasterio Sancti Andreæ, vxore sua Lucia consentiente et Heldeberto Auenionense antistite comprobante, subscribentibus Barangerio, Amico, Wichiranno, Pontio Aldino, &c. » Se référer aux nᵒˢ LXXIX, CXVIII, CXX. Polycarpe ajoute, en marge : « Cart. S. Andr., fol. 30 ». Les mots qui expriment les inexactitudes de Polycarpe dans cette analyse sont soulignés.

« date elemosina*m* & om*n*ia | munda su*n*t uob*is* », p*ro* n*os*traru*m* reme-
dio animar*um* n*os*troru*m*que parentu*m*, donamus altari sancti Victoris Mas-
siliensis monasterii & habitatoribus ei*usdem* loci tam | p*r*esentib*us* quam-
q*ue* futuris vna*m* uidelic& *ę*cclesiam in honore sanct*ę* D*e*i genitricis Mari*ę*
dedicata*m* in territorio de Meianis cum quinq*ue* modiatis de t*er*ra | quas
donauimus nos ipsi *ę*ccles*ię* in sponsaliciv*m*[1] in t*er*ritorio q*uo*d uocatur
Cataracta. & in ipso t*er*ritorio de Meianis ubi sicut dictu*m* est fu*n*data
uid&*ur* | *ę*cclesia donamus terciam part*em* de toto decimo de om*n*i-
b*us* reb*us*. Ego iam dictus Rannulfus & mulier mea & filii mei p*r*enomi-
nati p*r*edicta om*n*ia | donauimus iam dicto Sanc*t*o Uictori servitorib*us*que
ei*us* ta*m* presentib*us* quam*que* futuris ut ipsi habeant teneant et inperpe-
tuu*m* sine ulla inq*ui*etudine possideant. | Pontius quoq*ue* Blancus de iam
dicto Senatio donat p*r*escripto Sa*n*c*t*o Victori *et* monachis Massiliensis
monasterii qui iam dicta*m* Sanct*ę* Mari*ę* *ę*cclesiam | habent et abuerint in
custodia*m* vna*m* scilic& terciam part*em* de tasca quam uidet*ur* habere in
tota t*er*ra quam illi laborauerint in ca*m*pis & uineis et arboribus | et pra-
tis & ortis in sepedicto t*er*ritorio de Meianis. Donant &ia*m* Golfardus et
iamdictus Pontius Blancus et omnes alii eredes tota*m* custodia*m* de
uineis qu*ę* su*n*t | & er*unt* in ipso t*er*ritorio de Meianis. Domnus Aldeber-
t*us* ep*iscopu*s Auinionensis dedit altare iamdict*ę* *ę*ccles*ię* Sanct*ę* Mari*ę*
et firmauit. Rannulfus et mulier sua et filii ei*us* deder*unt* & | firmaue-
r*unt*. Pandulfus fir*mauit*. Pontius Blanc*us* fir*mauit*. Gulfardus fir*mauit*.
Leotaldus fir*mauit*. |

CXLIV

Arles, mars [1033-1036(?)].

*Don, par Isnard et sa femme Guiburge, à Saint-Victor de Mar-
seille, pour le repos de l'âme de leur fils Adalras, d'une part de leur alleu,
dans le comté d'Arles, au canton de Trébon, au clos dit « Trente
muids », c'est-à-dire de trois* modiatae *de vignes, et, dans le comté
d'Avignon, au terroir du village d'Aurignane (?), de trois* modiatae *de
vignes avec un mas.*

A. Original perdu.— *B.* Transcription du XIe siècle : Arch. départ. des Bouches-du-

1. Le scribe avait d'abord écrit *sponsalicio*; il a corrigé l'*o* final en *v*[*m*].

Rhône, H, Saint-Victor, 629 provisoire, Grand Cartulaire, fol. XLVI rº : « Carta Adalrado, de Triginta modia ».

a. Guérard, t. I, p. 203-204, nº 173.

Auctoritas &enim iub& ecclesiastica & lex precepit romana ut, quicumque rem suam in qualicumque parte transfundere uoluerit, per paginem testamenti eam infundat ut, prolixis temporibus, secura & quieta permaneat. Quapropter ego, in Dei nomine, Hysnardus & coniux mea Vuidburga donamus, ad limina Sancti Victoris Massiliensis, aliquid de alode nostro, pro remedium animas nostras & pro anima de filio nostro nomine Adalrado, ut Deus omnipotens dimitt& omnia peccata nostra & anima de filio nostro & colloc& eas inter agmina sanctorum ubi epulantur iusti, qui est in commitatu Arelatense, in agro Triphontio, in cluso que uocant Triginta modia, hoc est de uineas modiatas .III. simul tenentes, & in commitatu Aduenionense, in terminio de uilla que dicunt Aurignana, modiatas III. de uineas & uno maso cum terris cultis & incultis & cum quantum nobis pax obuenit uel obuenire debuit & nichil nobis non reseruamus. In ea uero ratione ut nullus homo nec ulla opposita uel amissa persona, qui contra donatione uel helemosina ista ullumque tempore ire, agere uel inquietare aut inrumpere uoluerit, primis, ira Dei omnipotentis & omnium sanctorum incurrat et cum Anná & Caypha & socius eius Barrabba et cum Oloferno & cum Iuda traditore in baratro perditionis dimergant & non sit illi Deus adiutor ne si qui misereatur pupillis eius & fiant filii sui orphani & uxor sua uidua &, postea, fiat excommuniatus [1] &, in atea [2], donatio vel helemosina ista firma permaneat omnique tempore cum stipulatione interposita pro omni firmitate subnixa. Facta donatio ista in Arelate ciuitate publice, in mense marcio, anno incarnati Uerbi   [3], regnante domino nostro   [4]. Ego Hysnardus & vxor mea Vuidburga & proles nostri masculi & femine, qui donatione uel helemosina ista scribere fecerunt, manibus illorum firmauerunt & aliis rog[au]erunt ut firment. Signum Petrus & Vuilelmus & Eleia fratres voluerunt & firmauerunt. Signum Bermundus clericus firmauit. Signum Vuilelmus firmauit. Signum Rainoardus firmauit. Signum Bernardus Senioretus firmauit.

---

1. *Sic.*
2. *Sic.*
3. *Sic.* La date n'a pas été exprimée.
4. Le nom du souverain n'a pas été exprimé.

CXLV

[Avignon ?], 12 avril [1036 (?)].

Don, par Bertrand, comte de Provence, au monastère de Montmajour, de l'église de Saint-Aloan, sise dans le comté d'Avignon, au terroir du château de Tarascon, avec le consentement de l'évêque d'Avignon Seignoret, de ses chanoines et du juge Bérenger. Consentement du comte Geoffroy.

A. Original perdu. — B. Transcription du xviiᵉ siècle : Bibl. nat., lat. 13915, fol. 75 vᵒ-76 rᵒ.
   a. Du Roure, p. 137-138.

Ego Bertrannus comes dono monasterio Montis majoris ecclesiam Sancti Aloanni quæ est in comitatu Avinionense, in territorio castri qui vocatur Tarascone, cum omnibus.. . . . .
. . . .
consentiente tamen episcopo Senioreto de Avinione et canonicis et judice Barangario. Actum est hoc donum in *civitate*[1] Avenionense, ii° idus aprilis, regnante Jesu Christo. Signum Bertranni comitis.
   Gausfredus comes voluit et consensit.

CXLVI

1036.

Don, par Bélielde et ses fils Carbonnel, Bérenger, Amic, pour le repos de l'âme de Heldebert, évêque [d'Avignon], à Dieu, à Saint-Victor le martyr glorieux et à son monastère près de Marseille, d'un bien héréditaire, dans le comté d'Arles, au lieu dit Gémeaux.

A. Original perdu. — B. Transcription du xiᵉ siècle : Arch. départ. des Bouches-du-Rhône, H, Saint-Victor, 629 provisoire, Grand Cartulaire, fol. xlvii vᵒ, « Carta de Gimello ».
   a. Guérard, t. I, p. 210, nᵒ 180.

In Dei nomine omnipotentis Patris & Filii & Spiritus sancti, ego Belliildis, una cum filiis meis Carbonello, Berengario atque Amico, pro

---

1. Le copiste a écrit *comitatu.*

remedio animę męę parentumque meorum ac filiorum, facio donationem summo Deo Sanctoque Victori martyri glorioso eiusque monasterio non longe a Massilia fundato, de quadam mea hereditate sita in comitatu Arelatense, in loco qui dicitur Gimellus, quantum michi pertin& uel quantumcumque in ipso loco uideor habere in campis, in uineis, in terris cultis & incultis, omnia omnino omnipotenti Deo ac martyri supradicto in perp&uum possidenda a monachis tradens, dono ab integro vt monachi supradicti, consistentes monasterio, pro nostrorum remissione pecaminum ablutioneque reatum intercessores existant apud Dominum. Et hoc facimus &iam pro anima Heldeberti episcopi. Si quis ex nos aut aliqua persona alicuius ordinis hanc donationem conatus fuerit facere irritam, implere nequeat, sed maledictio Dei omnipotentis sanctorumque omnium super eum descendat ac soluens tres uncias auri optimi & cum Iuda Scarihot inferno dampnatus pereat et donacione hac inconuulsa perp&uo manente. Facta donatio hęc anno incarnationis Domini millesimo XXX. VI., indicione IIIIª, regnante domino nostro Ihesu Xpisto. Et Belliildis, qui hanc donatione fecit, firmauit et alii ita ut iussit firmauerunt. Berengarius firmauit. Amicus firmauit. Rainaldus firmauit. Rostagnus firmauit. Girunculus firmauit. Heminus firmauit. Atenulphus firmauit.

CXLVII

[Arles, 1036-1 janvier 1038/9].

Serment de fidélité prêté par Benoît, évêque d'Avignon, à l'église de Saint-Étienne du siège d'Arles, où repose le corps du bienheureux Trophime apôtre, et à Raimbaud, archevêque [d'Arles], comme à ses successeurs.

> *A.* Transcription du XIIᵉ siècle : Arch. départ. des Bouches-du-Rhône, G, archevêché d'Arles, livre noir de l'archevêché d'Arles, fol. 16. — *B.* Transcription du XVIIᵉ siècle : Bibl. nat., coll. Baluze, nº 276, p. 51.
> *a.* Albanès, *Gallia christiana novissima. Arles*, nº 354.

Ego Benedictus, Auinionensis ecclesie vocatus episcopus, iuro coram Deo et sanctis eius omnem subiectionem et obedientiam canonicam et fidelitatem ecclesie sancti Stephani sedis Arelatensis ubi corpus almi Trophimi apostoli quiescit et Raimbaldo presenti archiepiscopo et successoribus eius si eum superuixero.

CXLVIII

[6 mars 1037-1er janvier 1038/9].

Établissement, par Benoit évêque d'Avignon et Bérenger proconsul d'Avignon, pour relever les églises dévastées, de clercs qui vivront canoniquement dans la maison de Notre-Dame en leur concédant : 1° un mas à Bédarrides ; 2° le doyenné ; 3° l'archidiaconé qui, jusqu'à présent, n'a pas été rétabli, avec l'église Saint-Domnin de Courthezon pour le doter ; 4° des maisons contiguës à l'église vers l'occident pour recevoir les malades.

Approbation postérieure de cet acte par l'évêque Rostaing.

A. Original perdu. — *B.* Copie du XIIe siècle : Arch. départ. de Vaucluse, G, chapitre métropolitain, n° 27 provisoire, Cartulaire, fol. 17 v°-19 r°, n° 33, cap. 29, sous la rubrique : « Carta de Sancto Domnino et de decania et de manso de Betorrita. » — *C. Ibidem*, G, chapitre métropolitain, n° 49², pièce 1.

PREDICATO SALVATORIS ascensu, doctores orbis per sua conciliabula constituerunt | in decretis quatenus credentium multitudini esset unum cor et animus idem in religione diuina eorumque possessio consensu multorum centiplicata possideretur ab omnibus prout cuique foret necessaria. Quod decretum per omnem terram longe lateque progrediens repleuit mundum diuini numinis uoluntate cuius nutu cuncta patrantur bona in hac nostra mortalitate et, ad nos usque perueniens, consensu xpistianorum floruit per multa milia annorum. Quod nostris temporibus opitulenta superna clementia nolumus irritum fieri sed magis ad profectum duci, pubescente spe, in seruitio Domini. Neminem autem credimus post nos xpistianorum uel clericorum in hac re contrarium fore, sed ex suis possessionibus imitatores nostrorum prebere subsidium canonice uiuentibus. In hac itaque ciuitate, scilicet Auennicensi, scimus olim preordinatas fuisse ęcclesias ex sacrorum religionibus ordinum quę incursantibus paganis seu cęteris antixpistis pene ad nichilum sunt redacte cum sua religione. Quas in pristinum cupientes reformare gradum, Benedictus uidelicet eiusdem sedis episcopus et Berengerius eiusdem loci proconsul, delegamus uiros boni testimonii in habitatione beatę Marię canonice uiuere, in quorum subsidio deuote concedimus quicquid xpistianorum religio circumquaque morantium contulerit. Insuper, ex nostra parte, concedimus eis mansum unum qui uidetur esse in uilla Betorrida

cum tasca et omnibus sibi pertinentibus. Damus quoque supradictis uiris
in canonica uita commorantibus decaniam suprataxate ęcclesię cum
omnibus decanie pertinentibus ut ipsa vita inconuulsum teneat uigorem
et, cum decanus ex hac luce migrauerit, ex iamdicta congregatione subro-
getur qui aptus | sit in tanto ministerio. Si uero, quod absit, in congre-
gatione eorum minime dignus repertus fuerit et exterius requisitus utilis
inuentus non ante suscipiat decaniam quam congregationi eorum societur.
Adicimus quoque iamdictis hominibus archidiaconatum qui nunc usque
minime in nostra ęcclesia redoleuit, dantes eis ęcclesiam Sancti Domnini
uille Curtedonis cum decimis et omnibus ipsi ęcclesię hodie pertinentibus,
supradicto modo scilicet ut archidiaconus semper sit ex eorum congregatione. Ad hutilitatem autem siue necessitatem infirmorum concedimus eis
mansiones contiguas ipsi ęcclesię, scilicet ad occidentalem plagam, quatenus ipsis infirmis non desit cotidiani misterii sacra cęlebratio. Rogamus
ergo sanctos successores nostros episcopos ut hanc uitam, quantumcumque possunt, diligant et ad profectum assurgere ex rebus sibi creditis
contendant et hanc nostram paruitatem quam contulimus libere et firmiter
tenere illis concedant quatenus a summo Conditore mereantur audire
quod seruus fidelis, qui peccuniam domini fideliter ministrans supra multa
constitutus, perenne gaudium promeruit. Obseruate denique tali tenore
ut, quando decania rectorem mutauerit, in accipiendo lucro nullum aua-
ricia locum obtineat sed largitas in omnibus exuberet. Et, sicut nos kari-
tatiue concedemus, obsecramus ut et ipsi similiter concedant secundum
illorum placitum considerantes ut canonica uita pro nimia cupiditate
non frustretur. Cetera uero suprascripta inconuulsum obtineant uigorem
sine inquietudine cuiuscumque hominis. Signum Benedicti episcopi et
Baranguerii qui hoc testamentum scribi et firmari iusserunt.

Rostagnus episcopus deinceps hanc donationem libenti animo donauit et pro-
pria | manu firmauit.

Pontius decanus firmauit. Rainaldus firmauit. Pontius Julius firmauit.
Petrus Guichirannus firmauit. Constantius firmauit. Materonus firmauit.
Petrus Benedictus firmauit. Ricardus firmauit. Marinus firmauit. Faraldus firmauit. Johannes firmauit. Pontius Cauinus firmauit. Ledtardus
firmauit. Pontius Geronimus firmauit. Rainaldus firmauit. Guilelmus
firmauit. Siluius firmauit. Petrus Aycardus firmauit. Ebrardus abbas et
monachi sui firmauerunt. Pontius presbiter, mandante Benedicto episcopo et Baranguerio, scripsit.

CXLIX

Avignon, 1er janvier 1038/9.

Concession, par Benoît, évêque d'Avignon, du conseil de ses chanoines, aux clercs Reinaud, Odilon, Pons et Durand, parmi les églises suburbaines d'Avignon ruinées, de l'église jadis dédiée à saint Just et au glorieux confesseur Ruf qui passe pour avoir été l'apôtre des habitants de cette localité, avec ses dîmes, oblations, prémices, terres, pâturages, vignes et bois, dans le terroir d'Avignon, sous le bourg de la cité, pour le cens à la Pentecôte d'une livre de cire payable à la cathédrale. Souscription confirmative du vicomte.

    A. Original disparu. — *B*. Copies du XVIIe siècle : Arch. départ. de la Drôme, H, Saint-Ruf. — *C*. Bibl. de Carpentras, ms. 504, *Histoire du Dauphiné* par Juvenis, t. II, p. 62-65. — *D*. Bibl. Nat., lat. 10950, p. 209, no 25. — *E*. Copie du 2 décembre 1702 extraite d'une précédente sur papier des Archives de Saint-Ruf : Bibl. de Grenoble, ms. R. 6, fol. 34-35. — *F*. Bibl. nat., lat. 10954, fol. 73 vo b. — *G*. Bibl. d'Avignon, ms. 2776, fol. 263 ro.

    a. Columbi, *Opuscula*, 1668, p. 544 (incomplet). — *b*. Fantoni, *Istoria d'Avignone*, 1678, t. II, p. 390-391. — *c*. J. de Catellan, *Les antiquités de l'église de Valence*, 1724, p. 295-296, trad. française incomplète. — *d*. *Codex diplomaticus ordinis S. Rufi*, éd. Ul. Chevalier, p. 1-3, no I. — *e*. J. Fornéry, *Histoire du comté Venaissin et de la ville d'Avignon*, éd. Duhamel, t. III, art. V, p. 618-619.

    IND. : *Mémoires du Dauphiné*, p. 596.

In nomine æterni, summi saluatoris nostri Jesu Xpisti[1], omnibus catolicis[2] vtriusque ordinis laicis siue clericis, Benedictus Auenionensis sedis humilis episcopus. Liquide pateat cunctis videlicet pœne omnia[3] loca prope ciuitatem Auenionensem olim jam dicata fuisse ad summum honorem et magnam sanctitatem habuisse ac religiosissime in seruitio Domini perstitisse sita in honorem sancti Justi ac[4] Rufi gloriosissimi confessoris Xpisti[5] quem patrem habitatoribus ipsius loci fuisse non dubitauimus ac, postquam huius Prouinciæ episcopi non per donum spirituale[6] sed per

---

1. Toutes les copies portent *Christi*.
2. Sur les copies, suit *vniversis*.
3. Les copies portent *omnibus*.
4. Sur la copie E, le mot *ac* biffé.
5. Toutes les copies portent les variantes suivantes *Christi*.
6. *Speciale*.

terrenum lucrum [1] in sede episcopali sublimati sunt, per superbam [2] ela-
tionem [3] et in tumorem [4] conuersi, humilitatis et religionis gratiam [5],
quam firmiter tenere debuerant, obliti sunt ac per hoc opes et prædia
sanctæ [6] Dei ecclesiæ, vnde pauperes et clerici sustentari debuerant
mundiales homines possident injuste. Ideo, tali occasione decepta [7] talia
loca remanserunt inhabitabilia sed, cum jam longum tempus præteriisset
et me Deus omnipotens non meis meritis sed sua bonitate in sede episcopali [8] sublimari voluisset, ex nostra ecclesia clerici diuino amore tacti
pro oblitibus carnis nostram adeuntes præsentiam, scilicet Rainaldus [9],
Odilo, Pontius [10] et Durandus, humiliter flagitarunt quatenus jamdicta
loca sanctorum vt religiose illic viverent concederemus. Quorum petitio-
nibus præbentes assensum, vna cum consilio [11] canonicorum nostrorum
eis concessimus vt ab hodierno die et deinceps firmiter teneant et possideant tam illi quam successores illorum cum eis quæ illis modo collata
sunt et inantea collatum erit. Ego vero Benedictus episcopus, tali desola-
tione congemiscens cupiensque vt Deus | annuat ad pristinum reformare,
dono supradictis præsbiteris jam dictam ecclesiam, quæ sita est in territorio Auenionensi subtus burgum ipsius ciuitatis, cum decimis et
oblationibus, cum primitiis et terris, pascuis, vineis cultis et incultis,
nemoribus, et dono illis, de vinea culta quæ modiata est super Sancto
Rufo, omne quod in ea continetur. Confines de oriente sunt Pontius
Bruanus, de occidente Arnaudus Mantone [12] et terræ ipsius ecclesiæ. Etiam
damus terras meridianas, etiam terram, juxta ecclesiam, triangularem
in capite a circio, ab ortu et ocasu, duabus viis publicis, quæ continent in
vniuerso videlicet per omnem circuitum medium milliare. Etiam damus
terras vicinabiles [13] nuncupatas Cecilianas, paruas et magnas, quæ habent

---

1. *Locum.*
2. Sur la copie E, d'abord : *superbiam*, puis *am* récrit en interligne sur *iam*.
3. Sur la copie E, d'abord *relationem*.
4. Sur la copie E, d'abord *timorem*.
5. Les copies portent *gratiæ*.
6. Sauf *C*, les autres copies donnent *dictae*.
7. Seul, *C* fournit ce mot.
8. La copie E donne *apostolica*, puis, en interligne, *pontificali*.
9. La copie E donne *Kamaldus*, puis, en interligne, *Arnaldus*.
10. La copie E donne d'abord *Pontina*.
11. Les copies portent *concilio*.
12. Le surnom *Mantone* paraît être déformé par les copies; à moins qu'il n'indique la
mère de cet Arnaud, ce pourrait être *Mataronus*.
13. Les copies portent *visuabiles*.

confines a tribus partibus vias publicas, a quarta parte terras veteres quæ
olim dictæ ecclesiæ pertinebant vsque ad alueum aquæ, quæ habent per
longum et circuitum in vniuerso quatuor mille septuaginta passus ex
vna fronte, scilicet orientis mille quinque centum passus et iter magnum
mejanum, de alio fronte a solis occasu videlicet mille septem centum
passus et magnum iter Rognonac [1] et terras Sancti Stephani; de alia fronte, a
circio videlicet, ducentum et septuaginta passus cum paruo violo trauersali;
de alia fronte, meridionali videlicet, sexcentum passus, via inter dictas terras
et terras veteres; juxta vero Sanctum Rufum, petiam de terra arabili;
consortes, ex vtraque parte, terras ipsius ecclesiæ. Addimus quoque,
libera et pura voluntate [2] et libero animo oblationis nostræ, donum
vt prædicti præsbiteri a præsenti tempore in futurum in campis
in vineis, in decimis et de omnibus quidquid et ipsi ecclesiæ perti-
net quantumcumque sit cum suo lucro seu sine lucro | acquisi-
uerint, vt supra, simili donatione concedimus vnde habeant ab
hodierno die deinceps potestatem, tam illi quam successores illorum,
jure perpetuo possidere sub omni integritate cum eo, ut prædictum est,
quod ipsi ecclesiæ concessum est. Si autem defuerint jam dictæ personæ,
quod absit, quæ dictum locum reuerentur et custodiunt [3], matri
ecclesiæ et successoribus meis reuertatur. Talique tenore concedimus
vt annuatim, in Pentecoste [4] per censum, libram ceræ ad matrem ecclesiam
persoluant. Sane, si quis ego vel vllus de successoribus meis vel quælibet
alia persona opposita quæ oblationis nostræ donum infringere conaue-
rint [5], hoc minime consequi valeant sed nostram et maledictionem Dei
incurrant in ipsos et sint anathematisati [6] et cum Juda proditore in
infernum damnentur et postea, pœnitentia ductus, sciat se decem libris
damnandum et in antea donatio ista tempora per cuncta maneat inconuulsa. Actum publice, in Auenionensi ciuitate, sub die kalendarum
januarii, anno incarnationis dominicæ millesimo trigesimo octauo [7], indictione septima. Signum domini Benedicti qui donationem istam fieri
et testibus firmari rogauit. Beringarius voluit et concessit [8] et libere [9]

---

1. La copie E porte les variantes suivantes *Rogognac*.
2. *volontate*.
3. *custodirent*.
4. *Pentecostem*, d'abord.
5. *curauerint*.
6. *anathematici*.
7. Sur E, on a biffé *octauo* et ajouté *nono* en interligne.
8. Rétablir *consensit*?
9. *libero*.

similiter filii sui Rostagnus et Leodegarius firmauerunt. Dominus Pontius decanus voluit et firmauit. Iterius firmauit [1]. Reynardus firmauit [2]. Martinus firmauit [2]. Valfredus firmauit [2]. Faraldus [3] firmauit [2]. Joannes firmauit [2]. Constantius [firmauit]. Raimbaldus [4] firmauit [2]. Rigardus firmauit [2]. Deobardus firmauit [2]. Guilelmus firmauit [2]. Siluius [5] firmauit [2].

Petrus, imperante domino Benedicto episcopo, scripsit et recitauit [6].

CL

Avignon, 1039.

Don, par Isnard, sa femme Constance, ses fils Pierre et Guiraud, au couvent de filles de Notre-Dame, Saint-Théodoret et Saint-Laurent, de toute la part qu'ils ont héritée de leur père Isnard en alleu dans le village de Baume au pays d'Avignon, à la condition que, sa vie durant, leur fille Teucinde, abbesse de ce monastère, en jouira avec les autres moniales.

A. Original perdu. — B. Copie du xviie siècle : Bibliothèque d'Avignon, ms. 2465, fol. 170 : d'après un vidimus du 14 des calendes d'avril 1281 tiré des « Archives de l'abbaye de Saint-Laurent d'Avignon, sac 21, no 10. »

Auctoritas etenim jubet ecclesiastica et lex consistit romana ut quicumque rem suam in qualicumque potestate transfundere voluerit per paginem testamenti eam infundat ut prolixis temporibus secura et quieta permaneat. Quapropter ego Isnardus et Constancia et filii mei Petrus et Guiraldus, divina annuente gratia, ut omnipotens Deus per intercessionem sanctorum seu orationes sanctimonialium misericorditer subueniat et nos

---

1. Les copies portent : *Item frater*.

2. Les scribes ont écrit *frater*.

3. La copie E porte *Farcardus*.

4. La copie E porte *Fizentalus*.

5. La copie E porte *Silinus*.

6. Les copies donnent : « Petrus imperante Domino Benedicto episcopo *qui scribi et recitari mihi notario et scribæ dicti Domini Benedicti et signo meo manuali signaui et de præcepto dicti domini episcopi bullavi.* Sic attestor ego Martinus Andaonensis notarius ». Les mots soulignés sont évidemment interpolés et ne peuvent être antérieurs au xive siècle. La mention finale du notaire de Saint-André d'Andavon est également tardive. La copie porte d'ailleurs *Analonensis*, ce qui pourrait se rétablir *Avalonensis*, aussi bien que *Andaonensis*.

cœlestis regni consortes et quoheredes efficiat, donamus ad monasterium puellarum Sanctæ Mariæ et Sancti Theodoriti seu Sancti Laurentii martiris, donamus aliquid de heredidate nostra, que est in pago Aduenion[en]se, in illa villa que nominatur Balma, que nobis ex genitore nostro Isnardo per alodem succedit, totam illam partem que in ipsa villa per rectum nobis aduenit, cum omnibus adjacentiis atque apertinentiis suis. Hec omnia supradictis ecclesiis et sanctis monialibus ibidem Deo seruientibus sub omni integritate conferimus et nichil nobis non reservamus ut ab hodierno die et deinceps firmiter teneant et possideant ; ea vero ratione ut, quamdiu filia nostra Teucinda abbatissa que gratia Dei vera est ex illis vixerit, cum aliis sanctis monialibus ex eodem monasterio particeps efficiat. Si quis autem mortalium ab hodierno die et deinceps hanc donationem infringere temptauerit, sciat se X. librarum auri dampnandum fore et, nisi resipuerit, anathematis mucrone confossum et inantea hec dos maneat inconuulsa. Hactum publice Auenione, anno incarnationis dominice M. XXX. VIIII., indictione VII. Signum Constancia et Petrus Rainaldus firmauerunt. Rodulfus firmauit. Poncius Audebrannus firmauit. Otbertus firmauit. Lautoardus firmauit. Goirandus firmauit.

CLI

Janvier 1039/1040.

Échange, par Bérenger et ses fils, de l'église de Saint-Martin, des terres et pêcheries voisines dans le village de Gigognan, pour la moitié du village et de l'église de Marzosc que l'abbé Renard et les moines de Saint-André d'Andavon leur abandonnent, en présence de Benoît, évêque d'Avignon.

> *A*. Original perdu. — *B*. Copie du XVIIe siècle : Bibliothèque de Carpentras, ms. 503, Polycarpe de la Rivière, *Annales*, p. 624.

Domnus Benedictus Auenionensis episcopus voluit et firmauit sed et canonici Raynaldus. Constantius, Mataronus, Faraldus, Pontius, &c. firmauerunt.

---

1. Polycarpe dit : « Exeunte etiam illo anno, mense januario millesimo trigesimo nono, idem Benedictus Auenionensis episcopus memoratur in commutatione ecclesiæ Sancti Martini et terrarum Insululæ, piscationum et aliorum jurium quæ Baranguerius et filii ejus habebant in villa Gigunianica cum medietate villæ et ecclesiæ de Marzosco quæ Rainoardi abbatis et monachorum Sancti Andreæ erant. »